高等学校管理类专业互联网＋新实践系列教材

iCourse · 教材
中国大学 MOOC 教材

Strategic Management

企业战略管理

揭筱纹　主编

高等教育出版社·北京

内容简介

“企业战略管理”是以提高企业战略制定、实施、评价和控制活动有效性和效率为主要内容的管理学科，是工商管理学科体系中最为核心和重要的组成部分。

本书既保证了企业战略管理理论体系的完整性，又突出了企业战略管理理论发展的前沿性和实践的时代性；既突出理论体系的介绍，又体现了实践应用环节的要求。每章开篇和结尾都有相关案例，读者可以通过学习企业的战略管理实践相关问题巩固所学理论。

本书可作为高等院校相关专业本科生、研究生及 EMBA、MBA 的教材和参考用书，亦可供相关领域的管理人员参考。

图书在版编目（CIP）数据

企业战略管理 / 揭筱纹主编. -- 北京 : 高等教育出版社，2021.1（2023.12重印）
ISBN 978-7-04-051499-5

Ⅰ. ①企… Ⅱ. ①揭… Ⅲ. ①企业战略-战略管理-高等学校-教材 Ⅳ. ①F272.1

中国版本图书馆CIP数据核字(2019)第041830号

Qiye Zhanlüe Guanli

策划编辑 王 威　　责任编辑 王 威　　封面设计 赵 阳　　版式设计 于 婕
插图绘制 于 博　　责任校对 马鑫蕊　　责任印制 朱 琦

出版发行 高等教育出版社
社　　址 北京市西城区德外大街 4 号
邮政编码 100120
印　　刷 唐山市润丰印务有限公司
开　　本 787 mm× 1092 mm　1/16
印　　张 13.25
字　　数 290 千字
购书热线 010-58581118
咨询电话 400-810-0598
网　　址 http://www.hep.edu.cn
　　　　 http://www.hep.com.cn
网上订购 http://www.hepmall.com.cn
　　　　 http://www.hepmall.com
　　　　 http://www.hepmall.cn
版　　次 2021 年 1 月第 1 版
印　　次 2023 年 12 月第 5 次印刷
定　　价 39.00 元

物 料 号　51499-00

前　言

21世纪,中国经济已经在更深层次上融入经济全球化。全球化的竞争环境,使得企业面临的市场环境更加复杂多变。如今,在经济新常态下,企业的发展需要引入新动能,需要有互联网思维,需要应对信息网络化、竞争全球化的挑战,更需要适应新技术所不断催生的新业态、新商业模式和新价值创造模式。这些都将为企业的发展带来风险,也会带来无限机遇。要想在当前的竞争环境下获得可持续发展和持续的竞争优势,企业战略管理的成功与否、企业战略的灵活性程度等仍将是关键环节。企业必须在新形势下重新审视其战略管理的各项要素,反思自己的战略规划过程,重构自己的战略经营思路和哲学。

战略管理这门学科在学者们和企业家的共同探索与实践中不断完善和发展,各种新思想、新理论、新方法不断丰富着企业战略理论体系,同时又指引着企业的战略实践。基于上述背景,本着对战略管理的深度认识和理解,致力于面向新时代大学生,在吸收了国内外学者大量的研究成果,研究了国内外大量的管理实践的基础上,并结合我们多年的教学经验,编写了这本《企业战略管理》。

本书在编写过程中力争突出如下特点:

第一,内容具有实践应用性。实践应用性的一大体现是案例教学。每章的开篇案例,引出本章的主题思想。每章在理论内容完成后,设置了本章小结、关键名词、思考题、案例分析、即测即评,使学生更容易把握每章重点。

第二,知识传授具有渐进性。本书全面系统地分析和阐述了战略管理的基本理论、方法和发展趋势,按照战略分析、战略制定、战略实施的思路构建了教材的知识体系。

本书的编写分工为:第一章由揭筱纹编写,第二章由甄伟丽编写,第三章由赵露编写,第四章由宋宝莉编写,第五章由张黎明编写,第六章由周贵川、揭筱纹编写,第七章由揭筱纹、尹超编写。特别感谢邱璐、刘旭红、张澜、宁胜男、张馨、张沐华等同学帮助查找整理资料。

在本书编写过程中参考和借鉴了许多同行的科研成果,吸收了许多国内外企业管理者的实践经验,在这里向各位表示衷心的感谢,同时书中,如有遗漏,敬请谅解。

由于编者水平有限,书中难免有不足和疏漏之处,还望各界朋友对本书提出宝贵意见。

编　者

2020年11月

目　录

第一章 战略管理导论

学习目标

1. 掌握战略与企业战略的基本概念；
2. 掌握战略的层次；
3. 了解企业战略管理及其理论演变过程。

开篇案例

阿里巴巴:走向全球的中国在线巨擘[①]

阿里巴巴是中国最大的电子商务公司(雅虎公司占股23%,日本软银公司占股36%),而如今中国拥有全世界数量最多的互联网用户。2014年,当阿里巴巴在纽约证券交易所完成其首次公开招募时,其市值超过了亚马逊和eBay二者之和,并且超过了沃尔玛。2012年,中国2%的国内生产总值(GDP)来源于阿里巴巴网站的商品交易。与之相比,沃尔玛的销售额仅占美国同期GDP的0.03%。阿里巴巴的出现使中国一举成为继美国之后的全球第二大电子商务市场。阿里巴巴的出现改变了消费者的购买习惯,尤其是那些三四线城市(例如,更小规模或者地理上更为偏僻的地方),阿里巴巴为那里的消费者提供了购买多种商品的途径,过去他们可能在当地无法购买到这些。

淘宝是阿里巴巴旗下的另一个类似美国eBay的网站。在淘宝平台上,阿里巴巴并不会进货或销售自己的商品,而是提供了一个平台供制造商、经销商和中间商经营网站。消费者熟知的品牌则更青睐于在天猫平台上销售,因为阿里巴巴在策略上更推崇天猫平台。淘宝则更加关注中小卖家,在淘宝平台登记的规模大小不一的卖家已经达到600多万个。

鉴于这两大网站如此高的覆盖率,阿里巴巴成为外国零售商进入中国市场最便捷的渠道。2014年,网络销售占中国市场销售额的90%,美国与此相对应的数据是24%。阿里巴巴网站与大量消费者的接触,为外国零售商进入中国市场提供了最便捷的途径。覆盖范围之广,为中国中小制造商提供了最便捷的途径和提高国内销售量的机会。例如,Weighing Apparatus Group,一开始只是一家提供农家用秤和工业秤的供应商,2009年开始在淘宝上建立了自己的主页。2014年,其20%的国内销售额都来源于其淘宝店面,并且超越了原来的定位,不仅仅是其他公司品牌产品的供应商。

通过旗下的支付宝系统,阿里巴巴与苹果公司成立了合资公司为Apple Pay支付系统提供后端服务,允许中国的苹果用户使用支付宝在Apple Pay上支付。这种方式强化了阿里巴巴的移动网络战略。同时,它还为那些渴望在阿里巴巴网站浏览和购买产品的苹果手机在线用户提供了更好的服务。

由于过去发生的一些产品责任诉讼,销售给美国消费者的产品被禁止出售或召回,因此禁止假冒产品可能会是一个重要的战略性问题。为此,阿里巴巴与美国消费者产品安全委员会合作,通过帮助禁止假冒伪劣产品的销售或召回,提高在美国消费者中的可信度,这也同样促进了阿里巴巴的全球普及战略。

此外,阿里巴巴正在逐渐介入网络媒体内容和视频业务。2014年,阿里巴巴宣布收购

---

① 资料来源:[美]迈克尔·A.希特,[美]R·杜安·爱尔兰,[美]罗伯特·E.霍斯基森.战略管理概念与案例.刘刚,梁晗,耿天成,等译.北京:中国人民大学出版社,2017.

华氏传媒(China Vision Media)。如同亚马逊与Netflix公司合作开发自己的媒体内容,阿里巴巴面临着与其他服务提供商(例如,腾讯和百度)的竞争。在国内市场和国际市场上保持正确的战略是阿里巴巴成功的关键所在。

第一节 战略与企业战略基本概念

一、战略的起源

从字面上看,"战略"在中国是一个典型的合成词。"战"本义为"战争",通常指打仗,是政治的继续。"略"本义为"大致、简单""省去、简化""计谋、方略、策略""抢、掠夺"等。而"战略"合"战""略"二字之义,即"战争的谋略"或"通过打仗来掠夺"。

在远古、中古和近代,当政治发展到难以调和的状态时,通常是由战争来最后解决势不两立的局面的。当然,在现代社会,战争作为一种血腥的暴力行为,非常容易招致国际社会的指责。所以,一般都是通过双方或多方的协调机制来积极地解决问题。因此,用"通过打仗来掠夺"之义来理解"战略"的含义,也就极为鲜见了。

"战略"一词在英语中为strategy,德文中为strategie,其词根出于希腊语stratos,意为军队,后衍生出strategos,意为将军或领袖,再后来的strategeia,意为战役或将道。约公元580年,东罗马皇帝毛里斯著*Strategikon*一书以教育其将领,意为"将军之学",1770年,法国人梅奇乐在翻译该书时,根据其书名创造出strategy一词,并于1777年在自己所著的《战争理论》一书中首次使用。这即为"战略"一词作为现代军语的起源。

《辞海》中对"战略"一词的解释是:"战略泛指重大的、带有全局性和决定全局的计谋。"战略作为一个舶来语,起初是军事学中的术语。著名的德国军事学家克劳塞维茨在《战争论》中讲到,"战略就是为了达到战争目的而对战斗的运用","战略必须为整个军事行动规定一个适应战争目的的目标,也就是拟定战争计划"。在这里,克劳塞维茨把战略看作指导战争的规划和方针。激烈的市场竞争和企业管理实践的发展,使得企业经营者不得不从战略上思考和把握企业的经营活动,确定企业发展的长期目标,进行资源整合,选择机动灵活的企业竞争策略,以形成企业的竞争优势。因此,军事学上的战略概念和战略思想便很自然地被引入企业管理实践中了。诚然,无论军事行动,还是行政管理和工商管理活动,优秀的将军或能干的企业管理者或行政管理者,总是先从战略出发,而不是先考虑操作性的计划。

二、企业战略的定义

"企业战略"的概念是随着产业革命和经济的发展而逐渐形成的。18—19世纪,伴随着产业革命的发生,欧洲产生了以亚当·斯密、瓦特、斯图亚特等为代表的欧洲管理思想,之后在美国又出现了以泰勒为代表的科学管理学派,当时这些学者和管理者都是将思考的重点放在组织内部活动的管理上,到20世纪初,法约尔对企业内部的管理活动进行整合,提出了管理的五项职能,这可以说是最早出现的企业战略思想。巴纳德(Barnard)在《经理的职能》(1938)、诺伊曼和摩根斯坦在《博弈理论与经济行为》(1947)中分别把战略引进商业竞争领域,标志着企业战略的正式提出。

钱德勒在 1962 年给战略下了一个定义,他认为战略是“一个企业的基本长期目标,以及为了达到目标而进行的行动路线的调整和必要的资源分配”。

安德鲁斯(1965,1971)认为,公司战略是企业的决策模式,决定并揭示了企业的目标或目的,制定实现目标的基本政策和计划,界定企业将从事的一系列业务,界定企业目前的或打算成为的经济组织和人类组织的类型,以及界定公司将为其股东、员工、顾客和社区所做的经济贡献与非经济贡献的性质。

波特(1996)认为,“战略与日常的运营有效性有很大不同”,战略最基本的内容是“选择与竞争对手不同的活动”,或是“获取竞争优势”,或是“创建一个独特的有价值的市场定位”,因此需要有洞察力和创造力。他强调,“任何一个公司不可能服务于市场中所有的人,因此需要做出选择,并寻找在市场中独特的定位,这意味着企业要对开展与对手不同的活动进行权衡”。但在其《什么是战略》一文中,波特并没有给出战略的定义。

明茨伯格(1987)将战略看成“既是对未来的计划,又是对以往业务呈现的模式的总结”。他指出,长期以来,人们以不同的方式在使用着“战略”这个词,因此,明确地揭示战略的多重定义会使人们更好地掌握这个困难的领域。在这一观点的基础上,明茨伯格借鉴市场营销学中的四要素的提法,给战略下了五个定义,即战略是策略(ploy)、计划(plan)、模式(pattern)、定位(position)和观念(perspective),从而构成了战略的 5P 定义。

1. 战略是策略(ploy)

这种对战略的理解,是把战略等同于具体的谋略或计谋。在管理学界,人们通常把战略和策略混为一谈,有时从全局层面上来理解和使用战略这一术语,而且多数人把战略视为企业进行市场竞争的计谋与谋略。然而,把战略与策略相混,把战略上的策划和成功当成策略上的策划和成功,在管理实践上将造成重大损失。这一点我们将在后面进行具体说明。

2. 战略是计划(plan)

明茨伯格指出,战略是一种有意识、有预谋的活动,是处理某种局势的方针。依据这个定义,战略具有两个基本特征:一是战略是在所采取的行动之前制定的,二是战略是经过深思熟虑、有目的制定的。战略策划中包含着计划的内容,但它不等同于计划本身。

3. 战略是模式(pattern)

明茨伯格认为,战略是一种模式,它反映企业的一系列行动。这就是说,无论企业是否事先对战略有所考虑,只要有具体的经营行为,就是企业的战略。这种对战略的理解,把战略等同于企业的经营活动模式。战略策划中包括对企业经营模式的策划和设计,一个战略的成功实施必然包含着有效的经营模式的运作,但是,战略还包含着更为广阔的内容,而不仅仅是经营管理模式的问题。

4. 战略是定位(position)

战略定位是指企业在市场竞争中选择有利于自身生存和发展的位置,是企业在环境和自身利益之间所确定的位置。战略策划必须找到有利于企业生存和发展的市场定位，但是战略定位问题只是战略策划的一部分。

5. 战略是观念（perspective）

把战略看成一种观念，它体现组织中人们对客观世界固有的认识方式。它是一种抽象的概念，但可以通过一定的方式被企业成员所拥有和共享，从而变成一种集体意识并可能成为组织成员保持一致的思想基础。这种对战略的理解，是把战略等同于理念。战略的策划和制定，必须有适当的战略理念作为指导，但是，战略绝非仅是一种精神现象，它是企业具体行动的方案和规划，具有切实的、可操作的物质内容。

综上，如果把战略理解为上述 5 个“p”的集合，则比较接近战略的定义；如果仅从其中某一个“p”的角度来理解或界定战略，则是不全面的。

还有很多学者对战略都下了定义，但大部分都是在这四位大师的基础上进行的，有关战略的一些经典定义可参阅表 1-1。

表 1-1　有关战略的经典定义[①]

一个全面的计划：界定在所有可能出现的不同情况下，如何做出选择	约翰·冯·诺依曼，奥斯卡·摩根斯坦，《博弈论与经济行为》，1944
战略可以被定义为确立企业的根本长期目标并为实现目标而采取必需的行动序列和资源配置	小阿尔弗雷·钱德勒，《战略与结构》，1962
战略是联结公司所有活动的共同线索，是实现目标的途径，是一整套用来指导企业组织行为的决策准则。战略应由四个基本要素组成：① 经营范围：产品与市场组合；② 竞争优势：选择优势产品与市场，识别环境变化的特点，寻求机会；③ 协同作用：产品间的相似性，资源与能力的共享，市场、生产、投资和管理方面的协同；④ 增长向量：选择公司发展与成长的方向，如市场渗透、市场开发与多元化	伊戈尔·安索夫，《公司战略》，1965
企业战略是这样一种决策格局：决定并昭示企业的使命、要旨和目标，提供实现目标的基本政策和计划，界定企业的业务范围、它所代表的或者希望成为的那种经济与社会组织，以及它要为股东、雇员、顾客和社区所做出的经济的和非经济的贡献	肯尼斯·安德鲁斯，《公司战略概念》，1971
战略是一系列决策中反映出的某种模式	亨利·明茨伯格，《战略制定中的模式》，1978
战略是企业与环境的联结手段	雷蒙斯·E. 迈尔斯，查尔斯·C. 斯诺，《组织战略、结构和过程》，1978
战略是将组织的主要目标、政策和行动序列整合为一个有机整体的计划模式。一个好的战略帮助企业获取和配置资源，从而根据其相对的内部实力与缺点、预期的环境变化，以及明智的对手的伺机举动，造就企业的独特和有利的态势	詹姆斯·B. 奎因，《应变战略：逻辑渐进主义》，1980
保证企业的基本目标能够得以实现的一个统一的、综合的和全面的计划	W.F. 格力克，《企业政策和战略管理》，1980

① 马浩．战略管理学精要 [M]．2 版．北京：北京大学出版社，2015.

续表

战略是企业所追寻的目标以及其实现方法或政策的结合 迈克尔·E. 波特，《竞争战略》，1980
业务战略的实质，一言以蔽之，就是竞争优势……战略计划的唯一要旨在于使企业可以尽可能有效率地获得相对于对手的持久优势。公司战略因此意味着试图通过最有效率的途径改变企业相对于对手的实力 大前研一，《企业家的战略头脑》，1986
战略关乎赢……战略是运用资源建立优势地位的总体计划。战术是一个有关某种具体行动的谋划 罗伯特·M. 格兰特，《当代战略分析》，1996
竞争在于与众不同。它意味着可以选择不同的活动系列来提供独特的价值组合 迈克尔·E. 波特，《什么是战略》，1996
战略的实质在于通过打破现有的价值 / 成本均衡改变游戏规则从而创建蓝海 W. 钱·金，勒纳·莫博妮，《蓝海战略》，2005
战略是应对竞争的作战方案，由目标（终点）、范围（战场）与竞争优势（方法）等基本要素构成 大卫·科利斯，迈克尔·鲁科斯塔德，《你能说出你的战略是什么吗》，2008
战略的核心包括三个要素：① 情形诊断：对所面临挑战之实质的定义或者解释。一个好的诊断能够识别问题的某些关键方面，从而使通常令人无所适从的复杂现实变得相对简单。② 指导方针：关于应对挑战的指导方针。这是一种总体方法的选择，旨在应对或者克服情形诊断所识别的障碍。③ 连贯行动：落实指导方针的一系列行动。这些相互协调、连贯一致的行动步骤共同促成指导方针的落实 理查德·儒梅尔特，《好战略 坏战略》，2011

三、企业战略的特征

（一）全局性

这是战略最根本的特征。全局性是指企业战略是以企业的全局为研究对象来确定企业的总目标，规定企业的总行动，追求企业的总体效果。虽然这种管理也包括企业道德局部活动，但是这些局部活动是作为总体活动的有机组成在战略管理中出现的。也就是说，企业战略的重点不是研究企业的某些局部性质的问题，而是通过制定整体的使命、目标和战略来协调企业部门自身的表现，使各个部门做出的贡献推动企业整体的发展。这样也就使战略具有综合性和系统性的特点。

（二）指导性

战略的作用在于对企业经营活动进行指导，提供总体指导方案，规范企业运行的方向和经营模式。企业战略规定了企业在一定时期内基本的发展目标，以及实现这一目标的基本途径，指导和激励着企业全体员工努力工作。企业的任何具体策略的制定、具体计划的执行，都不能脱离总体战略方案的指导，都要为实现总体战略目标服务，形象地说，企业战略就是企业的发展蓝图，制约着企业经营管理的一切具体活动。

（三）长期性

企业战略考虑的是企业未来相当长一段时间内的发展问题，是对企业未来较长时期内，就企业如何生存和发展进行统筹规划。战略面向未来，把握企业的总体发展方向，聚焦于企业的长期目标，并给出实现长期目标的行动序列和管理举措，在一定的历史时期起着指导作用。

（四）稳定性

战略具有全局性和长期性，在总体战略目标完成之前是不会发生变化的。尽管在执行的过程中，由于客观形势的变化会对其中的个别内容进行调整，但战略的宗旨、方针和基本内容不会发生重大变化，除非客观形势发生了重大变化，才会对战略进行根本调整。

四、企业战略的功能

从战略的内容和特点可以看出，制定科学、合理的战略对企业的发展有着重要的意义。具体来说，战略具有以下功能：

第一，提高企业和企业经营者参与市场竞争和推进企业发展的自觉性。战略的制定过程是企业决策者对市场的变化趋势、企业自身发展状况的研究和把握过程，战略的内容反映了企业决策者对上述情况和发展趋势的认识与把握程度。科学的战略是对企业自身实力和市场竞争情况的正确反映，是对企业经营与运行状态客观规律的科学反映。因此，战略在指导企业运作和发展时，可以提高企业领导者和员工的自觉性，克服盲目性，使企业能够按照事物的发展规律和客观情况进行部署、规划，制定适宜的策略去开展各种经营活动。

第二，保证企业和企业决策者始终能够保持明确的前进方向。战略具有很强的指导功能，它可以使企业决策者在复杂多变的市场竞争中始终保持清醒的头脑，按照既定的目标前进，而不至于在变幻莫测的市场竞争和烦琐的日常事务中迷失方向。

第三，对具体策略和计划进行指导、评估和监控。企业的任何具体策略、计划和部署的制定都是在战略总体的指导下进行的，只有遵循战略宗旨规定的总方针与总规划，各种具体的策略、计划和部署才能实现结构耦合、功能互补，为完成战略总目标采取步调一致的行动。战略目标和战略规划还可以对具体的策略、计划及其实施结果进行评估，帮助企业决策者对策略、计划进行择优选择。战略规划还可以对策略和计划的具体实施情况进行监控，校正那些偏离战略目标的策略和计划，保证企业按照既定目标运行。

第四，对企业资源进行有效的整合和部署。战略制定的过程，也是对企业资源进行有效整合和部署的过程。企业内外的各种资源原本是呈离散状态的，经过战略规划的实施，使其实现有机组合和功能互补，进而提高企业的综合优势和竞争实力。

五、企业战略的其他关键概念

（一）使命

使命（mission）也称宗旨，是一个对中国企业来说多少有些陌生的管理名词。但是，在世界优秀的企业和机构的成长历程中，使命却一直发挥着重要的作用。成功企业的创立和发展过程往往是目光远大的领导者与发展机遇相结合的过程，这种结合就是一群负有使命感的人才将正确的战略应用于企业合适的时间的过程，优秀的企业和组织往往能够激励员工以个人特有的方式将自己与公司崇高的社会使命联结在一起。具体来说，企业使命阐明了企业的经营目的、市场、用户、产品与服务、宗旨及基本方向和途径。

（二）愿景

愿景（vision）又称为远景。新《韦氏袖珍词典》将“愿景”定义为：① 一般视力所不能看见的事物（如梦或幻想）；② 想象力创造的生动形象；③ 想象的能力或行动；④ 不寻常的远见和洞察力。美国组织学专家马克·利普顿（Mark Lipton）在其著作《愿景引领成长》一书中提出：愿景是一个具体的目标，是一个对将来所向往的生动画面，它既是可以被描述的，又是具有挑战性的。在这里我们认为，愿景是与企业的使命、战略导向保持一致的组织未来的目标。愿景具有前瞻性，一般来说，它所指的是较长时间内（10~30 年，甚至 50 年）企业或组织追求的重要目标，而非一般性的业务发展上的具体指标。与下述的目标的含义有类似的地方，但更为宏观，可以说愿景是宏伟的、大胆的、有难度的可见的目标。

愿景与使命也可以称为“可见的未来”，指的是企业对其前景所进行的广泛的、综合的和前瞻性的设想，使用文字描绘的企业蓝图。它使人们产生对未来的向往，从而使人们团结在这个伟大的理想之下共同奋斗。同时，愿景和使命只描述对于未来的期望，而不包括实现这些愿望的具体途径和方法；愿景和使命也不一定能够完全实现。

（三）目标与具体目标

目标（goal）通常是指使命相一致的对组织方向的一般描述，是组织活动在一定时期内所要得到的结果，多为定性的；具体目标（objective）则是对目标的进一步量化或更精确的描述，有时可能表明具体的完成时间或范围。

（四）核心价值观

核心价值观（core value）是组织本质的、持久的、具有普遍性的指导原则。不能将企业的核心价值观与具体的生产经营混在一起，也不能为了经济利益或短期的好处而放弃核心价值观。目光远大的企业的核心价值观不需要理性的或外在的理由，它不会随趋势和时尚的变化而变化，甚至也不随市场状况的变化而变化，是对组织内部具有重大价值和意义的核心观念。

（五）战术

在军事上，战略与战术（tactics）（军事上有时也将战术称为策略）是两个完全不同层次的概念，前者是指为了获得有利的军事地位而调度兵力的总体计划和部署，而后者则是有关特定军事行动的具体方案。如果说战术考虑的是如何赢得战斗或战役的胜利，那么，战略考虑的是如何赢得战争的胜利。也就是说，为了实现既定的战略目标，下级指挥员要服从统帅的战略部署并制定具体的作战方案，即战术是围绕战略而制定的具体行动计划。

而在企业管理领域中，战略与战术也是全局与局部的关系。战略是指对达到目标的途径与手段的总体谋划，而战术是指为达到战略目标所采取的具体行动。战略与战术是目的与手段的关系。一般来讲，先有战略，后有战术，战术必须服从和服务于战略。战略回答的是“怎么想、做什么、做多大的目标”的问题，是五年甚至更长期的时间导向；而战术主要回答“怎么做、从哪里开始、如何实现”的问题，是以一年、两年甚至更短的时间导向为出发点的。

(六) 政策

政策(policy)一词用来表述最高层次和最宽范畴的企业行为规范。例如,政府对某国有企业的指导政策和方针。政策构成了战略目标逐渐形成的外部指导环境。反过来,战略又决定了战术的构成和措施的实施。因此,战略上承政策之导向,下作战术之指导。理想情况下,政策应当通过战略传导至战术和措施,各部分应环环相扣,以保证政策指向最终通过最低层次的措施而得以实现。不论哪个层次,只要两部分之间出现脱节,就需要重新向上或向下进行调整。图 1-1 表示了使命、愿景、目标、战略之间的层次关系。

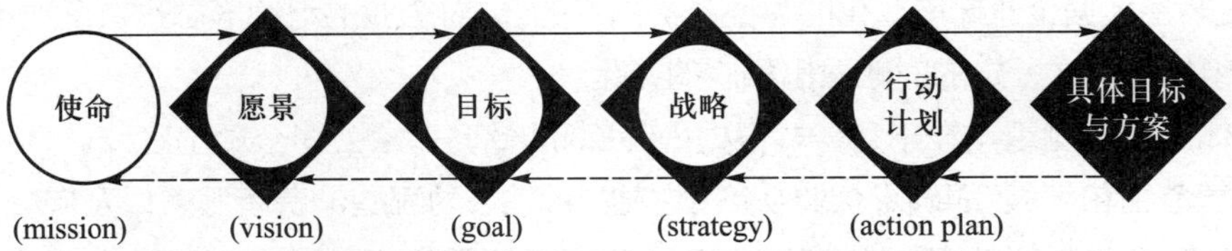

图 1-1 使命、愿景、目标、战略关系图

第二节 战 略 层 次

一个企业战略是分为若干层次的,被称为战略金字塔。处于金字塔顶端的是总体战略,又称公司战略,主要包括企业的战略理念、发展愿景和总体规划等内容。紧接着的下一层是企业的竞争战略,又称企业的业务战略,主要包括企业的经营活动方针、目标顾客确定、业务范围设计、竞争策略选择等内容。再接下来的一层是企业的职能战略,主要是企业各个职能部门的战略,如技术开发、生产制造、营销、财务、人力资源等战略。

多事业单位战略管理的层次如图 1-2 所示。

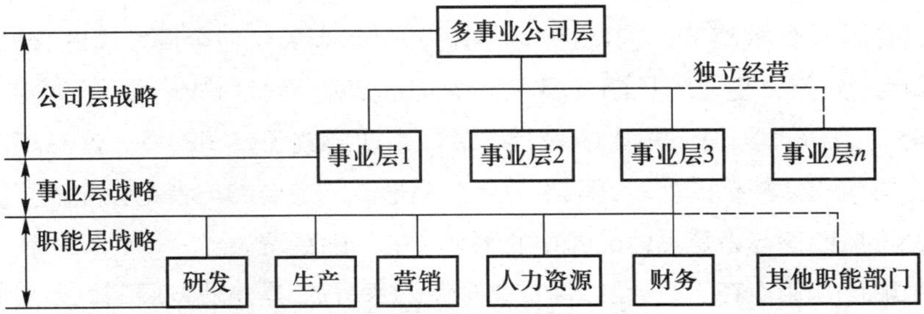

图 1-2 多事业单位战略管理层次

一、总体战略

总体战略又称公司战略,在大中型企业里,特别是多种经营的企业里,总体战略是企业战略中最高层次的战略,是有关企业全局发展的、整体性的、长期的战略规划,是企业最高管理层指导和控制企业一切行为的最高行动纲领。它需要根据企业的目标,选择企业可以竞争的经营领域,合理配置企业经营所必需的资源,使各项经营业务相互支持、相互协调,主要包括企业的发展愿景、使命、战略理念和总体规划等内容。企业的总体战略决定了企业的目标、重大的方针和计划、企业经营业务的类型、人文组织的类型以及应对企业利益相

关者做出的贡献。

总体战略的特点是:第一,从形成的性质看,企业总体战略是有关企业全局发展的、整体性的、长期的战略行为;第二,从参与战略形成的人员看,企业总体战略的制定与推行的人员主要是企业的高层管理人员;第三,从对企业发展的影响程度看,企业总体战略与企业的组织形态有着密切的关系。当企业形态简单、经营业务和目标单一时,企业总体战略就是该项经营业务的战略,即经营战略。当企业的组织形态为了适应环境的需要而趋向复杂化,经营业务和目标也多元化时,企业的总体战略也相应复杂化,如形成多种经营战略等。不过,战略是根据企业环境变化的需要而提出来的,它对企业的组织形态也有反作用,会要求企业组织形态在一定的时期做出相应的变化。

总体战略的侧重点在于:第一,根据内外部环境情况,从公司全局出发,选择企业所从事的经营范围和领域,即确定企业从事哪些业务领域,为哪些消费者服务以及向哪些市场发展;第二,在确定所从事的业务后,在公司层面对各项业务进行资源分配,以实现公司整体战略的意图,这也是公司战略实施的关键措施。

二、竞争战略

竞争战略也称业务战略,位于企业战略金字塔的第二层,是在企业总体战略的制约下,指导和管理具体经营单位的计划和行动,为企业的整体目标服务的战略。竞争战略主要是针对不断变化的外部环境,使经营单位在各自的经营领域实现有效的竞争,为了保证企业的竞争优势,各经营单位要有效地控制资源的分配和使用,同时,经营单位战略还要协调各职能层的战略,使之成为一个统一的整体。主要内容包括企业产品或服务参与市场竞争的方向、目标、方针及策略。竞争战略的选择是企业参与竞争的基础,也是企业参与竞争成败与否的关键所在。

竞争战略与总体战略的区别是:第一,总体战略是有关企业全局发展的、整体性的、长期的战略计划,对整个企业的长期发展产生深远的影响,而竞争战略着眼于企业中有关事业部或子公司的局部战略问题,影响着某一具体事业部或子公司的具体产品和市场,只在一定程度上影响总体战略的实现;第二,总体战略形成的主要参与者是企业的高层管理者,而竞争战略形成的参与者是具体的各事业部或子公司的经理。

竞争战略的侧重点在于:一是如何贯彻企业的宗旨;二是企业发展的机会与危险分析;三是企业内在条件分析;四是确定经营单位战略的重点和主要战略措施。

三、职能战略

职能战略位于企业战略金字塔的第三层,主要是指为了实现企业的总体战略和竞争战略而对企业内部的各项关键职能活动做出的统筹安排。职能战略通常包括营销战略、生产战略、研发战略、财务战略、人力资源战略等,它是企业内主要职能部门的短期战略计划,使职能部门的管理人员可以更加清楚地认识到本职能部门在实施企业总体战略中的责任和要求,有效地运用研究开发、营销、生产、财务、人力资源等方面的经营职能,保证实现企业目标。

职能战略与企业总体战略之间的区别主要有以下几个方面:第一,期限。职能战略用于确定和协调企业的短期的经营活动,期限较短,一般在一年左右。第二,具体性。企业主要职能部门的战略要比企业总体战略更为具体。总体战略为企业指出一般性的战略方向,而职能战略则为负责完成年度目标的管理人员提供具体的指导,使他们知道如何实现年度目标。第三,职权与参与。企业高层管理人员负责制定企业的长期目标和总体战略。职能部门的管理人员在总部的授权下,负责制定年度目标和部门战略。职能部门管理人员参与制定职能战略,可以更自觉地实现本部门的年度目标,执行职能战略所需要进行的工作,增强实施战略的责任心。

职能战略的侧重点在于:一是如何贯彻企业的总体目标;二是职能目标的论证及其细分,如规模与生产能力、主导产品与品种目标、技术进步指标、市场目标等;三是确定职能部门的战略重点和主要战略措施;四是战略实施中的风险分析和应变能力分析。

总体战略、竞争战略与职能战略构成一个企业战略的三个层次,它们之间相互作用,紧密联系,共同构成了企业的战略体系。企业要想获得成功,必须将三者有机地结合起来(见图 1-3)。三个层次战略的制定与实施过程实际上是各级管理者充分协商、密切配合的结果。企业总体战略是经营单位战略的制定依据,而职能战略的制定又要充分体现经营单位战略的目标,只有三个层次的战略协调一致时才能最大限度地发挥企业战略的作用,而任何一个层次战略的错误都可能使企业战略功亏一篑,如图 1-4 所示。

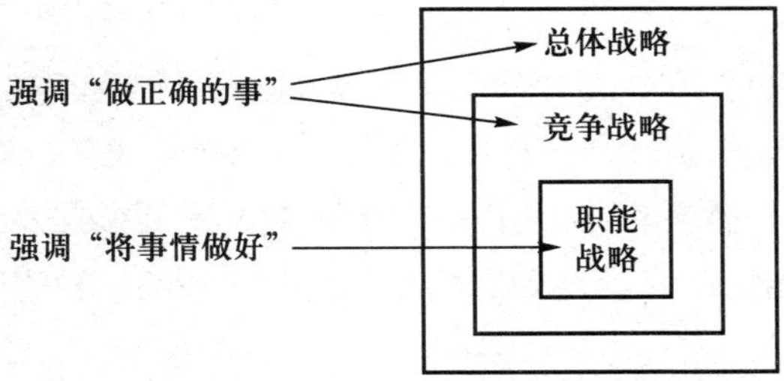

图 1-3 企业中的战略层次

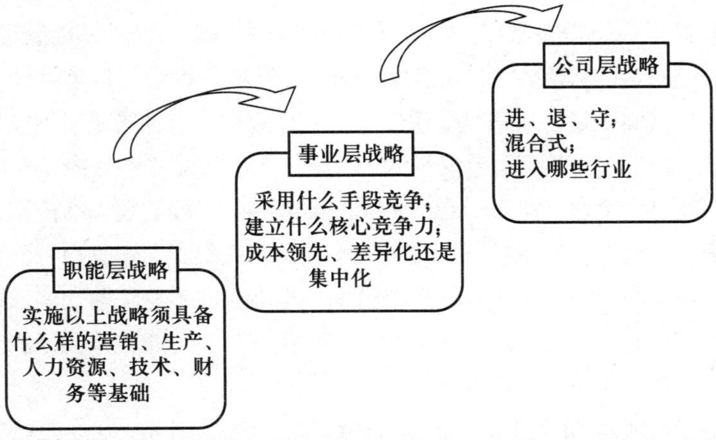

图 1-4 战略管理的层次性

第三节　企业战略管理及其理论演变

一、战略管理

（一）战略管理的内涵

早期的学者对战略管理的认识是从战略的概念构建开始的。但随着认识的深入，学者们逐渐认识到战略管理与战略是有区别的。安索夫所提出的战略概念的演变过程最能说明这二者的区别。安索夫最初提出的战略概念，认为战略是贯穿于企业经营与产品及市场之间的一条主线，包括产品与市场范围、增长向量、竞争优势和协同作用四个要素。在这个定义中，安索夫把战略视为一个方案。但他随后提出了战略管理的概念，更倾向于把战略管理视为一个过程，而且是一个根据实施情况不断修正目标与方案的动态过程。因此从概念上进行区分，可以认为战略是一个静态的概念，是战略管理的对象；而战略管理则是对战略的管理过程，是组织制定、实施和评价使组织达到其目标的、跨功能决策的艺术和方法。具体来讲，战略管理是指企业为了长期的生存和发展，依据确定的使命，在充分分析外部环境和内部条件的基础上，确定和选择达到目标的有效战略，并将战略付诸实施及对战略实施的过程进行控制和评价的一个动态管理过程，主要包括由战略的制定、战略的实施、战略的评价三个部分构成的企业管理过程以及相应的方法和技术。

这里有两点需要说明：第一，战略管理不仅涉及战略的制定和规划，而且也包含将制定出的战略付诸实施的管理，因此是一个全过程和全面的管理；第二，战略管理不是静态的、一次性的管理，而是一种循环的、往复的动态管理过程，需要根据外部环境的变化、企业内部条件的改变以及战略执行结果的反馈等信息，重复进行新一轮的战略管理过程，是不间断的管理。

战略管理的关键词不是战略而是动态的管理，它是一种崭新的管理思想和管理方式。将战略管理作为一种管理方式时，必须明确以下几个问题：

首先，战略管理不是职能管理。很多学者将战略管理作为一种职能管理，认为战略管理像财务管理一样是由特定部门如战略规划部所负责的一种企业日常管理工作。这是一种不全面的看法，其实质是将战略管理仅仅视为一种规划。这种看法已不能反映战略管理科学发展的现实和企业战略管理实践的实际情况。战略管理并不是由某一固定的部门负责的日常工作，而是由企业最高层对企业长期发展或事关全局问题的掌控和运作。

其次，战略管理是一种系统管理。与其他职能管理只负责企业某一方面事务的情况不同，战略管理是对整个企业所有事务的系统管理。当然这并不意味着战略管理就替代了其他管理。但战略管理涵盖了企业管理的所有方面，在服务于企业整体目标的宗旨下进行整体协调和配置，是对企业整个系统的管理。

最后，战略管理统率其他管理。其他管理将服务和统一于企业的战略管理，与战略管理匹配，保持一致，任何与企业的战略管理相矛盾的其他管理活动都是不可接受的。

现代战略管理研究的发展历程如表 1–2 所示。

表 1-2 现代战略管理研究的发展历程[①]

发展阶段	主要内容及贡献	代表人物及著作
萌芽期（20 世纪 60 年代）	首次在企业管理中引入战略思想，启发人们对战略问题加以研究	巴纳德：《经理人的职能》，1938 钱德勒：《战略与结构》，1962
奠基期（20 世纪 60 年代中期到 70 年代初期）	初步形成了企业战略管理研究的理论框架	安索夫：《企业战略论》，1965 安东尼：《计划与控制系统》，1965 安德鲁斯：《经营战略论》，1971
探索期（20 世纪 70 年代初期到 80 年代初期）	战略管理进入繁荣时期，重视企业中理性化的研究方法；战略管理由理论研究开始走向实际应用研究	安索夫：《从战略计划到战略管理》，1976 安索夫：《战略管理论》，1979 霍弗：《战略制定》，1978 W.R. 金、克里兰：《战略规划与政策》，1978
争鸣与反思期（20 世纪 80 年代初期到 80 年代末期）	整体分析方法与经验分析方法相结合，利用博弈论作为分析的理论基础；重视创新与企业家精神、人的心理因素、企业文化的战略管理的非主流学派迅速崛起	迈克尔·波特：《竞争战略》，1980；《竞争优势》，1985 霍格斯：《判断与选择：决策心理学》，1980 彼得·德鲁克：《创新与企业家精神》，1985 泰勒尔：《产业组织理论》，1988
转折期（20 世纪 80 年代中期到 90 年代中期）	着重研究企业内部的资源、能力对竞争优势的影响，对基于能力的战略和战略联盟的研究成为主流	沃纳菲尔特：《基于资源的企业观点》，1984 普拉哈拉德、哈默尔：《企业核心能力》，1990 乔治·斯托克：《能力的竞争：公司战略的新规则》，1992 哈默尔、赫尼：《基于能力的竞争》，1994
知识管理期（20 世纪 90 年代）	知识成为企业最重要的资产，知识管理成为提高其企业核心竞争力的关键，知识管理战略是关系企业生死存亡的战略	彼得·圣吉：《第五项修炼》，1990 经济合作与发展组织（OECD）：《以知识为基础的经济》，1996
深入与扩展期（21 世纪初至今）	就战略管理的一些问题展开深入研究，如企业的战略意向与相关的驱动因素，管理者如何实现所有者利益（公司治理），企业可控资源的创造、获取与利用，企业绩效提升，企业经营模式，以及企业外部环境研究	亨特：《一般竞争理论：资源、能力、生产力与经济增长》，2000 纳特：《决策缘何失误》，2002 克劳奇：《竞争思维：在经营中取胜的战略》，2008

① 金占明，杨鑫．战略管理 [M]. 北京：高等教育出版社，2011.

（二）战略管理的性质

战略管理自20世纪50年代开始逐步正式走上管理研究和实践的舞台以来，成为继泰勒的科学管理理论、行为科学管理理论之后伴随系统科学的发展而日渐成熟的一种新的管理方式。因此战略管理不是与营销管理、生产管理、人力资源管理、财务管理等同等层次上的职能技术层面上的管理，而是管理时间和管理科学发展到一定阶段时的产物，是管理理论和思想在更高层次上的升华和总结。

（1）战略管理是整合性管理理论。营销管理、财务管理、生产管理、人力资源管理等职能管理理论是从企业局部的角度来讨论管理的问题。应当承认这种解剖式的理论创建和发展方式，对管理理论的发展以及深入了解某一方面的管理问题提供了丰富的要素，但它们带来的弊端也是显而易见的，被分解的管理理论无法解决企业整体性的管理问题，如何将企业的各个职能部门协调一致、有机运作，需要企业战略管理发挥作用。企业战略管理理论从企业整体的、全局的角度出发，综合运用职能管理理论，处理设计企业整体的和全面的管理问题，使企业的管理工作达到整体最优的水平。

（2）战略管理是企业高层管理者最重要的活动和技能。由于战略决策涉及一个企业活动的各个方面，虽然它也需要企业中、下层管理者和全体员工的参与和支持，但企业最高层管理者介入战略决策是必需的而且非常重要。这不仅仅是由于他们能够统观企业全局，了解企业的全面情况，更重要的是他们具有对战略实施所需资源进行分配的权力。

（3）战略管理的目的是提高企业对外部环境的适应性，使企业做到可持续发展。企业的生存与发展在很大程度上受外部环境因素的影响。当今社会，企业都存在于一个开放的系统中，外部环境既复杂多样，又动荡多变，帮助企业在这种复杂多变的外部环境中生存并持续发展，是战略管理的任务和目的。战略管理促使企业高层管理人员在制定、实施企业战略的各个阶段上，都要清楚地了解有哪些外部因素影响企业，影响的方向、性质以及程度如何，以便及时调整企业现行的战略以适应外部环境的变化，做到以变应变，不断提高企业的适应能力。因此，战略管理的目的是促使企业提高对外部环境的适应能力，使其能够生存并可持续地发展。

（三）战略管理的作用

企业管理学的发展从职能化的管理走向战略性的管理是现代企业管理的一次飞跃，对提高企业经营绩效有着极其重要的作用。

（1）由于战略管理将企业的成长和发展纳入变化的环境之中，管理工作要以未来的环境变化趋势作为决策的基础，这就使企业管理者们重视对经营环境的研究，正确地确定公司的发展方向，选择公司合适的经营领域或产品市场领域，从而能够更好地把握外部环境所提供的机会，增强企业经营活动对外部环境的适应性，从而使二者达成最佳的联合。

（2）由于战略管理不只是停留在战略分析及战略制定上，而是将战略的实施作为其管理的一部分，这就使企业的战略在日常生产经营活动中充分发挥其纲领性的作用，特别是在战略实施过程中，根据环境的变化对战略不断地进行评价和修改，使企业战略得到不断完善。这种循环往复的过程,更加突出了战略在管理实践中的指导作用。

(3) 由于战略管理把规划出的战略付诸实施,而战略的实施又同日常的经营计划执行与控制结合在一起,这就把近期目标(或作业目标)与长远目标(战略目标)结合起来,把总体战略目标同局部的战术目标统一起来,从而可以调动各级管理人员参加战略管理的积极性,有利于充分利用企业的各种资源并提高协同效果。

(4) 由于战略管理不只是计划"我们正走向何处",而且也计划如何淘汰过时的东西,以"计划是否继续有效"为指导,重视战略的评价与更新。这就使企业管理者能不断地在新的起点上对外界环境和企业战略进行连续性的探索,增强创新意识。

二、战略管理过程

战略管理过程是对一个企业的未来发展方向制定决策和实施这些决策的动态管理过程。一个规范性的、全面的战略管理过程大体分解为四个阶段:战略规划阶段、战略实施阶段、战略控制阶段、战略修正阶段,其中战略规划是起点,战略实施是重点,战略控制是难点,战略修正是新起点。图 1-5 描述了战略管理过程。

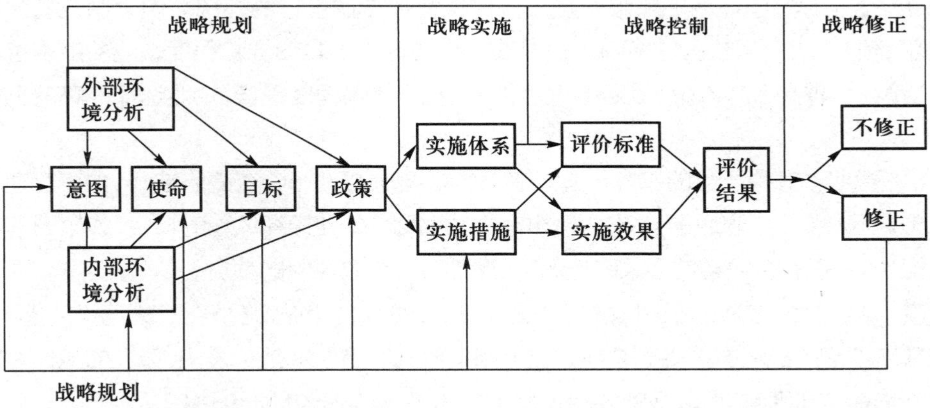

图 1-5 战略管理过程

(一) 战略规划

1. 战略分析

战略分析指对影响企业现在和未来生存与发展的一些关键要素进行分析,预测这些要素未来发展的趋势,以及这些趋势可能对企业造成的影响及影响方向,主要包括企业外部环境分析和企业内部环境分析两部分。

企业外部环境分析包括宏观环境分析、行业(产业)环境分析以及竞争对手分析。目的是了解企业所处的战略环境,掌握各环境因素的变化规律和发展趋势,适时地寻找和发现有利于企业发展的机会及可能存在的威胁,以便在制定和选择战略中能够利用外部条件所提供的机会而避开对企业的威胁因素。

企业的内部环境分析包括企业资源分析、企业能力分析以及企业的核心能力分析。具体要了解企业自身在同行业中所处的相对位置,分析企业的资源和能力,明确企业内部条件的优势和劣势,以及不同的利益相关者对企业的期望等。目的是发现企业所具备的优势或弱点，以便在制定和实施战略时能扬长避短、发挥优势，有效地利用企业自身的各种资源，发挥企业的核心竞争力。

2. 战略选择及评价

战略选择及评价过程实质上是战略决策过程，即对战略进行探索、制定以及选择。

企业战略选择应解决两个基本的战略问题：一是企业的经营范围或战略经营领域，即规定企业从事生产经营活动的行业，明确企业的性质和所从事的事业，确定企业以什么样的产品或服务来满足哪一类顾客的需求；二是企业在某一特定经营领域的竞争优势，即要确定企业提供的产品或服务，要在什么基础上取得超过竞争对手的优势。

一个企业可能会拟订出多种战略方案，这就需要对每种方案进行鉴别和评价，以选出适合企业自身的方案。一般的评价原则有以下几点：一是一致性，战略不能制定互相冲突的目标和政策；二是和谐性，战略必须对外部环境与环境中的重大变化进行适应性反应；三是优势性，战略必须在选定的活动领域内为创造或保持一种竞争优势提供条件；四是可行性，战略既不能过度使用可获得的资源，也不能产生不可解决的子问题。在战略选择过程中，除了运用一定的战略选择评价方法外，还要考虑以下因素的影响：

（1）企业对外部环境的依赖程度。任何企业都存在于它的外部环境之中，受股东、竞争对手、顾客、政府和社区的影响。企业的生存对这些因素的依赖程度影响着战略选择过程，依赖程度越高，企业选择战略的灵活性就越小；依赖程度越低，企业选择战略的灵活性就越大。

（2）管理者对待风险的态度。管理者对待风险的态度影响着战略选择，如果管理者乐于承担风险，那么企业通常会采取积极的进攻性战略或选择高风险的项目；如果管理者不愿承担风险，那么企业通常会采取低风险的战略，拒绝高风险的项目。

（3）企业过去战略的影响。对于多数企业来说，过去的战略是新战略选择的起点，这就导致新考虑的战略方案受到企业过去战略的制约。有研究结论表明，原有的战略对以后的战略选择存在影响，所以战略选择过程更多的是一种战略的演变过程。

（4）最高层管理者的影响。在大多数企业中，如果一位权力很大的高层管理者支持某一战略方案，它往往就会成为企业所选择的战略，并且会得到一致的拥护。如此，个人喜好也影响企业的战略选择，主要管理人员喜欢什么以及尊重什么等，都将影响对战略的选择。

（二）战略实施

企业的战略方案确定后，必须通过具体化的实际行动，才能实现战略及战略目标。战略实施要求企业依据已经制定的战略方案，明确企业经营宗旨，确立年度目标，制定政策，激励企业员工并合理配置资源，以便使制定的战略得以贯彻执行。一般来说，可在三个方面来推进一个战略的实施：

（1）战略实施最主要的是要做到将战略目标分解到每个组织单元甚至个人，要使他们真正了解和认同自己在企业战略中的位置，并积极主动地付诸行动。所以战略实施需要将企业的总体战略方案从空间和时间上进行分解，形成企业各层次、各子系统的具体战略或政策，在企业各部门分配资源，制定职能战略和计划，如生产战略、研究与开发战略、市场营销战略、财务战略等。在这些职能战略中要能够体现出策略推出步骤、采取的措施、项目以及大体的时间安排等。

(2) 对企业的组织结构进行构建,设计与战略相一致的组织结构,这个组织结构应能保证战略、任务、责任和决策权限在企业中的合理分配,为战略实施提供一个有利的环境。

(3) 要使领导者的素质及能力与所执行的战略相匹配,即挑选合适的企业高层管理者来贯彻既定的战略方案。

(三) 战略控制

由于企业外部和内部环境处在不断的运动变化中,因此要保证战略管理过程的顺利实现,战略管理者就必须随时掌握战略进程信息,对企业战略进行动态的调整。战略控制就是将经过信息反馈回来的实际实施效果与预期战略目标进行比较,检测偏离度,并采取相应措施纠正,以达到战略目标的实现。它是面向整个企业系统的,控制标准是依据企业总体目标,并且在保持战略规划稳定性的同时,还考虑了战略的灵活性,主要包括三方面内容:

(1) 确定评价标准。评价标准是用以衡量战略执行效果的指标体系,包括定性和定量指标。在定性指标标准方面,国外提出了六种标准:战略内部各部分内容统一性;战略和环境的平衡性;战略执行中注重评价风险性;战略时间上的相对稳定性;战略和资源的匹配性;战略的可操作性和可行性。在定量指标上,可以采取具体的指标:增长率、经济效益、产品质量、研发效益、销售利润、成本费用等。

(2) 实际工作效果。实际工作效果是战略执行中实际达到目标程度的综合反映。要想掌握准确的资料和数据,必须建立管理信息系统,并运用科学的控制方法和控制系统。

(3) 评价工作。用所取得的实际成果和战略目标相比较,并分析原因,及时有效地采用纠正措施。如超过预期的目标,这种情况成为正偏差,如果是稳定、协调发展的结果,那么就是好结果;如与预定目标基本相等,偏差较小,这也属于好结果;如果没有达到预期目标,存在明显的负偏差,应及时采取有效措施,针对其产生的深层原因进行调整,从而达到战略控制的目的。

(四) 战略修正

战略修正是在战略执行中产生的实际结果和预期目标有明显差距时采取的对战略方案的修改。无明显差异,则无须修改。这种修改不是一时的,而是按照周期不断地调整修改,周期不宜过长也不宜过短,一般以年为周期。如果一个公司发现其战略执行并不像预计的那么好,这不足为奇,有效的战略执行过程也是组织学习的过程,因为战略执行总是不平衡的——在一些地方进行得很快,而在其他地方证明是难以令人满意的。定期评估战略执行来决定哪些方面运行良好,哪些方面需要改进。成功的战略实施必须准备在任何必要的时间和地点,谨慎地寻找方法改进,然后进行调整。

虽然从理论上讲,企业战略管理过程可以划分为以上四个阶段,企业管理人员通过这四个阶段的工作对整个企业进行战略管理,但这里需要强调以下三点:

(1) 战略阶段划分具有模糊性。在企业管理的实践中,上述各阶段的工作并不总是能在时间上和内容上明确区分开的。例如,企业的经营宗旨、经营目的和经营目标,从反映内容的口径上渐次缩小,从时间长度上依次缩短,但由于经营目的是根据经营宗旨决定的,经营目标是根据经营目的决定的，所以它们在内容上不可避免地存在重叠之处。又如战略分析和战略选择阶段并不是依次进行的。因为企业活动具有连续性，因而企业战略也势必具有连续性，新战略往往是对原有战略的调整和补充，完全抛开原有战略而从头开始一个战略管理过程的情况是不常见的。

（2）战略的制定和实施具有整体性。虽然战略和战略管理对企业的成功具有极其重要的作用，但战略的制定和实施工作是不可能与企业的其他工作完全分开的。这是因为：首先，有许多企业没有专职的战略人员，是由企业内同一批管理人员在他们日常管理工作的同时进行战略制定和管理工作的。例如，环境分析工作就可以分别由企业销售人员、财务人员、采购人员承担。对战略管理负有主要责任的企业高层管理人员不可能将其工作时间明确地划分为用于战略管理的时间和非战略管理的时间，而实际上，管理人员的时间往往首先用于处理日常相对细小和具体的问题。

（3）战略的调整应坚持权变性。企业经营环境变化的时间和内容往往是不可预料的，人们不可能事先确定战略调整的时间。因此，虽然战略决策的时期一般在 5 年以上，但在环境发生突然的重大变化时，即使刚刚开始执行某项战略，也需要停止现有战略，转而确定和执行新的战略。而且，由于企业经营环境总是在变化，因此企业战略也会发生变化，这就使战略制定和执行工作具有很强的渐进性和动态性。

三、战略管理理论演变

（一）战略管理的演进

无论是在管理理论还是在管理实践中，战略管理理论都占据十分重要的地位。从发展的历史脉络来看，企业战略管理理论大体可以分为以环境为基点的经典战略管理理论，以产业（市场）结构分析为基础的竞争战略理论和以资源、知识为基础的核心能力理论。

像其他管理学科一样，战略管理理论也是从科学管理理论以及现代管理理论中汲取了营养，是在总体管理理论的基础上顺应时代的要求而逐步发展起来的。这里追溯一下战略管理理论的源泉以及它的发展史。

1. 计划与控制阶段

19 世纪末 20 世纪初，随着资本主义自由竞争逐步向垄断过渡，科技水平和生产社会化不断提高，市场和企业规模不断扩大，生产技术更加复杂，分工协作更加严密，对企业管理工作的要求也越来越高。20 世纪初，计划与控制管理制度应运而生。

首先，科学管理创始人泰勒在 1911 年出版的《科学管理原理》一书中强调，要通过建立职能工长制，将计划、执行和控制的职能分开，在组织机构中单独设立计划部门，进行时间安排、标准化工作、资产和产品的库存登记和管理、成本的记录和分析、组织的维护和改善、雇佣和监督等劳务管理、有关销售和采购分析等，以便增加产量。接着，法约尔在著作《工业管理与一般管理》中提出，管理就是实行计划、组织、指挥、协调和控制，他将计划放在五大职能之首，将预测作为一切计划行动的开始，而后才是行动计划。

实际上，因当时经济技术因素的限制，企业仍是一个与外界没有太多物资和信息交流的封闭系统，根据安索夫的观点，从 20 世纪初到 20 世纪 40 年代末，西方企业中主要采用财务控制、短期预算、资本预算和目标管理等比较简单的计划工具和技术。泰勒和法约尔对计划的认识仍是狭隘的理论，计划仍是相对企业内部的计划。在此阶段，企业内既定的生产、销售、财务等部门分别制定年度预算计划，在财务预算的执行过程中，如果出现偏差，企业要找出原因，并采取必要的修正措施，以便实现既定的预算计划，这种管理制度的重点，在于对偏差的控制。

2. 长期计划阶段

长期计划理论是战略管理理论的雏形，这一时期开始于 20 世纪 50 年代初，持续到 60 年代初期。进入 50 年代后，西方企业（主要是美国企业）的外部环境发生了很大的变化，从而使企业面临着许多更为严峻的挑战。

这个时期的主要特点是：第一，需求结构发生变化。基本消费品的需求已经达到饱和，社会已从对生活“数量”的需要转向对生活“质量”的需要，需求发生了多样化的转变。第二，科学技术水平不断提高。第二次世界大战中研究开发的许多技术，一方面使许多行业过时，另一方面又使一些以技术为基础的新行业产生。由于技术革命的加快和技术革新周期的缩短，加速了产品和制造工艺的发展，生产了许多属于“创造需要”性的新产品，增加了企业的技术密度。同时，也加剧了企业间的竞争。第三，全球性竞争日益激烈。在这个时期，不仅产品的出口数量和范围有了很大扩展，而且出现资本输出，跨国公司迅速发展。这样就使争夺国外资源、国际市场的竞争愈加激烈。第四，社会、政府和顾客等提高了对企业的要求和限制。由于企业一味重视获利，给社会带来许多消极影响，这一切引起了社会、政府、顾客对企业的不满，从而提高了对企业的要求，并产生了许多对企业的限制。

“长期计划”产生的原因正是这些变化迫使企业管理人员延展传统管理的概念，寻求新的管理技术。这种理论的实质是根据历史情况，通过趋势外推法对企业未来环境的变化做出预测，从而制定出长期计划以应对这些变化。在这一时期，企业长期计划的主要活动集中于通过合并而实行企业经营多元化的计划和组织、跨国经营、前向一体化发展、产品－市场的革新等战略措施。

3. 战略规划阶段

这一时期开始于 20 世纪 60 年代初，持续到 70 年代初，战略规划由长期计划转变而来。应用长期计划这一管理技术有两个前提：一是认为促使环境变化的主动权在于企业本身，企业对环境的变化具有很大的影响力；二是认为外部环境是可以预测的，企业总可以制定计划以应对未来的变化。但当企业进入 20 世纪 60 年代后，由于政府的管制和各种调节政策，企业失去了对环境的控制。而且由于外部环境的复杂性和相互作用使得企业难以预测环境的变化。企业要发展，必须具备能够对外部环境变化做出迅速反应的能力，并且要适应环境的变化，选择灵活性的战略，因此，长期计划被战略规划所取代。

战略规划作为一种管理技术或系统，要求对企业的外部环境进行分析，寻找发展的趋势，发现影响企业未来发展的威胁和机会，该理论认为环境发展趋势和变化均需预测和了解，环境变化的主动权在企业。战略规划的目的是寻求外部环境和企业的最佳结合，它的侧重点是制定企业的战略或者是规划企业的行动方案。

4. 战略管理阶段

在战略规划阶段，由于一些高层人员机械地看待战略规划过程，过分强调定量分析的作用，只注重战略规划，忽略了对战略的评估与实施工作，使一些公司战略规划或缺少弹性，或流于形式，丧失了战略规划应有的成效。战略管理兴起于20世纪70年代中后期。企业战略决策者为了应付外来的“战略突变”和迅速出现的机会与威胁，必须摆脱计划周期的束缚，改变“重计划不重实施”的习惯做法，转为制定、评价和实施战略并重，在实施战略规划上下功夫，灵活而又富有创造性地实施战略性管理。进入80年代后，世界经济更加动荡，贸易摩擦、能源短缺、债务危机、股价下跌、新技术和新产品层出不穷，加剧了国际市场竞争。在这样复杂的经营环境下，推行战略管理便成为美国企业适应形势、突破困境、维持生存与发展的重要保证，于是战略管理取代了战略规划。

在这一阶段，“战略”概念被广泛地运用于企业实践和理论研究中，该理论主要包括战略规划、战略实施、战略控制和战略修正等步骤，不仅涉及战略的制定和规划，而且包含着将制定出的战略付诸实施的控制管理，以及对战略管理成果的评价。战略管理认为，单纯周期性计划不能完全适应环境变化的需要，企业能力是变化的，同时，它不一定限于完全被动地承受动荡环境的影响，单纯做出战略的反应和调整，它还具有积极的作用，即战略管理具有“预应”性质：通过制定、实施创造性的战略，它能够主动影响环境的变化，迎接环境的挑战。该理论重点是适应和预测环境的突变以及出现的机会和威胁，制定战略和实施战略并重。

在不同的战略管理理论阶段，有不同的思想家对其作出了不同的贡献，如表1-3所示。

表1-3　战略管理思想的演变历程

代表人物	年代	核心	理论贡献	分析工具
Ansoff, 1965; Andrews, 1971	20世纪60年代	一般管理角色	最早的公司战略与竞争战略理论	公司愿景，独特竞争力，SWOT分析
Chandler, 1962; Wrigley, 1970; Bower, 1970; Vancil, 1978	20世纪60年代到70年代	组织结构	结构跟随战略；“契合”；分权	M型组织
Rumelt, 1974; Montgomery, 1982	20世纪70年代	多元化的范围与方式	业务组合作为战略变量；“协同”	相关性的测量以及经营绩效的度量
BCG, 1968; Haspeslagh, 1982	20世纪70年代	资源配置	组合管理	增长/份额矩阵
Jesen, 1985; Copeland, 1990; Schmalensee, 1985; Rumelt, 1991	20世纪80年代	公司对战略经营单位经营业绩的贡献	公司价值的有限证据；公司所控市场	自由现金流；基于价值的战略

续表

代表人物	年代	核心	理论贡献	分析工具
Porter, 1987; Goold&Campbell, 1987; Mckinsey, 1989	20 世纪 80 年代	公司优势的源泉	公司优势分类	公司角色
Wernerfelt, 1984; Prahalad&Hamel, 1990; Barney, 1991	20 世纪 80 年代	企业独特性与成长	有形与无形资产与能力	宝贵资源的特征

资料来源：Collis, David J, Cynthia A. Montgomery. Corporate Strategy: Resources and the Scope of the Firm, The McGraw-Hill Companies, Inc. 1997 :16.

值得注意的是，企业战略管理各阶段的演进，并非新的管理方式“替代”原有的管理方式，而是新方法“补充”了原有的方式。因此，最后形成的战略管理方式，包含了以往三种管理方式的内容。具体地说，企业实施战略管理，依然需要定期的计划程序，只是必须运用各种特殊的管理技术，以使企业经营战略更加灵活和完善，能够适应正常计划程序以外的情况，并且强化了战略实施和控制工作。随着时代的发展，经济和科学技术的进步，战略管理理论的构建仍然处在连续的进化状态中。

（二）战略管理学派

人们对企业战略的认识是随着时间的推移逐渐得到完善的。1965 年安索夫出版了《公司战略》以来，学者们基于不同的理论基础、研究方法和研究角度，形成了各种理论流派。明茨伯格等人在其所著的《战略历程：纵览战略管理学派》中，沿着战略管理理论发展的历史脉络，将战略管理理论归结为十大流派，它们是：设计学派、计划学派、定位学派、企业家学派、认知学派、学习学派、权力学派、文化学派、环境学派和结构学派。这十大学派分别从各个角度或层次反映了战略形成的客观规律，均对战略管理理论做出了贡献，它们相互补充，共同构成了完整的战略管理理论体系。

1. 设计学派：将战略形成看作一个概念作用的过程

设计学派(design school)从 20 世纪 60 年代开始形成，是企业战略理论的基本学派，其主要代表著作是安德鲁斯于 1971 年所著的《公司战略概念》。设计学派把战略看作一个概念作用的过程，它认为，企业战略的形成应当是经过深思熟虑而得出“重大战略”的过程，是一个精心设计的过程，它既不是一个直觉思维的过程，也不是一个规范分析的过程，同时，战略应当清晰、简明，易于理解和贯彻。设计学派建立了著名的 SWOT 战略形成模型，这一模型也是设计学派的重要基础。

尽管这一学派通常被认为源自哈佛商学院，尤其是 20 世纪 60 年代的安德鲁斯，但是明茨伯格却认为这一学派产生于 20 世纪 50 年代安索夫和塞尔兹尼克(Selznick)的工作。明茨伯格认为这一学派不仅过时，而且在应用上受到限制，因为设计学派假设有关组织和环境的一切都可以得到战略家的理解与正确评价，事实上未必如此。

2. 计划学派：将战略形成看作一个正式的过程

计划学派(planning school)开始于 20 世纪 60 年代，其主要代表著作是安索夫于

1965 年所著的《公司战略》。计划学派把战略看作一个正式的过程，它认为，战略的形成是一个受到控制的、有意识的、规范化的过程，可以分为许多不同的步骤，每个步骤有分析技术和方法的支持，战略行为是对其环境的适应过程以及由此而导致的企业内部结构化的过程。

相对于设计学派那种松散的战略形成框架，计划学派则列出了一系列精心设计的步骤和必须考虑的因素，在以后的十年中，计划学派的理论得到广泛的推广和进一步的发展，产生了如经验曲线、增长－份额矩阵、市场份额与获利能力的联系（PIMS）等概念和研究方法，大大丰富了战略管理理论。

明茨伯格对计划学派也持反对态度，他认为这种学派具有三大误区：错误地认为未来的事件是可以预测的；战略思考可以与经营管理分离开；数据和分析技术可以产生“新颖”的战略。虽然这一学派在 20 世纪 70 年代非常盛行，但是目前其重要性已经开始下降。

3. 定位学派：将战略形成看作一个分析的过程

定位学派（position school）形成于 20 世纪 80 年代初，其主要代表著作是迈克尔·波特于 1980 年所著的《竞争战略》。定位学派把战略形成看作一个分析过程，它认为，该理论是建立在军事概念的基础之上，企业在制定战略的过程中必须要做好两个方面的工作，一是企业所处行业的结构分析，二是企业在行业内的相对竞争地位分析。

定位学派第一次将战略分析的重点由企业转向行业，强调了外部环境的重要性，并且为战略的选择过程提供了诸如公司地位、行业吸引力矩阵、价值链分析、波士顿矩阵、五力模型等极为有用的分析技巧，有效地指导了企业的实际经营活动，尤其是 20 世纪 80 年代，迈克尔·波特在竞争战略和竞争优势方面的研究，使得这一学派在战略管理领域占据了主导地位。

明茨伯格认为，定位学派的不足表现在分析所需要的大量数据很难得到，而且这一学派与设计学派和计划学派一样，都把战略思想和实践分离开来，没有给组织留下学习的空间。明茨伯格认为这是把分析误认为是战略，因为分析本身是支持战略制定过程的东西。

4. 企业家学派：将战略形成看作一个预测的过程

企业家学派（entrepreneurial school）形成于 20 世纪 50 年代，其主要代表著作有奈特于 1967 年所著的《企业家精神：处理不确定性》，以及克林斯和摩尔所著的《组织的缔造者》。企业家学派把战略形成看作一个预测的过程，它认为，存在于企业领导人心中的战略，既是一种观念，更是一种特殊的、长期的方向感，是对组织未来的远见。战略形成最好不要成为一个完全有意识的思维过程，无论企业领导人是在实际中构思战略，还是把其他人的战略改进后以自己的方式将战略内在化，战略形成都应当深深地根植于企业领导人的经验和直觉当中。

这一学派还认为，战略远见是可以发展变化的。企业家式的战略既是深思熟虑的，又是随机应变的，组织其实是一个受企业领导人指挥的、简单的组织结构。在这一学派看来，企业家式的战略就如同某种特殊的位置，而这个位置是受保护的、不受市场竞争冲击的市场位置。

5. 认知学派:将战略形成看作一个心理的过程

认知学派(cognitive school)形成于20世纪40年代末期,其代表人物是赫伯特·西蒙。认知学派把战略形成看作一个心理的过程,它认为,战略的形成是基于处理信息、获得知识和建立概念的认知过程,企业战略制定不仅是一个理性思维的过程,而且也包括了非理性思维的因素,面对大量真假难辨的信息、数据和时间限制,非理性思维在战略决策中甚至可以发挥更大的作用。它提出,战略实质上是一种直觉和概念,战略的制定过程实质上是战略家心理的认识过程,由于战略者所处的环境是复杂的,输入的信息在认识之前要经过各种各样歪曲的过滤,因此战略在实际形成过程中偏重实用性而不是最优化。

尽管并不真正存在这样一个学派,但是明茨伯格认为这一领域十分重要,最终会发展成为一个学派。它倾向于强调个体在收集正确信息方面的能力的有限性、人脑在处理所收集信息方面的天然的局限性,因而得出有偏见的、失真的结论。明茨伯格之所以提出这一学派,是为了推动这个领域的工作。他说,我们需要理解来自经验的智慧如何在战略制定中发挥作用。我们需要更多地了解创新思维和直觉,需要进一步发展迈克尔·波兰尼(Michael Polanyi)在隐性知识(tacit knowledge)上的研究,尤其是他提出的“我们知道的远比我们所能说出来的要多”的观点。明茨伯格认为,有必要弥补心理学家强调的认知行为观点。

6. 学习学派:将战略形成看作一个应急的过程

学习学派(learning school)形成于20世纪50年代末,其主要代表著作是詹姆斯·布雷恩·奎因于1980年所著的《应变战略:逻辑渐进主义》、圣吉于1990年所著的《第五项修炼》。学习学派把战略形成看作一个应急的过程,它认为,战略是通过渐进学习、自然选择形成的,企业需要不断学习,才能适应不断变化的、复杂的外部环境,同时战略可以在组织上下出现,并且战略的形成与贯彻是相互交织在一起的。

这个学派的形成主要是围绕着无序主义、逻辑渐进主义、战略冒险、应急战略、培养回顾意识等中心议题展开的,形成了一些新的理论知识,如学习性组织、演化理论、知识创新、能动方式和混沌理论。明茨伯格本人是这一学派的拥护者,他把战略制定看作一个“自然发生的过程”。

7. 权力学派:将战略形成看作一个协商的过程

权力学派(politics and power school)形成于20世纪70年代初期,其主要代表著作有Mac Millan于1978年所著的《论战略形成:政治概念》,以及菲佛和萨兰基克于1978年所著的《组织的外部控制》。权力学派把战略形成看作一个协商的过程,它认为,战略制定不仅要注意行业环境、竞争力量等经济因素,而且要注意利益团体、权力分享等政治因素,它认为组织是不同的个人和利益集团的联合体,战略的制定是一个相互冲突的个人、集团以及联盟之间讨价还价、相互控制和折中妥协的过程,是各种正式和非正式的利益团体运用权力、施加影响和不断谈判的过程。

权力学派将战略形成看作一个受到权力影响的过程,它强调权力和政治手段应用于战略谈判以利于获得特殊利益，这一学派存在两个分支，即微观权力和宏观权力，前者是用来应付组织内部的政治对策，而后者关心的则是组织对权力的应用。在这一学派中，权力和竞争使战略形成具体化，无论是作为组织内部的过程，还是作为其外部环境中组织本身的行为。

明茨伯格认为，权力学派将权力和政治引进战略形成过程是有其意义的，因为在很多情况下，组织或多或少会受到政治和权力因素的影响，如在重大变革时期，权力关系中的重大变化也必然发生，在冲突出现时，许多组织成员拥有权力并有促进自身利益的倾向；而在封锁时期，由于掌权者不妥协也会导致战略变化的停滞；在不断变化时期，由于组织无法确定方向，决策也会成为政治或权力的混战。

8. 文化学派：将战略形成看作一个集体思维的过程

文化学派（cultural school）形成于20世纪60年代后期，其主要代表著作有艾瑞克·莱恩曼于1973年所著的《长远规划的组织理论》，以及Peters和Waterman于1982年所著的《追求卓越》。文化学派把战略形成看作一个集体思维的过程，它认为，企业战略根植于企业文化及其背后的社会价值观念，其形成过程是一个将企业组织中各种有益的因素进行整合以发挥作用的过程，是建立在组织成员的共同信念和理解基础之上的社会交互过程。该学派还认为，观念植根于集体意向之中，并在深藏着资源或潜能的组织模式中反映出来，受到保护并且用作竞争优势。

明茨伯格说，把权力放在镜子面前，看到的翻转的背面的影像就是文化。文化学派相对于定位学派人为的精准性，其缺点是概念的模糊性，尤其是它会阻碍必要的改变。由于文化是凝重的、稳固持久的，它赞成保持管理的连续性，并将管理保持在一定的轨道上，而且，由于文化形成本身就是持久和困难的过程，对其重建和再造往往更难。但是，和其他学派不同，文化学派引入了社会过程中最重要的集体思维，确立了组织风格和个人风格的同等地位，便于建立整体性的观念。

9. 环境学派：将战略形成看作一个反映的过程

环境学派（environmental school）形成于20世纪70年代后期，其主要代表人物有Hannan、Freeman。环境学派把战略形成看作一个反映的过程。它的理论观点是将注意力转移到组织外部，重点研究组织所处外部环境对战略制定的影响，环境作为一种综合力量是企业战略形成过程中的中心角色，企业必须适应这些力量，领导由此变成了一种被动的因素，负责观察了解环境并保证企业完全与之适应。

明茨伯格指出，“环境”因素也或多或少地存在于其他学派中，如定位学派、学习学派、企业家学派，但环境学派中，环境和领导以及组织一起列为战略形成过程中的三个中心力量，并且领导和组织从属于外部环境，环境居于支配地位。他希望对环境的重要性进行更多的研究，并强调需要更多地了解特定环境如何对战略选择发挥约束作用。

10. 结构学派：将战略形成看作一个转变的过程

结构学派（configuration school）形成于20世纪70年代早期，其主要代表著作是明茨伯格和米勒于1990年所著的《“里卡洛斯”的悖论》。结构学派把战略形成看作一个转变的过程,它把企业组织看成一种结构——由一系列行为和特征组成的有机体,把战略制定看成一种整合——由其他学派的观点综合而成的体系。这一学派其实是其他学派的一种综合,但它却运用了自己的一个独特视角。每个学派都有自己的时间、自己的位置。所以,结构学派与所有其他学派的一个根本区别就是:它提供了一种调和的可能,一种对其他学派进行综合的方式。

结构学派有两个主要方面:一方面把组织和组织周围的环境状态描述为结构,另一方面把战略形成过程描述为一个转变的过程。在不同的历史发展阶段,不同的战略制定过程将分别发挥作用。总体来说,结构学派给战略形成这个混乱的领域带来了某种秩序,但是组织从结构中获益的同时,也会从中受到损害,因为它可能会让我们忽视混乱世界的细微差别,而不能真正深入揭示事物之间的复杂关系。

十个学派的维度如表 1-4 所示。

表 1-4 十个学派的维度①

学派名称	学派起源	学科基础	拥护者	设想的关键词	实现的关键词	学派类型
设计学派	塞尔兹尼克(可能始于更早的著作,如纽曼),以及后来的安德鲁斯	无(以建筑为比喻)	案例研究教师(尤其是哈佛大学或出身于哈佛大学的老师),领导力迷——特别是在美国	匹配	思考(战略制定如同案例研究)	规范性
计划学派	安索夫	与城市规划、系统理论和组织控制理论有关	职业经理人、MBA、咨询专家(尤其是财务方面)、咨询师和政府主计人员——特别是在法国和美国	正规化	规划(而不是程式化)	规范性
定位学派	普渡大学的著作,以及随后著名的波特	经济学(产业组织)和军事史学	同计划学派一样,尤其是分析型的参谋人员、专业机构和军事作家——特别是在美国	分析	测量(而不是创造或承诺)	规范性
企业家学派	熊彼特、科尔,以及其他经济学家	无(尽管早期著作出自经济学家)	著名的商业出版社、个人主义者、各地的小企业家——以拉丁美洲和海外华侨为主	设想	先集权(而后给以希望)	描述性(部分规范性)
认知学派	西蒙和马奇	心理学	具有某种心理倾向的人——悲观主义者或乐观主义者	应对或创造	忧虑(在上述两种情况下都无法处理)	描述性

① Henry Mintzberg, Joseph Lampel. Reflecting on the Strategy Process. Sloan Management Review, Vol. 40(3), 1999, 21-30.

续表

学派名称	学派起源	学科基础	拥护者	设想的关键词	实现的关键词	学派类型
学习学派	林德布洛姆、西尔特和韦克、奎因，普拉哈拉德和哈默尔	无（也许同心理学和教育学中的学习理论有着边缘的关联）。数学中的混沌理论	喜爱实验、模糊和适应的人们——特别是在日本和斯堪的纳维亚地区	学习	游戏（而不是追求）	描述性
权力学派	艾里逊（微观派），菲佛、萨兰基克和阿斯特利（宏观派）	政治学	喜欢权力、政治和谋略的人们——特别是在法国	促进	囤积（而不是分享）	描述性
文化学派	瑞典学派的莱恩曼与诺曼。没有其他明显的起源	人类学	喜欢社交的、精神的和集体的人们——特别是在斯堪的纳维亚地区和日本	融合	永恒（而不是变革）	描述性
环境学派	汉南和弗里曼。权变理论家（如皮尤等人）	生物学	种群生态学家、组织理论家、分析主义者和实证主义者——特别是在盎格鲁－萨克逊国家	反应	让步（而不是正面冲突）	描述性
结构学派	钱德勒、加拿大麦尔吉大学团队（明茨伯格、米勒以及其他人），迈尔斯和斯诺	历史学	一般的聚合分类学者、变革代理人。结构学派也许在荷兰最流行；改造派在美国最流行	整合、转型	聚合分类（而不是细微差别、适应）	描述性与规范性

本章小结

本章主要讨论了战略管理的基本内容。首先，总结归纳了学者们对战略的定义，介绍了战略的起源、特点、功能，以及与战略相关的关键概念，例如使命、愿景等，区分了战略与战术的不同。其次，对战略的三大层次的内涵与侧重点分别进行了总结与区分。进而帮助学生对之后章节的理解。最后，归纳了战略管理的含义，对战略管理过程的四个阶段进行了描述，总结了战略管理理论的十大学派。本章是全书的导论，注重战略管理的基础背景与相关内容介绍，从而帮助同学们更好地理解与学习更深层次的战略管理知识。

关键名词

战略;战略管理;竞争战略

思考题

1. 根据已知的战略理论,谈谈自己对战略概念的认识。
2. 战略与策略的关系是什么?为什么策略上的成功不等于战略上的成功?
3. 战略管理的过程包括哪几个环节?

案例分析 1

联邦快递和联合包裹服务公司:激烈竞争的同时维持成功①

联邦快递和联合包裹服务公司(UPS)最近被评为有史以来50对最激烈的竞争对手之一,两家公司实施了相似的战略,在很多方面都非常相似,包括资源、所服务的市场、所强调的维度。这些相似之处意味着这两家公司是直接竞争对手,并且彼此非常了解,对对方所采取的竞争性行动具有回应的动机和能力。这两家公司是全球最大的快递公司,在全球范围内这是一个高度竞争的行业。

联邦快递和联合包裹服务公司在许多相同的产品市场中竞争,包括隔天送达服务、廉价陆运服务、及时达配送服务(包括国内和国际)以及航空服务。然而,为了创造更高的利益相关者价值,以及避免在过多的产品细分市场中正面交锋,这两家公司聚焦于不同的细分市场。考虑这一点,联邦快递"计划利用和扩展联邦快递的品牌,为顾客提供触手可及的一体化运输服务的所有组合",联合包裹服务公司则"将自己定位为商品流和信息流的主要协调者,并为整个供应链提供资金资助(从原材料到零部件,再到产成品的最终消费的过程)"。

因此,当两家公司很相似时,它们会想方设法地使自己差异化,以提高获得战略竞争力和高额利润的可能性。从广义而言,联邦快递更聚焦于快递服务和国际市场(联邦快递大约48%的收入来自国际市场,联合包裹服务公司仅有22%)。联合包裹服务公司更聚焦于整个供应链,并且聚焦于国内市场的竞争。联邦快递是全球最大的国际航空运输公司,联合包裹服务公司是全球最大的包裹配送公司。

为了战胜竞争对手,两家公司采取了很多行动以提高自身能力。2013年年终,联邦快递与美国邮政总局(U. S. Postal Service)关于国内邮政配送的合约需要续约。联合包裹

① 资料来源:[美]迈克尔·A. 希特,[美]R·杜安·爱尔兰,[美]罗伯特·E. 霍斯基森. 战略管理——概念与案例[M]. 12版. 北京:中国人民大学出版社,2017.

服务公司也对这一合约进行了投标,但最终在这场竞争中输给了竞争对手。物流是整体供应链的环节之一,为了支持在该环节上的优势,联合包裹服务公司最近"以未公开的金额收购了匈牙利一家医药物流公司 Cemelog Zrt,以强化公司在欧洲的医疗业务,使它能够有机会进入中欧和东欧日益重要的市场"。联合包裹服务公司也强调了跨界的欧盟服务,以此作为在未来可预见的增长引擎之一。为了提高与联合包裹服务公司以及其他对手竞争的能力,联邦快递正针对一些运营进行重构以提高效率。同样,联邦快递也更加关注其独立的捷运、陆运和空运系统,想方设法使其以更加协同的方式工作。

尽管联邦快递和联合包裹服务公司之间的竞争非常激烈且具有攻击性,但是竞争似乎也使它们变得更加强大和敏捷,因为它们必须保持最好的状态才能够战胜对方。因此,在许多方面,对于其中一家公司而言,另一家公司都是一个"好的竞争对手"。

讨论:

1. 两家公司分别采取了哪些独特的重大战略行动?这些行动成功了吗?

2. 基于案例中提供的以及你所搜集的信息,根据你的预测,未来哪一家公司将会成功?说明你的理由。

案例分析 2

西南航空公司的战略选择[①]

1. 成功的标志

几乎用任何标准来衡量,西南航空公司都是一家非常成功的公司。成立于 1971 年的西南航空公司是由 4 家航空公司合并而成的,到 1993 年,它已经成为美国排名第 7 位的航空公司。拥有 141 架飞机,年营业额达到 12 亿美元,净利润接近 7 500 万美元。1993 年度的统计数字尤其给人留下深刻印象,这是因为像德尔塔航空公司(Delta)、美国航空公司(American)和联合航空公司(Unite)在此期间都出现大量亏损。而在西南航空公司 22 年的经营中,除最初两年外,年年盈利。当其他航空公司挣扎在破产线上,解雇司乘人员和机械师,关闭某些航线时,西南航空公司却在大张旗鼓地推进它的增长计划,购买更多的飞机,开辟新航线,招聘新人员。

正如我们指出的,西南航空公司是所在产业中的一家低成本经营者,它的每个有效座位每英里的成本仅为 6.5 美分,而美国航空公司为 9 美分,US 航空公司(US Air)为 15 美分。但是或许西南航空公司最突出的成功标志是它的高效率,因此赢得了 11 次美国运输部颁发的"三重皇冠"奖——最佳正点率、最佳飞行安全记录和最少投诉次数,还没有哪家航空公司赢得过这种荣誉。

---

① 资料来源:百度文库。

2. 西南航空公司的与众不同之处

西南航空公司的宗旨很直截了当:向顾客提供低廉的、俭朴的和专一的航空运输服务。公司决心成为航空运输产业中成本最低的经营者。为了实现这一宗旨,公司向顾客提供不加虚饰的服务。

西南航空公司低廉的票价带来了飞机的满员和顾客的忠诚,并且使竞争者纷纷退出市场,不再与西南航空公司便宜透顶的票价竞争。

3. 朴实无华

虽然其他航空公司都装备了昂贵的机票预订系统,西南航空公司却并不盲目仿效。在西南航空公司的飞机上,不设头等舱座位,就像在公共汽车上一样;检票员按先来先登机原则发放可重复使用的编号的塑料登机卡;在飞机上不供应餐点。这种"不加装饰"的方法,使旅客上下飞机所用的时间很短——大约15分钟,每天每架飞机平均飞11个班次。当你看到西南航空公司的检票员、机械师和地勤人员在飞机转港的短暂间隙中的工作情景时,你会联想起赛车中途的修理站上动作精确的作业小组,其结果是公司的效率水平和经营成本绝对领先于竞争对手。

4. 飞机的标准化

西南航空公司只有一种型号的飞机,即省油的波音737飞机。设备的标准化降低了零件库存成本,并使维修人员和飞行训练减至最少。

5. 市场选择

西南航空公司基本上没有枢纽站,都是短程的、点对点的航班,平均飞行时间为55分钟。正因为如此,它不与其他的航班联运,也不需要转运行李。

西南航空公司的市场有34个城市,分布在美国15个州,它集中服务于阳光地带和中西部地区,向东最远到克利夫兰市。虽然西南航空公司服务的城市数量是有限的,但它在这些城市中间提供大量的航班。例如,公司每天有78个航班往返于达拉斯和休斯敦;有46个航班往返于菲尼克斯和洛杉矶;有34个航班往返于拉斯维加斯和菲尼克斯。这使竞争者要想达到西南航空公司的服务频率几乎是不可能的。

6. 低票价

当西南航空公司宣称它将提供最低的票价时,它绝不是在说大话,它的平均票价只有58美元。在1991年,西南航空公司新辟了圣路易斯－堪萨斯城航线,以及1992年新辟了克利夫兰－芝加哥的航线后,这两条航班的票价从300美元下降到59美元。在西南航空公司的大多数市场上,它的票价甚至比城市之间的长途汽车票价还便宜。正如公司首席执行官凯莱赫所说的:"我们建立了一个巩固的细分市场——我们的主要竞争者是汽车,我们正在从丰田汽车公司和福特汽车公司手中争夺顾客。"

7. 低经营成本和低债务

西南航空公司每年花在每个工会工人身上的工资和福利费,平均为43 707美元,相比之下,德尔塔航空公司为58 816美元。而产业的平均水平为45 692美元。此外,今天的大多数航空公司都背负着沉重的债务,而西南航空公司的资产负债比仅为49%,是美国的航空公司中最低的。公司还享有航空运输产业中最高的标准－普尔(Standard＆Poor's)资信等级。

8. 雇员忠诚

从公司成立那天起，作为创始人和首席执行官的赫布·凯莱赫，就试图使西南航空公司成为一个愉快的工作场所。他常和雇员们无拘无束地闲谈，他们称呼他“赫布大叔”，他常参加设在达拉斯的公司总部的周末晚会，鼓励像乘务人员扮演的滑稽小丑这样的小闹剧，像击鼓传令这样的小游戏，他给袜子上有最大窟窿的乘客发奖品。飞机乘务员在复活节的晚会上穿着小兔服装，在感恩节穿着火鸡服装，在圣诞节戴着驯鹿角，凯莱赫自己还经常穿着小丑套装或小精灵戏装扮演各种角色。他这样做的目的是培育同心协力的精神，这有助于提高生产率。

凯莱赫的方法看来挺有效，雇员们工作得很辛苦但却毫无怨言，他们为受到尊重而自豪，并且喜欢他们的工作。西南航空公司雇员的流动率仅为7%，这在这个产业中是最低的。你在哪家公司听到过雇员尖锐地批评管理层给他们分派的工作太少吗？1985年时，西南航空公司在堪萨斯城的维修主管就感到有劲没处使，以至于他们中的4个人组织了一个“无聊俱乐部”，请求管理层增加航班，当时每天只有3次航班。一位成员抱怨说：“我们在两次航班之间有两到三个小时的空闲时间，只能来回打扫卫生。”现在这个“俱乐部”解散了，因为西南航空公司每天有37次航班飞抵堪萨斯城。

管理层并不认为公司喜欢开玩笑的文化可以自然地延续下去。公司成立了一个由44名员工组成的团队，这些员工来自四面八方，他们的任务是设计出一些方式，当公司成长和繁荣时，仍能保持那种亲密的和不那么严肃的文化。

9. 使顾客满意

西南航空公司的过去和未来，都取决于能否满足顾客的需要。低成本加上大量的航班和可靠的服务，换来的是日益增多的高度忠诚的顾客。在加利福尼亚州，西南航空公司在那里逐渐占据了统治地位。一些家住在圣何塞的居民，驱车一个小时到奥克兰搭乘西南航空公司的飞机，而不去当地的机场，尽管美国航空公司在那里设有枢纽站。类似地，许多亚特兰大的居民放弃德尔塔航空公司设在那里的大型基地，驱车150英里去亚拉巴马州的伯明翰搭乘西南航空公司的飞机，以至于有位企业家专门开辟了这两个机场之间的货运业务。

“的确，你在飞机上像被放牧一样对待，并且确实你只享受到花生和饮料，”俄克拉荷马州塔尔萨的一家石油研究企业的副总裁理查德·斯皮尔斯说，“但是西南航空公司尽一切努力使你准时到达所要去的地方，这是最重要的。”

讨论：

1. 西南航空公司是如何维持其竞争优势的？
2. 你认为如果西南航空公司成为三大航空公司之一，这种战略还有效吗？
3. 其他公司能够从以西南航空公司为基准制定战略并获益吗？为什么？

即测即评

请扫描右侧二维码，进行即测即评。

第二章 外部环境分析

学习目标

1. 理解企业外部环境分析的重要性；
2. 明确宏观环境和行业环境的定义和描述；
3. 掌握宏观环境分析的工具与方法；
4. 识别五种竞争力量，掌握行业分析的工具和方法。

开篇案例

大众2025战略:调整核心业务 开发新竞争力[①]

2016年6月20日,大众汽车集团管理董事会发布了由监事会批准的未来发展战略,即“携手共进——2025战略”,这是大众汽车集团有史以来的最大变革。

在公布的新战略框架中,重点是核心汽车业务的调整。大众汽车将进一步明确集团旗下各品牌的定位,对汽车和动力传动系统的产品组合进行优化,重点关注最具吸引力且发展最为迅速的细分市场。此外,大众汽车集团还将重点关注电动汽车的研发。在未来七八年,大众将重点发展江淮大众合资品牌,计划推出近40款国产新能源汽车,首款车型预计于2018年正式面世。2025年,大众汽车集团预期其纯电动车的销量将在200万辆至300万辆,占总销量的20%~25%。

为了在接下来的数年内快速增加市场份额,提升电动汽车的销量,大众汽车集团还将电池技术作为一项新的竞争力。到2025年,大众将集中投资100亿欧元用于新能源产品研发。而大众汽车为何开始推进“携手共进——2025战略”,并将重心放在新能源汽车的研发上面?

大众汽车集团战略规划的变动是因为企业所面临的外部环境发生了变化。近年来,伴随着新能源汽车技术的逐渐成熟,全球汽车电动化进入大浪潮,国际化步伐明显加快。在国内,2012年6月,国务院印发《节能与新能源汽车产业发展规划(2012—2020年)》。2014年,国务院及有关部门先后发布多项加快新能源汽车发展的政策措施,新能源汽车市场发展呈现快速增长的良好势头,2014年成为新能源汽车进入家庭的元年。2015年,科技部发布《国家重点研发计划新能源汽车重点专项实施方案》,计划到2020年,建立起完善的电动汽车动力系统科技体系和产业链。同年,交通部发布《关于加快推进新能源汽车在交通运输行业推广应用的实施意见》,提出对购置新能源汽车免征车辆购置税,并鼓励各地制定本地区新能源汽车推广应用的支持政策。

上述案例可以看出,大众集团面临的外部环境已经发生了重大变化。国家鼓励绿色发展,并在十三五规划中强调要推动新能源汽车产业成为支柱产业。大众集团提出“携手共进——2025战略”,进行核心业务调整,重视新能源汽车的研发,是其对外部环境变化迅速做出反应的表现,也说明了外部环境变化对企业战略发展有显著性影响。

不稳定性(volatility)、不确定性(uncertainty)、复杂性(complexity)和模糊性(ambiguity)已经成为当今社会的特征,这使得企业对外部环境的理解更加困难,为更好地认识外部环境,企业必须进行外部环境分析。

---

① 资料来源:网易汽车。

组织的生存和发展受到其环境的影响和制约,战略管理和日常管理的一个重要的区别就是战略管理更加关注广泛的环境变化对企业的生存与发展的影响,并通过对环境变化的观察来把握其趋势,以发现企业发展的新机会和避免这些变化所带来的威胁。因此,制定企业战略首先要分析环境,战略要适应企业所处的外部环境。如果忽视企业外部环境的变化,企业将处于被动的局面,甚至一败涂地。曾为手机市场份额第一的诺基亚陷入困境的最主要原因就是固执己见,缺乏对外部环境的客观分析。以功能机占据市场绝对优势的诺基亚,在智能机时代到来后,由于对外部环境的错误分析,未在全球规划中提到电容屏。2007 年,将触摸操作演绎得行云流水的 iPhone 横空出世时,诺基亚已失去先机。而诺基亚随后又忽视软件生态,面对 iOS 和 Android 系统的攻势,却在 Symbian 系统上盲目坚持,对 Maemo 系统进行尝试。拒绝 Android 系统,选择 Windows Phone 使其进一步失去竞争机会,最终使诺基亚手机业务走向衰败。

所谓外部环境,是指存在于企业周围,影响企业经营活动及其发展的各种客观因素和力量的综合。企业外部环境具有很强的波动性,其变化难以预测且不受单个企业的控制,对不同类型企业的作用和影响各不相同。对企业外部环境的分析可以从宏观环境和行业环境两个层面展开。

第一节 宏观环境分析

宏观环境因素分析的意义,是确认和评价政治 - 法律、经济、社会文化和技术等宏观因素对企业战略目标和战略选择的影响。

一、政治 - 法律环境

政治 - 法律环境因素显著地影响着企业的经营行为和利益。所谓政治 - 法律环境因素是指对企业经营活动具有潜在作用与影响的政治力量,同时也包括对企业经营活动具有直接和间接影响作用的法律和法规,以及各种政治团体对企业活动所采取的态度和行动等。一个国家或地区经济与社会稳定是大多数企业顺利进行生产经营活动的基本前提。在一个稳定的法制环境中,企业能够真正通过公平竞争获取自己的正当权益,并获得长期、稳定的发展。国家的政策法规对企业的生产经营活动具有控制和调节作用,同一个政策和法规可能会给不同的企业带来不同的机会或制约。

具体来说,政治 - 法律环境因素分析的内容包括企业所在国家或地区的政治局面稳定情况,执政党所推行的基本政策,以及这些政策的连续性和稳定性。基本政策包括产业政策、税收政策、政府采购及补贴政策等。就产业政策来说,国家确定的重点产业总是呈现一种快速发展的趋势。因此,处于重点产业的企业增长机会较多,发展余地较大。那些非重点行业的发展速度就较缓慢,甚至停滞不前。另外,政府的税收政策会影响企业的财务结构和投资决策,资本投资者总是愿意将资金投向那些有较大需求且税率较低的产业部门。

某些政治 - 法律环境因素对企业的行为有着直接的影响。但一般来说,政府主要是通过制定一些法律法规来间接地影响企业活动的。为了促进和指导企业的发展，保证员工的合法权益，国家颁布了经济合同法、企业破产法、商标法、质量法、劳动法和保险法等法律，对企业的行为进行约束。此外，对于某些污染性行业，国家还对工业污染程度和卫生要求等进行了规定。

政治－法律环境因素对企业的影响是比较复杂的。有些政策对企业的活动有限制性的作用，但有些政策对企业有着指导作用和积极的影响。政府有时以资源供给者的身份出现，如政府对自然资源（森林、矿山、土地等）和农产品国家储备的政策和立场，将对一些企业的战略选择产生重大的影响。另外，政府有时以顾客的身份出现，扮演消费者的角色。例如，政府采购对军事工业、航空、航天等国防工业有重大的影响，同时也间接地影响着其他工业的消费走向。此外，政府贷款和补贴对行业的发展也有着积极的影响。

二、经济环境

经济环境因素主要是指经济发展速度、人均国内生产总值、消费需求趋势、金融状况以及经济运行的周期性。在这些经济环境因素中，首先要分析的是宏观经济的总体情况，即企业所在国家或地区的经济发展趋势，判断处于经济周期的哪一阶段，是繁荣期、萧条期、停滞期还是恢复期。一般说来，在宏观经济高速发展的情况下，国民经济处于经济周期的繁荣期，此时市场扩大，就业增加，人民生活水平提高，需求增加，企业发展机会就很多。反之，在宏观经济低速发展或者停滞甚至倒退的情况下，市场需求增长很小甚至不增长，此时企业的发展机会也就减少。反映宏观经济总体状况的关键指标是国民生产总值增长率（GNP）和国内生产总值以及地区生产总值（GDP）。较高的国民生产总值增长率与较高的国内生产总值表明国民经济处于复苏期或是繁荣期，此时企业发展的大环境是有利的。除了这两个经济指标外，还应该关注政府的货币政策与财政政策。这决定了企业从银行获得贷款的利率的高低以及税收的多少；如果政府认为经济增长过快，出现了“泡沫经济”，就会从上述两方面出发对宏观经济进行调控，此时，企业发展会受一定影响。

改革开放以来，我国经济的高速增长为企业的发展带来了更多的机会，企业所面临的外部环境较宽松。但随着经济步入“新常态”，经济发展速度放缓，市场竞争加剧。

除上述宏观经济的总体状况以外，企业还应考虑劳动力的供给（失业率）、消费者收入水平和价格指数的变化（通货膨胀率）等。这些因素将影响企业的投资决策、定价决策，以及人员录用政策等。

同时，国际经济形势同样对企业经营有不可忽视的影响，若贸易保护主义抬头，各国间的贸易关系将变得复杂，企业的全球化进程也会因此受到阻碍。对于从事跨国经营的企业来说，必须考虑的经济环境因素还包括关税种类及水平、国际贸易的支付方式、东道国政府对利润的控制和税收制度等。另外，地区性经济联盟、国际性经济组织及国家级顶层合作倡议的战略决策对企业也相当重要。2000 年以来，中国加入世界贸易组织（WTO）后，国内许多企业获得了外贸上的飞跃式发展，而“一带一路”倡议也成了影响企业经营活动的一项不可忽视的战略决策。国内企业获得了更多“走出去”的机遇，对外合作、对外直接投资增加；而对于经济发展转型、整体水平相对滞后的“一带一路”沿线国家而言，国际直接投资的流入对其经济发展具有重要推动作用,将会极大提升"一带一路"沿线国家的经济增长水平。

上述所有经济组织与合作倡议对企业的战略管理都有潜在的影响,为了取得成功,企业的经营者必须识别出那些最能影响战略决策的关键经济力量。

三、社会文化环境

社会文化环境因素是指企业所处社会的结构、风俗习惯、信仰、价值观念、行为观念、生活方式、文化传统、人口规模和地理分布等因素的形成和变动情况,是企业在确定投资方向、产品改进与革新等重大经营决策时必须参考的因素,其核心是对消费者需求偏好变化的分析和预测,对企业的战略选择有重要的影响。

社会文化是人们的价值观、思想、态度和社会行为等的综合体,社会文化因素强烈地影响着人们的购买决策和企业的经营行为。不同的国家有不同的主导文化传统,也有着不同的亚文化群、社会习俗和道德观念,这些都影响着人们的消费方式和购买偏好,进而影响着企业的经营方式。因此,企业必须了解社会的行为准则、社会习俗和社会道德观念等社会文化因素对企业的影响。

随着人们受教育水平和生活质量要求的提高,会出现各种自发的利益团体,如消费者协会和环境保护组织等。一些利益团体对企业的行为有很大的影响力,甚至对企业的活动有很大的限制作用。因此,需要鉴别出对企业有影响的各种利益团体。

公众的价值观念是随着时代的变迁而变化的,它具体表现在人们对婚姻、生活方式、工作、道德、性别角色、公正、教育和退休方面的态度和意见。这些价值观念同人们的工作态度一起对企业的工作安排、作业组织、管理行为等产生了很大的影响。譬如,人们对物质利益的追求就会使得劳动者索取与自己劳动价值相等的报酬,物质回报可能会成为激励职工的首要手段。

人口统计特征是社会环境中的另一个重要因素,它包括人口数量、人口密度、年龄结构的分布及其增长、地区分布、民族构成、职业构成、宗教信仰、家庭规模、收入水平和教育程度等。据统计,由于我国实行计划生育政策,在 20 世纪末和 21 世纪初,人口结构趋于老龄化,青壮年劳动力供应会相对紧张,从而影响企业劳动力的补充。2015 年"全面二孩"政策实施后,在未来,人口结构又会发生变化。另外,人口结构的老龄化又出现了一个老年人市场,这就为生产老年人用品和为老年人提供服务的企业创造了一个发展机会。庞大的人口数量再加上较高的购买力就会形成一个巨大的市场。伴随着居民收入水平的提高,人们对生活品质有了更高的要求,消费需求升级。例如,大家对服装、家电、日用品等商品的需求已不满足于最基础的适用,产品的更多功能与附加属性开始受到消费者关注,同时,消费者对产品个性化的重视程度与需求也在逐步提升。

四、技术环境

像经济环境因素一样,技术环境因素的变化对企业的生产和销售活动也有着直接而重大的影响。今天,技术已成为决定人类命运和社会进步的关键所在。同时,技术水平的高低也是决定企业能否在激烈的市场竞争中取得胜利的关键因素。

技术环境因素是指企业所处的环境中的科技要素及与该要素直接相关的各种社会现象的集合，不但包括那些引起时代革命性变化的重大发明，而且还包括与企业生产有关的新技术、新工艺和新材料。在科学技术迅速发展变化的今天，技术环境因素对企业的影响可能是创造性的，也可能是破坏性的，企业必须预见到这些新技术带来的变化，做出相应的战略决策，以获得新的竞争优势。

必须看到，技术变革在为企业提供技术资源的同时，也对其造成了某种威胁。技术力量使得企业可以开辟新的市场和新的经营范围，它使企业通过利用新的生产工艺或新材料等，生产出高质量、高性能、低成本的产品。同时，新技术的出现也使企业面临着挑战。技术进步会使社会对企业产品和服务的需求发生重大变化；技术进步催生的新产业，会对另外的产业造成威胁。

此外，竞争对手的技术进步可能使得本企业的产品或服务过时，也可能使得本企业的产品价格过高，从而失去竞争力。在国际贸易中，某个国家在产品生产中采用先进技术，就会导致另一个国家的同类产品价格偏高。

而互联网作为一项重要的技术进步，对于全世界的公司来说，带来了更多的发展机会和威胁。近年来，用户访问移动互联网的需求呈爆炸式增长，移动互联网一定程度上也改变了用户的一些行为模式，这种变化在对互联网公司带来显著影响的同时，也给传统行业带来了冲击。

因此，要认真分析技术革命给企业带来的影响，认清本企业和竞争对手在技术上的优势和劣势。

图 2-1 显示了各种具体的宏观环境因素。

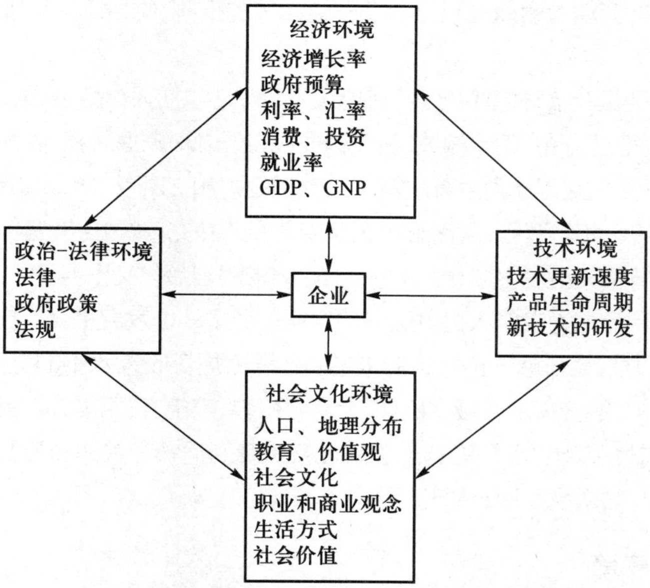

图 2-1 宏观环境因素分析

第二节 行业环境分析

行业结构影响着行业内企业之间的竞争强度和行业的获利性，企业通过对行业结构的分析可以了解行业结构、竞争态势和获利水平之间的关系，并通过行业结构的变化趋势预测其未来获利水平的变化，寻求和利用影响行业结构的机会以缓解企业之间的激烈竞争，进而改善行业的获利能力，深入分析行业竞争态势和竞争对手的各种信息，以明确行业的关键成功要素，创造并维持竞争优势。

战略大师迈克尔·波特特别重视行业结构对企业的重要作用，他认为决定企业盈利能力的首要和根本因素是产业吸引力，有五种基本的竞争力影响着行业结构，并据此提出了“五力模型”，也是目前行业环境分析最有影响力的工具。

行业竞争不仅仅是在企业内的现有竞争者之间进行的，而是存在着五种基本的竞争力量，即行业内的竞争对手、潜在进入者、替代品的威胁、买方的议价能力和卖方的议价能力之间的抗衡。这五种基本竞争力量的状况及综合强度决定着行业竞争的激烈程度，同时也决定着行业的最终获利能力。一个行业的获利能力和水平不是取决于产品的质量和外观，而是取决于由五种竞争力量共同决定的行业结构特征。从战略形成的角度看，五种竞争力量共同决定行业的竞争强度和获利能力，但是对于不同行业或同一行业的不同时期，各种力量的作用都是不同的，常常是某一种或两种力量占主导地位，而其他力量处于次要地位。需要注意的是，尽管行业结构对行业竞争强度和获利性具有决定性影响，但是企业也可以通过适当的战略来谋求相对优势的地位，获取超额利润；特别是那些处于行业领先地位的企业，还可以通过战略改变行业的竞争结构。

一、行业内竞争对手的威胁

在行业中，各公司相互制约，一个公司的行为会引起其他公司做出反应。在不同的行业中，行业内竞争者之间的竞争激烈程度也有不同。在对行业内竞争对手进行研究的过程中可以发现，定义行业与行业中的竞争对手非常重要，最值得重视的竞争对手是那些直接竞争的公司：竞争相同客户，竞争相同类型的供应或生产投入品。行业内企业的竞争强度越大，竞争对手带来的威胁也就越大。对不同行业，应有一套相同的标准去评估其竞争强度，对行业中竞争强度有重要影响的几个因素如下：

1. 行业增长水平

在行业处于快速增长的阶段，市场规模的增长会减轻企业间竞争的压力，企业的主要目标是有效利用现有资源争夺顾客。然而，当行业增长放缓或停滞，为争夺竞争对手的顾客，企业间的竞争将变得激烈。

2. 固定成本

当固定成本在总成本中所占比例较高时，企业会更倾向于充分利用其生产能力，实现产出的增加从而降低单位生产成本。当企业试图以降价的方式来使产能最大化时，行业内竞争加剧。

3. 转换成本

当行业内竞争者提供的产品或服务差异不大，趋于同质化，竞争对手易于模仿，购买者的转换成本就很低。购买者很容易转而购买竞争对手的产品或服务，行业竞争变得激烈。而如果行业中的企业能实现产品差异化，各自拥有的客户群体不同，客户的转换成本高，行业中企业间的竞争相对缓和。

4. 竞争者的数量

当行业中现有企业较多时，行业内竞争普遍激烈，竞争者威胁大。行业内企业均会紧跟彼此动向，并针对其新动向采取应对措施。行业中企业较少时，一般来说，竞争程度会有所放缓，但也有可能出现竞争较为激烈的情况。当存在的少数几个企业势均力敌时，其所拥有的资源也可支持企业在行业内进行竞争，竞争也会很激烈。

5. 退出壁垒

退出壁垒是指企业在退出行业时所需克服的障碍和付出的代价，其表现形式一般为固定的制造工厂、长期合同、昂贵的基础设施、基本投入品的所有权、政府管制或专门独特的资产。由于退出壁垒的存在，资本回报率低或者为负的公司也有可能一直留在行业内。退出壁垒的存在影响着企业的决策行为，也是对行业有着重大影响的因素。

一般来说，行业内各公司为获得更多消费者而在产品与服务上开展的竞争是五种影响行业竞争的力量中最强的，对竞争态势的影响程度最大。尤其是当行业增长水平不高、固定成本占比高、购买者转换成本较低、竞争对手增加且退出壁垒较高时，行业内竞争加剧。反之，行业内竞争者之间的竞争较弱。

二、潜在进入者的威胁

潜在进入者是指行业外那些很有可能进入本行业成为行业内竞争对手的企业。潜在进入者的进入会产生两个后果：一是行业内产能与物质资源增加；二是获取一定的市场份额，分割垄断利润。因此，潜在进入者的行为对行业内现有的企业产生着威胁。这种威胁被称为潜在进入者威胁。潜在进入者威胁的大小主要取决于进入行业的难易程度，而进入行业的难易程度主要受到以下因素的影响：

1. 规模经济

规模经济是指生产单位产品的成本随生产规模的增加而降低的现象。一般来说，行业的潜在进入者难以快速达成使其充分发挥规模效应的产品需求水平。而规模经济使潜在进入者面临着两难的局面：要么以较大的生产规模进入该行业，结果是大量投资导致市场的投入量增加，利益分配格局剧烈变化，引发产业内现有企业的强烈抵制；要么以较小的生产规模进入，可能导致产品单位成品过高，不具有竞争优势。因此，规模经济也是行业的一项潜在进入壁垒。

2. 转换成本

转换成本是指购买者由购买一个供应商的产品转而购买另一个供应商的产品所支付的一次性成本，其概念最早由迈克尔·波特于 1980 年提出。这种成本包括了重新训练业务人员、增加新设备、检测新资源的费用及产品的再设计等成本。

3. 资本需求

企业在新的行业开展业务往往伴随着一定的资本需求。例如制造业，新进入者一般需要大量的资本，用于投资建设厂房设备、生产流水线和支付损耗。行业不同，所带来的资本需求差异也大。在互联网时代，网店开展业务的资本需求就很小，其一般省去了许多方面的开支，并可以以较低的价格拥有设计精美的网站与流畅易用的购买服务系统。

4. 分销渠道

销售活动是指产品或服务从生产领域经由中间商转移到消费领域的活动。想要进入一个新的行业领域的潜在进入者，会发现自己的产品或服务很难打入渠道，从而接近消费者。一般来说，行业的新进入者需要通过让价、合作广告和津贴等方式打破原企业建立的分销渠道障碍，获取自己的分销渠道。

5. 绝对成本优势

绝对成本优势是指行业内原有企业具有的与规模无关的优势。绝对成本优势来源于经验曲线理论，根据经验曲线理论，产品单位成本的降低依赖于一段时间内产品生产数量的累积。但与规模经济的不同之处在于，行业的潜在进入者的规模大小与这种优势无关。绝对成本优势主要是产品技术专利、特殊生产要素的控制、市场有利地位、独家技术诀窍以及政府的某些准入限制政策等，而一般来说行业的潜在进入者难以掌握。

6. 政府政策

拥有着颁发执照和许可证等审批项目的决定权，政府可以对潜在进入者进入一个行业进行控制。当行业的潜在进入者想要新进入一个行业时，政府对其的各种管制权可能成为显著的一项限制因素。另外，为了保护产品、服务的质量或就业率，政府会对一些行业的潜在进入者的进入行为做出限制。与此类限制行为相关的政府规定，自然会成为行业潜在进入者的进入壁垒。

7. 预期的反击

行业的新进入者需要预估行业中现有企业对其进入行为可能产生的一些反应。在一定条件下，行业中现有企业的反应会是激烈的。比如，行业中现有企业资金充足、资源雄厚，行业发展增速放缓，现有企业为稳定市场地位投入大量资金时，其可能产生的反击行为会比较激烈。

总而言之，当行业规模经济效应不显著、转换成本高、资本需求也较高，且搭建分销渠道成本较大、成本优势较明显、政府限制与预期反击均较强时，潜在进入者的威胁较小；相反，潜在进入者的威胁较大，需要行业内现有企业多加防范。

三、替代品的威胁

替代品是指外部特定行业生产的，与本行业的产品和服务具有类似或相同功能的产品和服务。例如：网约车在功能上可以替代出租车。当行业中生产的产品存在替代品时，生产替代品的企业将给本行业中的现有企业带来竞争压力。替代品对本行业的影响往往是致命的，如数码相机对传统相机的影响使生产胶片相机和胶卷的柯达公司破产，互联网时代新型传播媒介的出现使传统纸媒陷入危机。替代品产生的竞争力越强，对企业的威胁越大。决定替代品威胁的因素主要如下：

1. 替代品的相对价格表现

当替代品的价格等于或低于现有产品，而购买者所获得的价值等于甚至高于现有产品时，购买者使用替代品的可能性就会大幅增加，对企业的威胁变大。

2. 转换成本

若购买者改用替代品的转换成本较低，此时购买者很容易选择替代品，现有产品的地位会受到威胁。那么此时，替代品对现有企业的竞争压力较大，反之则相反。

3. 客户对替代品的使用倾向

研究表明，在现代商业社会中，消费者对新事物的接受程度与尝试意愿都在提高。基于此影响，在替代品的使用上，购买者对替代品的使用倾向较强，对现有产品很容易造成影响。

总体来说，来自替代品的威胁主要与消费者转向替代品的难易程度有关，替代品的相对价格越低、购买者的转换成本越低、客户对替代品的使用倾向越强时，消费者更容易转而使用替代品，替代品带来的威胁越大。

四、买方的议价能力

买方总是通过购买的选择而影响着行业内企业的竞争盈利能力。买方通常希望以尽可能低的价格购买产品，并通过将一个竞争者与其他竞争者相比较的行为，来获得更优质的产品、更高水平的服务和更低的价格。决定买方议价能力的因素主要有：

1. 买方的集中程度

对于整个行业而言，买方的高集中度意味着行业内只有几个主要购买者，且均掌握着较高的市场份额，此时企业丢失任一买方都会引起行业的巨大变化。买方的集中程度高，则其具有较强的讨价还价能力。如在家电连锁业中，京东、苏宁等企业对家电制造业厂商具有非常强的议价能力。

2. 买方数量

与买方的集中程度相类似，若买方购买产品和服务的数目较大，甚至在行业中所占比例很高，则对于企业来说，买方具有很强的议价能力。

3. 买方转换成本

买方转换成本高时，受其制约，企业所对应的销售者一般较为固定。当买方转换成本下降时，其相对谈判能力上升，买方的议价能力显著上升。

4. 买方信息

买方对行业内供应商及其价格、成本等信息了解得更多，在讨价还价时就更有优势，在交易中就更具有竞争力，买方的议价能力变强。

5. 企业后向整合能力

在行业差别不大或是标准化产品的情况下，买方可以后向整合进入销售方的市场，在行业内进行后向整合，对销售方造成威胁，此时买方的议价能力提高。

所以，当出现买方相对于企业的集中能力不强、买方不经常购买或数量较少、转换成本高、信息了解较少且进行后向整合的能力不强的情况时，买方议价能力会下降，此时买方带给企业的威胁较小。若出现与之相反的情况，则买方议价能力会更强，对企业威胁较大。

五、供方的议价能力

供应商指的是提供企业生产经营活动所需资源、配件等必需品的组织。供方往往通过提高价格、降低产品或服务的质量水平等方式对下游企业施加压力，实现自身利益最大化。供方议价能力较强，行业内企业的盈利就会缩减。可能影响供方议价能力的因素主要有：

1. 投入的差异

企业投入的差异影响了供方的议价能力。当企业投入的成本占总成本的比例加大时，供方的力量随之加强，具有较强的议价能力。反之，供方的力量较弱，议价能力也不强。

2. 供方替代品投入现状

替代品的出现将削弱供方对于企业的重要性，随着替代品更多更广地投入市场，行业内的企业有更多的选择机会。同时，当原材料出现短缺时，替代品也能起到较好的稳定市场价格的作用，供方的议价能力也因此降低。

3. 转换成本

转换成本也是一个起重要作用的因素。在企业需要付出较高的转换成本来更换供应商时，其最终更换供应商的可能性较低，此时供方的议价能力较强。

4. 供方的集中程度

分析供方的集中程度与分析买方集中程度的方法一致，当供方在所在行业中集中度较高，则供方地位更为有利，能够对产品的质量、价格及支付方式等有更多的控制空间，对市场的影响更大。这种情况下，供方具有较强的议价能力。

5. 批量大小

供方对行业中的企业销售原材料的批量越大，供方对企业的重要性越显著，供方的议价能力也随之增强。

6. 企业前向整合能力

与买方进行后向整合进入销售方市场类似，供方也可进行前向整合，成为行业中下游企业的竞争者，同时对买方的后向整合造成威胁。在这种情况下，供方的议价能力大幅提升，买方与供方进行议价会变得困难。

因此，供应商的产品占企业投入较大、替代品投入较弱、买方转换成本较大、供方的集中程度较高，且销售力量较大，同时供方进行前向整合可能性大于买方进行后向整合时，供应商议价能力会加强。出现相反情况时，供应商议价能力会减弱。

图 2-2 为五力模型图。

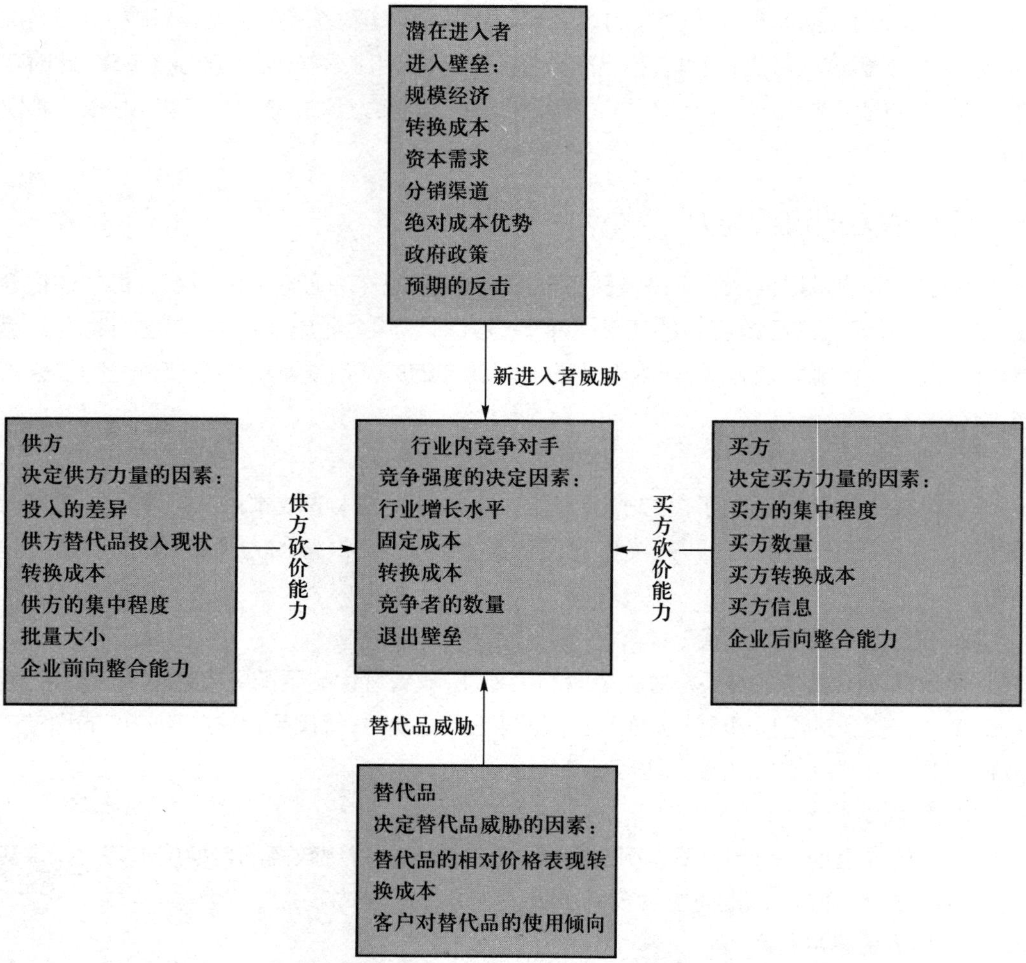

图 2-2　五力模型图

本章小结

本章主要讨论了外部环境分析的理论和工具。不稳定性、不确定性、复杂性和模糊性成了当今社会的重要特征，这使得企业对外部环境的理解更加困难，同时也凸显了外部环境分析对企业经营的重要作用。外部环境分析是企业科学、合理地制定战略的前提条件，是企业实施战略的依据，可以从宏观环境和行业环境两个层面展开。本章重点介绍了外部环境分析的经典框架和工具。确认和评价政治 – 法律、经济、社会文化、技术四个方面的宏观因素对企业战略的影响是宏观环境分析的重要内容；而在行业环境分析方面，企业通过对五种基本竞争力量（行业内竞争对手威胁、潜在进入者威胁、替代品的威胁、买方议价能力、卖方议价能力）的状况和综合强度进行分析，以掌握行业竞争的激烈程度和行业的获利能力。两个层次的分析帮助企业明确其所面临的机遇和挑战。

关键名词

外部环境;宏观环境因素;五种竞争力模型

思考题

1. 为什么企业研究和了解外部环境是非常重要的?

2. 我们正处在一个从工业社会向后工业社会过渡的历史时期,在这一时期,不确定性迅速增长,在一定程度上,不确定性就是我们时代的基本特征。企业应该如何系统和深入地把握外部环境?

3. 五种竞争力是如何影响行业潜在盈利性的?

案例分析1

新能源汽车公司宏观环境分析

新能源汽车是指除汽油、柴油发动机之外的所有其他能源汽车,分类包括插电式混合动力汽车、纯电动汽车和燃料电池汽车。新能源汽车主要采用新型动力系统,近年来其因环保节能的特征受到市场的广泛关注。行业中也新涌现了许多新能源汽车公司,而其所处的宏观环境如何呢?我们对企业所面临的宏观环境进行了分析。

1. 政治-法律环境分析

(1) 国家政策支持新能源汽车发展。我国政府重视新能源汽车发展,近年来国务院及有关部门先后发布多项加快新能源汽车发展的政策措施,表现出政府对于推动我国新能源汽车行业发展的迫切期望,同时说明推广新能源汽车是政府的必然选择。国家在"十三五"规划中提出要推动新能源汽车产业成为支柱产业;交通部发布实施意见提出购置新能源汽车免征车辆购置税;中央财政对消费者购买新能源汽车执行一定补贴。

(2) 现有政策仍有局限之处。汽车产业是资本与技术密集型产业,民营企业靠自有资金投入技术研发较为困难,且由于融资渠道单一,难以从商业银行获得融资。而政府对新能源汽车的财政补贴政策也缺乏与之配套的保障体系。这对于新能源汽车公司而言,既是发展机会,又是挑战。

2. 经济环境分析

(1) 稳定的经济环境保障发展空间与购买力。我国经济发展进入新常态,经济增速放缓,2017年中国的GDP经济增长达6.9%,仍保持着平稳的发展水平,为企业发展提供了良好的经济环境。其中2017年新动能对经济增长的贡献度超过30%，新动能已逐渐成为消费热点。而随着居民可支配收入的增长，消费者的消费能力、生活水准得到提升，也将为新能源汽车的发展提供购买力支持。

(2) 经济发展中存在隐患。目前我国经济产能过剩严重，呈现行业面广、过剩程度高等特点，汽车行业也存在着产能过剩的问题。同时，我国经济在新常态阶段也面临着许多挑战，可能会给新能源汽车行业发展带来影响。

3. 社会文化环境分析

(1) 环保意识觉醒。目前我国以可吸入颗粒物、细颗粒物为主特征污染物的空气污染问题开始引起居民的广泛关注，环境污染对人体的危害变得更为显著，居民普遍开始对周边的环境更为关注，环保意识加强。传统汽车容易造成化石能源的浪费，带来空气污染。而新能源汽车符合人们对环保的需要，是先进的社会文化价值取向。因此，也会受到越来越多消费者的认同和支持。

(2) 居民消费观念转变、消费结构升级。随着新能源汽车的发展，消费者开始主动关注并购买新能源汽车。尼尔森发布的报告显示，三成有购车意向的消费者会考虑纯电动汽车；高达六成的意向用户有主动通过网络或其他渠道了解过新能源汽车。

(3) 国人对外国品牌汽车的偏好。相关调查显示，国内消费者对汽车的购买选择中，受品牌因素影响的程度较大，外国品牌或合资品牌汽车较为受欢迎，国内汽车品牌优势不明显。

(4) 交通因素。近年来城市化、城镇化进程加快，汽车行业飞速发展，汽车已逐渐成为人们出行的必备工具，但同时带来的交通拥堵问题也不容小觑，在一定程度上也会影响消费者的购买行为。

4. 技术环境分析

(1) 已有一定技术优势。不同于传统汽车，我国新能源汽车在某些领域已有较高的技术成熟度，与欧美发达国家之间差距不大，甚至在部分领域具有相对领先的技术优势。在燃料电池汽车技术方面，我国是研究燃料电池比较早的国家，已初步建立起燃料电池的研发体系，与国际技术水平相当。

(2) 核心技术仍有待提升。虽然我国新能源汽车技术在某些方面比较先进，但在大部分领域缺乏核心技术，与世界先进水平差距较大。比如，我国在电动汽车尤其是其关键零部件技术上依旧发展缓慢，仍需在技术上有更多的投入。

(3) 缺乏技术创新型人才。我国人口基数大，研发人员多，但新能源汽车研发方面的人才相对欠缺，且整体素质偏低，在技术创新方面还有待提升。

从以上对于新能源汽车公司从政治－法律、经济、社会文化和技术环境等方面的分析可以了解到，新能源汽车公司的产品特征和技术选择符合行业发展的趋势，发展前景较为广阔，潜力较大。

讨论：

新能源汽车的前景如何？

案例分析2

新能源乘用车公司波特五力模型分析

新能源乘用车涵盖了新能源轿车、微型客车及9座以内的轻型客车,动力来源均为非常规的车用燃料。与客车和货车不同,其主要的消费需求是私家车。作为新能源汽车行业的主力,新能源乘用车行业备受瞩目。且受到政府补贴政策影响,新能源乘用车行业呈现出了明显的上升势头。而除宏观环境外,行业环境也对企业有重要的影响,行业环境分析中常用的工具是波特五力模型,对行业中的竞争对手、潜在进入者、替代品的威胁、买方的议价能力和卖方的议价能力这五种力量进行分析,以便于做出对企业有利的战略决策。

下面运用波特五力模型来分析新能源乘用车行业:

1. 潜在进入者的威胁

潜在进入者的威胁就是指将进入此行业的企业所可能带来的威胁。对新能源乘用车公司来说,潜在进入者主要是传统汽车制造商与新进入的专营新能源汽车的制造商,二者均有一定的竞争力和优势,潜在进入者对其造成的威胁较大。潜在进入者的威胁主要来源于以下因素:

(1) 国家政策扶持。如今国家政策支持新能源汽车发展,政府迫切希望推动我国新能源汽车行业发展,同时,各部门先后发布多项加快新能源汽车发展的政策措施,包括鼓励研发和鼓励消费,并从体制上确保新能源汽车推广应用,同时,在促进消费和使用方面地方政府也扮演了重要角色。这些举措大大吸引了各汽车厂商发展其新能源项目。

(2) 行业进入壁垒变低。一直以来,由于进入汽车行业所涉及的资本需求巨大,且规模经济对其也有一定影响,汽车行业的进入壁垒一直以来都非常高。国家也出台了相应的管理规则,对新能源汽车生产企业与其产品进行了严格要求。

但随着互联网时代的到来,以及特斯拉在新能源汽车行业的异军突起,国家对新能源汽车的市场准入政策放宽,这对想要专营新能源汽车的新进入制造商而言,意味着更多的机遇与更宽松的发展环境,有利于其在新能源汽车领域发展。对发展新能源项目的传统汽车制造商而言,其依托原有的研发能力、品牌认可度、渠道、售后服务等实力,也可更顺利地进入行业。

2. 替代品的威胁

替代品是指外部特定行业生产的,与本行业的产品和服务具有类似或相同功能的产品和服务。替代品的竞争力越强,对企业的威胁便越大。新能源乘用车的主要替代品有传统乘用车与其他交通工具,但替代品的威胁相对不大。

(1) 传统乘用车。传统乘用车与新能源乘用车在功能上并无太大差异,目前新能源乘用车的替代品主要是传统乘用车。传统乘用车早已在市场上存在了几十年,在技术、价格与市场占有率等方面均有更多的优势。但随着新能源汽车技术的不断成熟与人们环保意识的提高,新能源乘用车的地位逐渐凸显,目前传统乘用车作为替代品能够造成的威胁较低。

(2) 其他交通工具。新能源乘用车公司的主要产品——作为交通工具的乘用车，实现着运输人员和物资的功能。在这一功能实现的基础上，其主要的替代品还包括地铁、公交车、出租车等运输工具。同时，与新能源乘用车相比，它们的价格吸引力更高。但由于这些替代品各自所拥有的用途不完全相同，虽均具有一定的替代效果，但新能源乘用车无法被完全替代。

3. 行业内竞争者的威胁

目前行业内竞争激烈，近年来，新能源乘用车销量逐年攀升。2017 年，乘联会数据显示，新能源乘用车共销售 56 万台，其中纯电动乘用车累计销售 45 万台，插电式混合动力乘用车累计销售 11 万台。新能源乘用车累计销量突破十万台的企业有两家，其中比亚迪累计销售 113 669 台，占比 20.43%，夺得冠军；北汽新能源累计销售 103 199 台，占比 18.55%，夺得亚军，此外，销量过万的车企共有 12 家。可以看出，国内目前行业内竞争激烈，行业内竞争者带来的威胁较大，而主要源于以下因素：

(1) 大量新进入的投资。随着经济发展进入新常态，国内许多产业发展萎靡，此时国家大力扶持新能源汽车行业发展，行业内涌入大量投资，加剧了行业内的竞争。许多新能源汽车制造商目前仍在投资建设厂房，进行基础设施的建设等。这也导致了企业的退出壁垒攀升，高退出壁垒导致大量企业将持续留在业内，行业内竞争激烈。

(2) 国内外知名厂商纷纷发力。近年来，国内外知名厂商——比亚迪、上汽、一汽、东风以及奔驰、宝马等汽车制造商均提出了对新能源汽车的战略规划，这些企业相对新能源汽车公司而言，有着更成熟的技术、更完善的产品和服务，一定程度上已占有市场优势。其他新能源汽车制造商也纷纷推出插电混合动力乘用车和纯电动乘用车试水新能源汽车市场，目前新能源乘用车行业的竞争现状严峻，业内企业需要对自身发展战略与产品线做出更具体的规划，来获取更多的市场份额。

4. 买方的议价能力

买方的议价能力主要是指买方希望以更低的价格购买商品，对竞争者进行相互比较，从而以更低的价格获得更优质的产品或服务。通过分析，由于新能源乘用车的购买者为城市居民，购买者议价能力较强，影响买方议价能力的主要因素如下：

(1) 买方转换成本低。随着新能源汽车技术日渐成熟，新能源汽车标准化水平得到了显著的提升，产品种类逐渐完善，消费者有了更大的选择空间，且各项优惠政策的出台进一步使消费者转而选择其他品牌新能源汽车的成本降低。

(2) 购买者掌握信息较为充分。目前，新能源乘用车的购买者大多为城市居民，平均知识水平较高，而互联网时代的到来也给了购买者更多的机会和途径去了解产品信息。购买者对新能源乘用车的品牌、性能、配置、价格等了解得越多，他们的议价能力越强。

5. 供方的议价能力

供方的议价能力，目前对新能源乘用车企业来说，供方的议价能力不强，对企业经营基本不会造成太大影响，主要相关因素如下：

(1) 汽车制造商可自行生产。汽车制造业不同于其他行业，汽车生产商通常具备生产发动机、动力电池及零部件的能力。在企业可自身生产这些的前提下，供应商的议价能力较弱。

(2) 供方市场竞争激烈，集中程度较低。目前，由于传统电气设备产业和电子元器件产业已非常成熟，我国新能源汽车零部件主要供应商已进入完全竞争状态。市场中具有大量的供应商，在充电桩和控制电机方面，生产厂家可供选择的元器件供应商非常多。同时，新能源汽车动力电池，也已经基本实现了国产化，其性能与质量不输进口产品。锂离子动力电池现处于初期发展阶段，生产批量较小。传统锂离子电池企业仍然是全球新能源汽车动力电池市场的主导者，但力神、比亚迪等企业已在这一领域展开投资和战略规划，并具备较大产能。

通过对新能源乘用车行业环境的分析(见图 2-3)，可以发现目前新能源乘用车行业内竞争激烈、潜在进入者的威胁较强、购买者的议价能力较强，而供应商的议价能力较弱，同时，替代品的威胁也较弱。总体来说，行业内充满威胁与挑战，行业中的每一个企业都需要重视五种力量所构成的威胁，合理规避威胁，并从自身出发，谋求有利的位置，提高市场份额。

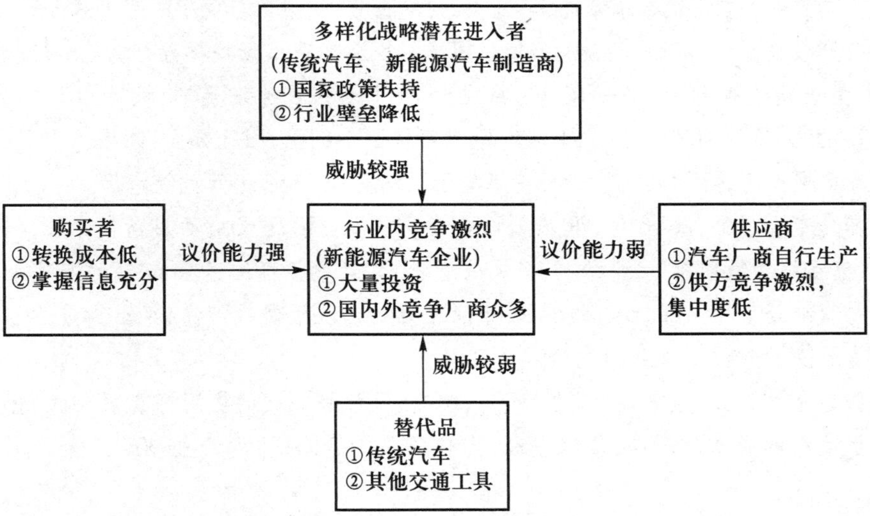

图 2-3 新能源乘用车行业环境分析

讨论：

五种竞争力如何影响新能源汽车行业？

案例分析 3

VR 行业的发展趋势

虚拟现实技术(virtual reality，VR)是一种可以创建和体验虚拟世界的计算机仿真系统，通过计算机的仿真计算模拟环境，使用户具有身临其境的体验，其具有感知性、交互性、自主性等特征。根据发展状态,VR 技术被业界人士分为四个阶段:蕴含虚拟现实思想的声形动态模拟阶段(1963 年之前)、虚拟现实理论的萌芽阶段(1963—1972 年)、虚拟现实理论的产生和理论初步形成阶段(1973—1989 年)、虚拟现实理论进一步的完善和应用阶段(1990—2004 年)。

VR 的基本科学理念初步形成,接下来进入 VR 技术开发的时代。2014 年 3 月份 Facebook 宣布 20 亿美元收购 Oculus VR,这是 VR 元年第一次出现;随后谷歌为 Magic leap 公司投资 5.42 亿美元,紧接着索尼、HTC 等都开始陆续进入这个行业。2014 年全球 VR 产业投融资额达 7.75 亿美元,到 2017 年,全球 217 家企业获得 30 亿美元的融资,其中中国有 68 家。

2016 年 9 月 3 日,我国领导人出席了 G20 工商峰会开幕式并发表主旨演讲,提到了 VR 虚拟现实,创新是从根本上打开增长之锁的钥匙。以互联网为核心的新一轮科技和产业革命蓄势待发,人工智能、虚拟现实等新技术日新月异,虚拟经济与实体经济的结合,将给人们的生产方式和生活方式带来革命性变化。当实体遇上 VR,虚拟与现实的完美结合!

据公开数据显示,2015 年、2016 年我国虚拟现实产业市场规模分别为 15.4 亿元、34.6 亿元,大量机构均预测 2017—2020 年将成为 VR 市场的快速发展期,预计 2018 年市场规模将达百亿元,预计 2020—2022 年间市场规模将达千亿元,国际方面,高盛预测 2025 年虚拟现实市场规模将达到 800 亿美元,花旗集团预测 2035 年将达万亿级市场。

在细分市场层面,2016 年,VR 头戴设备市场规模占比近 60%,而目前占比较低的 VR 内容市场(包括消费级内容、企业级内容和 VR 营销)预计近年将快速增长,超过其他细分市场成为最大的细分市场。2016 年我国 VR 市场中开始出现消费级产品,年出货量达 30 万台,仅次于美国位居全球第二。

VR 技术应用广泛,在教育、工业、娱乐、购物、医疗等领域的应用都有极大的发展潜力。但是由于使用的成本比较高,价格偏高,场景又单一等问题,VR 产业 90% 以上还处于商用阶段。

讨论:

1. 中国 VR 行业发展的前景如何?可以从哪些方面进行分析?

2. VR 技术正在被产业界追捧,认为 VR 技术将改变人们的生活方式,你认为 VR 技术的发展会对中国的教育产业产生哪些影响?

即测即评

请扫描右侧二维码,进行即测即评。

第三章 内部环境分析

学习目标

1. 把握企业资源的概念及类型；
2. 理解企业能力分析的内容；
3. 掌握企业核心能力的概念；
4. 重点掌握企业内部环境分析的方法。

开篇案例

万科:价值链定位提升核心竞争力

万科企业股份有限公司(以下简称“万科”)成立于1984年5月,是目前中国最大的专业住宅开发企业。万科的前身是深圳现代科教仪器展销中心,以销售电子设备为主营业务,并没有涉足房地产开发业务。1988年在改革开放的背景下,经过早期的资本积累,万科的主营业务开始发生转变。1988年11月,公司进行股份化改造,定名为深圳万科企业股份有限公司,同年进入房地产行业,经过三十余年的发展,已成为国内领先的城市配套服务商,公司业务聚焦全国经济最具活力的三大经济圈及中西部重点城市。2016年公司首次跻身《财富》“世界500强”,位列榜单第356位;2017年再度上榜,位列榜单第307位。

万科在进入房地产最初的10年,实施多元化快速扩张战略,经历了由“商贸、工业、房地产和文化传播的四大经营架构”到“综合商社模式”再到“以城市居民住宅为主导”的多元化战略调整过程,由于超长的产业链条使万科的管理捉襟见肘,内部行业不能形成规模效应和协同效应,最终于1993年放弃多元化扩张战略。自1994年起,为了迅速做大房地产主业,万科开始做“减法”,退出与住宅无关的产业,从多元化经营向专营房地产集中。1994年减持上海申花实业股份有限公司股份;1996年、1997年转让深圳怡宝食品饮料有限公司股权、深圳万科工业扬声器制造厂及深圳万科供电服务公司;凭借股权转让、出售等多种方式,将涉足的行业数由18个降至1个,将企业数由105家减至30多家,逐步确立了住宅业务的主导地位,2000年、2001年主营收入分别增长23.71%、42.12%。从2001年确定住宅业务的主导地位开始,万科就减少房地产产品种类,主攻城市中档住宅,形成了四大成熟产品系列,包括金色系列(城市住宅)、城花系列(城郊系列)、四季系列(郊区住宅)和高档系列。每个系列的产品都有明确的目标客户和核心价值诉求。通过客户价值细分和本地化,万科的产品线覆盖客户的家庭生命周期,实现对客户的终身锁定。

2001年,万科果断地剥离了业绩良好的“万佳百货”业务,坚决实行“地产专业化路线”。这一重大的战略举动在当时企业界引起了不小的轰动。万科的战略思维是:国内的住宅市场具有良好的成长前景,而企业的核心竞争力在地产上而不是商业上。房地产企业的未来发展是走规模化和品牌化的路线,而万科的人力资源、财务资源和管理体系未到能够支持多元业务齐头并进的发展阶段。万科认为:万佳百货一定能够发展好,甚至做到比万科还大,但这对于万科而言却不是好现象,万佳增长势头越猛反使万科风险越大,因为这影响了万科的专业化发展,从而影响万科未来发展目标的实现。正是出于这一战略预见,万科坚定地专注于住宅房地产,企业步入了高速成长期,万科的品牌地位和资源储备都达到了前所未有的高度,为万科冲击国内房地产第一品牌奠定了扎实的基础。

1. 管理模式不断创新

万科集团在其管理模式、技术、服务及供应链等方面都值得探讨与学习。

万科从未想过放弃行业领袖地位，依据销售1000亿元、利润100亿元、市场占有率3%的目标，万科对组织结构、发展模式进行了大变革。但王石说，应该是“颠覆”。开始于1995年的“万科主题年”，目的是对公司经营管理中的重点环节逐个地进行局部创新，每年解决一个问题。从这个意义上，万科每年都在变革。因此王石说，“颠覆”更能表现万科2005年变革的决心和力度。组织结构要根据战略的变化而变化。万科以前的组织结构是根据项目环节，按照纵线来划分的。而现在则重新完成产品线分类，根据产品的细分而设置组织结构，以产品线、运营线、管理线和监控线四条线来管理。产品线负责从产品的客户分析、规划设计，到工程管理、营销的全过程；运营线负责融资、财务安排，运营管理，企业发展战略规划；管理线包括人力资源、物业、客户服务、总经理办公室等；监控线则负责公司的内部审计、风险防范以及党务工作。另外董事会办公室负责投资者关系、媒体关系和研究工作。同以前的组织架构相比，变动最大的是产品线。公司专门成立了创新研究部、产品品类部两个新部门。这为以追求创新而闻名业界的万科增添了新的纪录。这两个部门在国内任何一家地产企业都没有。

2. 创新技术，确保品质

如果说手工作业的生产方式在以前国内地产市场的规模下还能适应公司发展的要求，但在未来，中国地产市场规模将大大扩张，公司生产规模要更快地增长，工厂化的生产方式才能使公司具有这样的增长能力。万科从建立《万科住宅使用标准》《万科住宅性能标准》等一系列的标准开始，拿地、设计、采购到建造等一系列业务流程都为适应“工厂化”住宅生产的要求而进行调整。如今，标准住宅的4个版本基本成型，已经有超过12个品类实现了工厂化的生产装配，在住宅性能标准方面的创新超过60项。通过创新研究部的努力，万科有几十项专利正在申报。现在有很多企业，采取的是跟进或者模仿战术，这样的竞争策略是不能够长久的。企业发展到一定阶段，必须要创新。万科打动人心的细节随处可见，给人以安全感的栏杆设计、围合式的组团布局、开放式的社区规划、积木式的色彩组合、为了防雨水而设计的金属脚踏、为了防止人们误入车道设计的景观绿地、为了防止车速过快设计的缓坡道路。一切都很细小，甚至有些微不足道，但传递给人们的却是无处不在的人性关怀。

3. 服务领先

万科的用户之所以买万科的房子，是看中万科的整体规划、施工管理的质量、销售过程的体验，销售以后的客户服务和物业管理。万科的销售模式和很多地产商有着本质区别，他们已经越过了包装销售的阶段。很多房子渲染过头了，客户住进去以后，后续问题就会比较多。

(1) 以客户为导向。监控部门的职责不仅是风险控制，更要把自己的角色定位于一个挑剔的业主，从这个视角考察公司的楼盘。找出问题，项目公司该改进的改进，该公示的公示。他们挑出的毛病越多，开盘后客户能挑出的毛病就越少。去年，万科在广州的一个楼盘开盘前，审计法务部的人员派人考察。他们发现，楼盘边上有一条公路，平时车流量很小，但再往前走，前方是一个公共墓园，每逢清明节前后，车流量会比较大。监控人员当时就要求销售者向用户公示。他们专门做了一条规定：项目外一千米范围有可能影响业主生活的问题,我们都必须向业主明确公示。

(2) 细分市场及用户。产品品类部专门研究客户的需求,工作的目标是按照客户的需求来确定公司的产品。许多人都听说过"万客会",凡是购买了万科房产的客户,都可以成为"万客会"的会员。通过这个组织,万科方便地了解到许多客户对公司产品的意见,从而使万科的房产产品从户型、结构、环境规划乃至物业管理不断从细节上改进,积累下来,万科产品更加人性化,直至成为房产的品牌。现在的万科却对这个成就有汗颜的感觉。以前万科对客户的分类是按物理性质划分,比如按年龄分类,还有按职务分类等。产品主要就是高、中、低档。国内几乎所有的地产企业都是这么个划分法。国际上成熟地产企业有一种"生命周期"客户分类法,比如首次购房、首次换房、二次换房,还有活跃长者。所谓"活跃长者"是指年龄在60岁左右,退休了,孩子也大了,但他们充满活力,需要重新置业。万科的标杆企业美国帕尔迪公司(PulteHomes)将生命周期与其他指标综合起来,把客户划分成11个类型,把客户的真实需求挖掘出来,分别提供不同的产品。"客户一辈子需要的产品他们都给提供了。"万科的产品品类部,做的就是这个事。

(3) 重视客户满意度。万科委托盖洛普调查公司对万科所在城市的42 000多户客户进行了一次满意度调查。从调查结果看,万科是成功的——老业主的整体满意度为78%,忠诚度为56%;新业主的整体满意度为77%,忠诚度为50%。当然,聘请第三方公司每年进行客户满意度调查的地产企业,万科又是中国第一家。

4. 完善供应链,谋求成本领先

2001年3月起,万科出台了《材料设备采购规定》,实行集团统一采购的新模式,并引入了"战略供应商"概念。也是这个时候,1999年起开始悄悄运作的行业联盟——中城房网的北京年会上,万科积极推动的"十字架构"的大联盟初现端倪。当时的47家成员单位当中,既有地产商之间的横向联盟,也有纵向产业链设备、建材、银行、保险的联盟。在建材采购方面,已经形成了一套以住宅联盟为主的成熟的网上交易平台。日立电梯(中国)有限公司、卜内门太古漆油(中国)有限公司、美标(中国)有限公司、宾士发电机(深圳)有限公司四家企业成为万科第一批集团战略供应商。万科还曾经倡导联盟地产企业采用"团购"方式,以图进一步降低材料成本。万科的产业规模越大,统一采购的讲价能力就越强,企业产品的性价比就越好。

作为一个成立于1984年的老牌房地产企业,万科多年来以其精准的市场定位、超前的规划设计,以及优质的服务,在业内树立了良好的品牌形象。这种多年精心积累的品牌优势,足以支撑其品牌的跨地区扩张。未来房地产的竞争将是品牌的竞争,即以品牌形象和价值为核心的竞争。品牌是万科的竞争优势,这是一种显性的竞争资源。而将这种品牌资源运用到极致的,却是万科所具有的一支强大的管理团队。

企业内部环境分析,是通过研究影响企业竞争力的一些内部因素,为战略制定指明方向,提出战略要解决的问题,从而为构建竞争优势奠定坚实的基础。本章分别从企业资源与能力分析、内部环境分析方法、SWOT分析三个方面展开讨论。

第一节 资源与能力分析

资源与能力是企业的内部环境因素，它们构成了企业竞争优势的基础，改进企业内部的资源与能力就成为企业战略最为重要的可控变量。

一、企业资源分析

目前大多数学者都把彭罗斯的《企业成长理论》(1959)作为资源理论的早期著作。但在格兰特等人的论著发表后，这种理论才产生了较大影响。

(一) 资源与资源论的观点

资源是企业在创造价值过程中的各种投入，是可以用来创造价值的资料；能力是运用一组资源完成某一任务或活动的潜力。由于许多资源和能力并不是瞬间就能积累起来的，因而一家公司的战略选择受到了现有资源存量及其获取或积累新资源的速度的限制。

基于资源理论的基本观点主要包括：资源是战略基础和回报的基本来源；企业是一组异质的资源与核心能力，它们能够创造独有的市场地位(即竞争优势)；资源和能力不能在企业之间有效地流动，一个企业具有其他企业所没有的一些资源和能力，至少是它们的组合；资源和能力的开发和积蓄有其自身的规律。

(二) 资源的主要类型

资源的存在形式很多，从普遍存在的、唾手可得的普通投入要素，到高度差别化的资源。而不同资源的独特价值、获取途径和主要特征也千差万别。资源大致可以分成三大类：有形资产、无形资产和组织能力。

1. 有形资产

有形资产包括房地产、生产设施、原材料等。有形资产最易评估，它是可以在公司资产负债表上体现的唯一资源。虽然有形资源也是公司战略所必需的，但是它们本身所具有的标准化属性，使其很少成为竞争优势的来源。

2. 无形资产

无形资产主要是知识产权、人力资源或主观的各种资源，主要包括公司的声望、品牌、文化、网络、技术知识、专利和商标以及日积月累的知识和经验等。这些资产通常具有更难以理解、购买、模仿或替代等特点，因而在竞争优势和公司价值中发挥着重要作用。同时，无形资产在使用中不会被消耗。事实上，有些无形资产如能运用得当，相反还可以获得增长。

3. 组织能力

组织能力是资产、人员与组织投入产出过程的复杂结合。组织能力包括一组反映效率和效果的能力，比如更快、更敏捷、质量更高等。这些能力可以体现在公司的任一活动中，从产品开发到营销再到生产。不同的理论研究者和实践者对资源进行了不同的分类，表3-1列出了格兰特对不同资源类型的主要观点。除了资金和原材料等属于对所有企业有着同等意义的同质资源外，其他资源包含有活性因素，如知识、经验、技能、判断力、适应力以及企业组织系统内外的各种联系等，使每一种资源都富于变化而呈现出千差万别的形态。

表 3-1 企业资源的分类和评估

资源	主要特征	关键指标
有形资源:		
金融资产	公司的借款能力和内部筹资能力决定了它的投资能力,并使它能够应付需求和利润随时间而发生的波动	权益负债率; 净现金流量与资本支出的比; 贷款利率
物质资产	厂房与设备的大小、位置、技术先进性及灵活性; 土地、建筑物的位置和替代用途; 原材料储备限制公司生产可能性组合的物质资源和决定公司成本位置的重要性	固定资产的变现价值; 资本设备的寿命; 厂房规模; 厂房与设备的灵活性
无形资源:		
技术	以专有技术(专利、版权、商业秘密)形式保有的技术储备、技术运用中的专业知识(方法); 用于创新的资源,如研究设备、科技人员	专利的数量和意义; 来自专利许可的收益; 研发人员占总人员的百分比;
商誉	通过商标所有权、与顾客的关系而建立的顾客信誉; 公司因产品服务的质量、可靠性而享有的声誉; 公司在供应商(包括零部件供应商、银行及其他借款人、雇员及潜在雇员)、政府、政府机构,以及所在社区中的信誉	品牌识别; 与竞争品牌的差价; 重复购买率; 公司业绩的水平和持续程度; 对产品性能的目标测量
人力资源	对雇员的培训和雇员所拥有的专业知识决定了公司可以利用的技能; 雇员的适应性是决定公司战略灵活与否的关键因素; 雇员的投入和忠诚决定了公司能否实现并保持竞争优势	雇员在教育、技术及职业方面的合格证; 相对于同行业的损失赔偿水平; 关于劳动争端的记录; 雇员换岗率

资料来源:罗伯特·格兰特.公司战略管理.北京:光明日报出版社,2004.

(三)资源的价值

公司通常需要花费较大的精力去识别和评估自己的资源,评定这些资源是优势还是劣势,弄明白它们是否可以作为持续竞争优势的源泉。事实上,公司评估它们所拥有的一系列资源是一项极其复杂的工作。因此,管理者面临的挑战就是,弄清楚划分有价资源和平庸资源的依据,并据此制定一套可以营造持续竞争优势的战略。公司资源的价值的决定因素主要在于三个方面:资源是否为顾客所需、资源是否不可复制、利润能否获得。

1. 资源是否为顾客所需

一种有价值的资源必须能够以顾客愿意支付的价格来满足顾客的需求。在任何时候,价格都取决于顾客的偏好、可用替代物(包括替代产品)和相关或互补产品的供应等因素。这样的组合力量随着顾客偏好和竞争对手供应能力的发展而相应地发生改变。因此,公司必须不断地重新评估它们赖以竞争的行业所具有的吸引力以及它们的资源对当前或未来需求的满足程度。

2. 资源是否不可复制

资源价值的第二个决定因素是它是否处于供应短缺状态。如果资源供应充分，任何竞争对手都能够获得，实现竞争优势也就十分简单，但此时的竞争优势也就不能称其为竞争优势。能够营造竞争优势的资源必须是不平常的。因而，对公司资源的分析必须包括一项重要的评价指标，即公司的资源与竞争对手的资源相比是否不寻常。如果一项资源可以轻易被竞争对手模仿，则只能带来暂时的价值，而不可能作为长期战略的基础。

3. 利润能否获得

即使一项资源能够满足消费者的需求，同时也的确处于短缺状态，但仍然存在一个利润的分配问题，即谁事实上获取该资源创造的利润。一些人误以为利润应该自动流到公司的资本提供者手中，事实并非如此，首先必须考虑究竟是谁拥有关键资源的所有权；是哪种资源在多大程度上创造了利润；以及其他能影响相关者争价实力的因素。

二、企业能力分析

（一）企业能力的定义

美国管理史学家小艾尔弗雷德·D. 钱德勒（Alfred D.Chandler）认为，企业能力是企业在历史的发展过程中，充分利用规模经济和范围经济获得的生产能力、营销能力和管理技能，是企业内部组织起来的物质设施和人的能力的集合。组织的能力来源于企业对两个方面的投资：一是对企业进行大规模生产设备的投资，以使其能充分利用技术所具有的潜在的规模及范围经济；二是为配合大规模生产，对全国乃至国外的营销、流通网络的投资，这不仅为了增强监督和调节的两个基本活动，而且还要为将来日益扩大的生产和流通制定计划、分配资源而培养具有领导作用的管理人才。

（二）企业能力的分类

1. 按能力所处的管理层次分

按能力所处的管理层次分类，企业能力分为选择性能力、组织性能力、技术性能力和学习性能力。

（1）选择性能力。选择性能力存在于企业的战略层面，企业投资和市场决策就在这一层次上作业，如企业的响应能力和企业的战略决策能力。企业的响应能力，是指企业在恰当的时间内对重要事件、机会和外部威胁做出有意识的反应以获得或保持竞争优势的能力。企业的战略决策能力决定了企业核心资源的配置，也决定了企业未来的兴衰。其作用表现在产业发展相对平稳的时期保持企业核心能力发展和积累的一致性；准确预测产业的动态变化，适时进行企业核心能力的跃迁，以适应新的市场竞争环境。

（2）组织性能力。组织性能力主要存在于和高层管理相连接的中层管理技术结构层，是企业持续增长的内在动力，企业竞争优势地位因组织能力而得以不断重新确立和巩固。组织能力是建立在组织素质和组织结构之上。组织素质是一个组织的根本优势所在，而组织素质的培养和提高则要靠持续的修炼，也就是说，要成为一个学习型组织。

（3）技术性能力。技术性能力主要存在于生产作业层，基层的作业活动都在这一层次完成。它包括以下要点：寻找可靠的可选技术，并决定最合适的引进技术的能力；对引进技术实现从投入到产出的转换能力；改进以适应当地生产条件的能力；实现局部创新的能力；开发适当的 R&D 设备的能力；制定基础研究计划并进一步提高改进技术的能力。

(4) 学习性能力。应当和组织的各个层次密切相关，并可以通过某种方式转化为企业的内部规则。按照吸收能力的观点，在已知的环境中，学习是最重要的。

2. 按能力所处的价值链位置分

按能力所处的价值链的位置分类，企业能力可分为一般能力和核心能力。

(1) 一般能力能够通过价格完全体现，涵盖了公司整个价值链。它包括市场界面能力（如销售、广告、客户服务等）、基础设施能力、技术能力等组织内分散的活动、技巧。同时还包括企业的文化与价值观。

(2) 核心能力强调价值链上特定技术、生产力、营销和企业文化方面的专有知识，能为企业获得超额利润，它是企业一般能力整合的结果，表明企业在某一方面比竞争对手更出色，更为擅长。

三、企业核心能力分析

从 20 世纪 60 年代到 80 年代末，一批与核心能力相互关联的新理论涌现了出来。1990 年，美国学者普拉哈拉德和英国学者哈默尔发表了《公司的核心能力》一文。该理论构成了 90 年代西方最热门的企业战略理论，它是对几十年来美国大企业战略理论包括多样化战略的一个更高层次的发展。

具有活的动态性质的核心能力是企业追求的长期战略目标，是企业持续竞争优势的源泉。

(一) 企业核心能力的概念

核心能力，又称核心专长、核心竞争力。根据普拉哈拉德和哈默尔的定义，核心能力是“组织中的积累性学识，特别是关于如何协调不同的生产技能和有机结合多种技术流派的学识”。综合地说，核心能力是指企业依据自己独特的资源（资本资源、技术资源或其他方面的资源以及各种资源的综合），培育创造本企业不同于其他企业的最关键的竞争能力与优势。这种竞争能力与优势是本企业独创的，也是企业最根本、最关键的经营能力，换言之，也只有在本企业中，这种竞争能力与优势才能得到最充分的发挥。凭借这种最根本、最关键的经营能力，企业才拥有自己的市场和效益。

核心能力是以知识、技术为基础的综合能力，是支持企业赖以生存和稳定发展的根基。企业在某一产品或某一方面具有一定的优势，并不代表企业就具有较强的核心能力，只有这种产品和技术使竞争对手在一个较长的时期内难以超越而得以保持时，才是企业真正的核心能力的体现。企业只有系统地确认、培育和扩展其核心能力，才能在激烈的市场竞争中保持优势。

(二) 核心能力的构成要素

企业核心能力是一个复杂而多元的系统，主要包括以下几个方面：

1. **研究与开发能力**

研究与开发是指为增加知识总量，以及用这些知识去创造新的应用而进行的系统性创造活动。它包括基础研究、应用研究和技术开发三项。

基础研究主要是为获得关于现象和可观察事实的基本原理而进行的实验性或理论性工作。其作用是既能扩大人们的科学知识领域，又能为新技术的创造和发明提供理论前提。从长远发展看，基础研究是技术开发的基础工作，同时也是科研实力的重要标志和创新的基础。

应用研究是为获取新知识而进行的创造性研究，较之基础研究有明确的目的性，是连接基础研究和技术开发的桥梁。

技术开发是指利用从研究和实际经验中获得的现有知识，或从外部引进的技术、知识，为生产新的材料、产品、装置，建立新的工艺和系统，以及对已生产和建立的上述工作进行实质性改进而进行的系统性工作。

2. **创新能力**

一个企业要保持发展和竞争优势，就必须善于总结和提高，永远地追求卓越，不断超越自我，不断进取和创新。

所谓的创新就是根据市场和社会变化，在原来的基础上，重新整合人才、资本等资源，进行新产品研发和有效组织生产，不断创造和适应市场，实现企业既定目标的过程。它包括技术创新、产品及工艺创新、管理创新。

企业创新的主体是决策层、技术层、中间管理层和生产一线管理层。创新能力表现为创新主体在所从事的领域中善于敏锐地观察原有事物的缺陷，准确地捕捉新事物的萌芽，提出大胆新颖的推测和设想，进行认真周密的论证，拿出切实可行的方案，并付诸实施。

企业要取得核心能力，必须准确地把握世界科技和市场发展动态，制定相应创新战略，使技术创新、管理创新、产品创新等协调展开。在技术发展迅速和产品周期不断缩短的竞争环境中，创新是保持长久竞争优势的动力源泉，创新能力是一个企业核心能力和旺盛生命力的体现。

3. **科技成果转化能力**

只有将创新意识或技术成果转化为可行的工作方案或产品，提高效率和效益，创新和研究开发才是有价值和有意义的。

转化能力在实际应用中表现为其综合、移植、改造和重组的一些技巧和技能，即把各种技术、方法等综合起来系统化，形成一个可实施的综合方案，将其他领域中的一些可行的方法移植到本企业的管理和技术创新中来，对现有的技术、设备和管理方法等进行改造，并根据企业实际和时代发展进行重新组合，形成新的方法和新的途径，达到更优的效果。

4. **组织协调能力**

面对激烈变化的市场，企业要有优势，必须始终保持生产、经营管理各个环节、各个部门协调、统一、高效运转，特别是在改革创新方案、新产品、新工艺以及生产目标形成之后，要及时调动、组织企业所有资源，进行有效、有序的运作。

这种组织协调能力涉及企业的组织结构、战略目标、运行机制、企业文化等多方面，突出表现在企业有坚强的团队精神和强大的凝聚力，即个人服从组织，局部服从全局，齐心协力，积极主动，密切配合争取成功的精神；表现在能根据生产中不同阶段的要求，有效组织资源，并使其在各自的位置上正常运转。

5. **应变能力**

应变是一种快速反应能力，它包含对客观变化的敏锐感应和对客观变化做出的应对策略。客观环境时刻都在发生变化，企业决策者必须具有对客观环境敏锐的感应能力，保持经营战略随着客观环境的变化而变化。特别是目前的竞争环境会经常出现无法预料的事件，为把这种条件的变化对企业自身所产生的影响降到最低，企业就必须迅速、准确地拿出应变的措施和办法。应变能力表现在：能在变化中产生应对的策略；能审时度势，随机应变；能在变化中把握方向和机遇，加快发展自己。

（三）核心能力的基本特征

核心能力的基本特征表现在以下几个方面。

1. **价值优越性**

核心能力是企业独特的竞争能力，应当有利于企业效率的提高，能够使企业在创造价值和降低成本方面比竞争对手更优秀，它给消费者带来独特的价值和效益。那些能够使企业为用户提供根本性好处的技能，才能称得上是核心能力。区别核心能力与非核心能力的标准之一是是否为用户带来价值。

2. **异质性**

一个企业拥有的核心能力应该是企业独一无二的，即其他企业所不具备的，至少暂时不具备的，是企业成功的关键因素，核心能力的异质性决定了企业之间的异质性和效率差异性。

3. **延展性**

核心能力应该具备一定的延展性，应该为企业打开多种产品市场提供支持，对企业一系列产品或服务的竞争力都有促进作用。拥有强大的核心能力，意味着企业在参与依赖核心能力的最佳产品市场上拥有了选择权。核心能力犹如一个“技能源”，通过其发散作用，将能量不断扩展到最终产品上，从而为消费者源源不断地提供创新产品。随着产业、技术的演化，核心能力可以生长出许多奇妙的最终产品，创造出众多意料不到的新市场，它是企业竞争优势的根源。

4. **难以模仿性**

核心能力是在企业长期的生产经营活动过程中积累形成的，由于具有与众不同的独到之处，因此不易被人模仿，任何企业都不能靠简单模仿其他企业而建立自己的核心能力，应靠自身不断的学习、创造及在市场竞争中的磨炼，建立和强化独特的核心能力。

5. **不可交易性**

核心能力与特定的企业相伴而生，虽然可以为人们感受到，但无法像其他生产要素一样通过市场交易进行买卖。

6. **难以替代性**

由于核心能力具有难以模仿的特点，因而依靠这种能力生产出来的产品在市场上也不会轻易被其他产品所替代。

（四）企业核心能力的形成

核心能力形成过程是复杂的，既受到企业决策者及员工的知识、能力和素质，企业的经济实力、技术力量、管理机制和企业文化等内部条件的制约，又受到外部市场环境等客观因素的影响。一般来说，企业核心能力的形成要经过三个阶段。

1. 确认阶段

企业应对现有资源和竞争力及其在市场中的价值，加以系统考察，进而确认企业的核心能力。确认的标准有三个，即：

（1）是否具备顾客可感知的价值。

（2）是否具备专用性。

（3）是否具有潜在的扩展性。

2. 培养阶段

培养过程是核心能力的形成过程，也是最复杂、最关键的过程。一般分为以下几个阶段：

（1）开发、获取构成核心能力的技巧、技术等各种要素。这一阶段的核心是获取最关键的技术和人才，并争取时间捷足先登。实现这一目标的模式可以是“内部发展型”，即通过企业内部资源的积累逐步实现；也可以是“外部扩张型”，即通过吸收外部资源来实现。

（2）整合技巧、技术等各种竞争力要素。核心能力是由不同要素有机联系而成的整体的竞争实力，核心能力要素的整合，涉及企业内部管理的各个方面。比如，要使企业在某核心技术方面的专长成为核心能力，其一，需要企业在该技术领域不断进取提高，始终保持领先地位，做到这一点要求企业不仅能给予必要的资金支持，还要建立有效的科研开发激励机制，以保证研发人员的研究热情；其二，需要在产品的试制和试销方面对新产品开发予以支持，并很好地协调科研部门和生产部门的关系；其三，在产品营销阶段，需要建立营销部门和科研部门之间密切的信息联系，以及时将市场信息反馈到研发部门，使研究开发更好地与市场需求相一致，等等。

3. 扩展阶段

这个阶段包含以下三个方面：

（1）将核心能力应用在最终产品或市场的开发上。

（2）利用核心能力开发中间产品，这些中间产品往往会被用在多个最终产品领域，并对最终产品市场产生决定性的影响。

（3）发展和更新核心能力。随着科学技术的进步和市场环境的变化，原有的核心能力可能会演化为一般的能力而逐渐丧失竞争优势，因而企业必须时时关注核心能力的发展演变，并不断推进、丰富，直至更新。

（五）企业核心能力的评价指标体系

核心能力体现的是一个企业的综合素质和能力，要准确全面地评价企业的核心能力是比较困难的。但可以从其构成内容上进行适当的定性和定量分析。

1. 企业核心能力的分析

(1) 要看企业是否有明确的主营领域,该主营领域是否有稳定的市场前景,以及本企业在该领域中与同行业竞争对手相比的地位如何。如果一个企业没有明确的主营领域,经营内容过于分散或虽然有明确的主营领域,但在该领域中的竞争地位很弱,都谈不上有核心能力。

(2) 要对企业在该领域中的主导产品进行分析。分析主要包括该产品的前景、市场地位、产品的差异性和延展性等。核心产品可以延伸至多个最终产品领域,最大限度地实现核心能力的范围经济。如果一个企业没有过硬的核心产品,则很难说该企业具有较强的核心能力。

(3) 核心能力分析。分析主要包括:支持企业核心产品和主营业务的优势技术是什么?这种技术和专长的创新性与独特性如何?企业是否能不断吸收新的技术和信息以巩固和发展自己的专长,这些专长是否得到了充分发挥,为企业带来何种竞争优势,强度如何等。

(4) 成长能力分析。分析主要包括企业对现有优势技术和专长的保护与发展,对新技术信息及市场变化趋势的追踪与分析,高层领导的进取精神与预见能力,等等。

2. 企业核心能力的评价指标

企业核心能力的评价指标主要由三个层面构成:市场层面、技术层面和管理层面。

(1) 市场层面。市场层面分析的内容包括核心业务(主营领域)和核心产品(主要产品)。

核心业务的指标有:主营领域的明确程度;主营领域收益占总收入的份额;主营领域的市场前景;企业在主营领域中的市场地位。

核心产品的指标有:核心产品的明确程度;核心产品的市场占有率;核心产品的品牌信誉;销售收入增长速度;核心产品优势地位的稳固性;核心产品的市场前景。

(2) 技术层面。技术层面包括吸收能力、开发与合成能力、延展能力。

吸收能力的指标有:信息系统先进有效程度;获取信息渠道的广泛有效性;技术信息动态追踪效果;信息分析与处理效率;新技术的吸收转化率;与科研院所年合作项目数;年参加培训人员占职工的比例。

开发与合成能力的指标有:技术管理人员占职工的比例;年研发费用投入量;高级技术人才占技术人员的比例;年科技立项数;基于核心技术的专利数;核心技术的独特性;核心技术的领先程度;生产工艺技术的先进性;基于核心技术的新产品开发数;产品研发人员占职工的比例。

延展能力的指标有:核心技术发展前景;核心产品的差异性;与目标市场相关的营销资源的积累;核心产品延伸领域的市场增长率;核心能力延伸领域数。

(3) 管理层面。管理层面包括现有核心能力的保护与发展、高层领导的素质与能力、新核心能力的设想与构建。

现有核心能力的保护与发展指标有:围绕核心能力培训体系的有效性;核心技术保密的有效性;企业凝聚力;高层领导关注市场及其变化趋势的程度;核心技术产品开发激励机制的有效性;现有核心能力发展长远规划的有效性;核心能力定期评价与分析体制健全性。

高层领导的素质与能力指标有:主要高层领导的文化程度;高层领导班子结构的合理性;高层领导的学习进取精神;高层领导的决策能力;企业管理和控制系统的有效性。

新核心能力的设想与构建指标有:高层领导战略思维能力;企业对外部环境的适应性;

技术开发力量的储备水平；新核心能力构建的长远规划有效性；新核心能力构建的阶段成果显著性。

第二节 企业内部环境分析方法

企业内部环境分析方法包括内部因素评价矩阵和企业价值链分析。

一、内部因素评价矩阵

对企业内部因素的优势和弱势进行分析评价的结果以矩阵形式表现出来，形成内部因素评价矩阵（internal factor evaluation matrix，IFE）。在建立 IFE 矩阵时需要靠直觉性的判断，因此具有科学方法的外表并不意味着就有一种万能的技术。对矩阵中因素的透彻理解比实际数字更为重要。IFE 矩阵可以按以下五个步骤来建立：

（1）列出在内部分析过程中确定的关键因素。采用 10~20 个内部因素，包括优势和弱点两方面的。首先列出优势，然后列出弱点。要尽可能具体，要采用百分比、比率和比较数字。

（2）给每个因素以权重，其数值范围由 0.0（不重要）到 1.0（非常重要）。权重标志着各因素对于企业在产业中成败的影响的相对大小。无论关键因素是内部优势还是弱点，对企业绩效有较大影响的因素就应当得到较高的权重。所有权重之和等于 1.0。

（3）为各因素进行评分。1 分代表重要弱点；2 分代表次要弱点；3 分代表次要优势；4 分代表重要优势。值得注意的是，优势的评分必须为 4 或 3，弱点的评分必须为 1 或 2。评分以公司为基准，而权重则以产业为基准。

（4）用每个因素的权重乘以它的评分，即得到每个因素的加权分数。

（5）将所有因素的加权分数相加，得到企业的总加权分数。

无论 IFE 矩阵包含多少因素，总加权分数的范围都是从最低的 1.0 到最高的 4.0，平均分为 2.5。总加权分数大大低于 2.5 的企业的内部状况处于弱势，而分数大大高于 2.5 的企业的内部状况则处于强势。

二、企业价值链分析

（一）价值链概述

迈克尔·波特在 1985 年提出了企业价值链理论。所谓价值链，是企业从事设计、生产、营销、交货以及对产品起辅助作用的各种价值活动的集合。通过分析企业的价值链，可以更好地理解企业的成本变化以及引起变化的原因和方法。企业的经营过程可以被认为是一个由设计、生产、营销、交货等价值活动所组成的集合。企业的部分优势就是来源于企业能比竞争对手以更低成本、更高效率完成具有战略意义的活动。

企业的价值活动分为基本活动和辅助活动两大类。基本活动也称为主体活动，是指以企业购进原材料进行加工生产成为最终产品，将其运出企业，上市销售，直到售后服务的一系列活动。辅助活动始终贯穿在这些活动之中。图 3-1 是对价值链的一个图解。

基本活动分为5类:内部后勤活动、生产活动、外部后勤活动、市场营销活动以及售后服务活动。

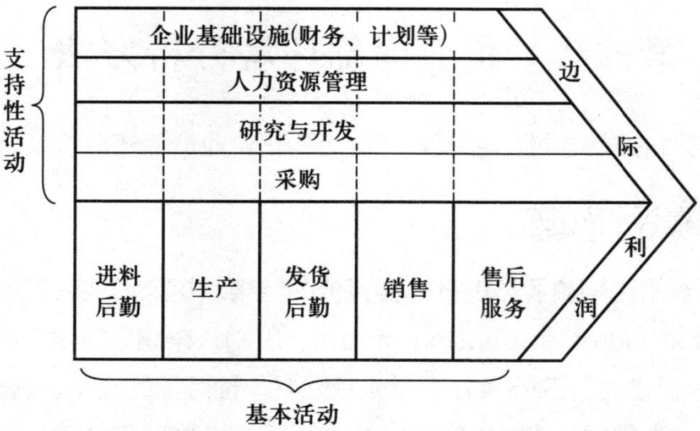

图3-1 波特的价值链

辅助活动也称为支持性活动,包括企业投入的采购管理、技术开发、人力资源管理和企业的基础设施(一般管理)。采购管理、技术开发、人力资源管理三种活动既支持整个价值链的活动,又分别与每项具体的、基本的基础活动有着密切的联系。企业的基础管理活动支持整个价值链的运行,而不分别与每项基本活动发生直接的关系。

应该说明的是,在大多数行业,很少有哪一个企业能单独完成从产品设计到分销的价值链上的全部活动,总要进行一定程度的专业化分工。换句话说,任何一个企业都是创造产品和服务的价值系统的一部分。因此,在了解价值的产生过程时,不仅要考察组织的每一项内部活动及它们之间的联系,还应对包括采购和销售链在内的整个价值过程进行深入分析和了解。价值链方法为企业对现实的及潜在的优势和劣势进行内部分析提供了有效的指导方法,再把企业所有活动进行系统分割,区分出几项价值活动后,就可以从中找出关键的要素,并将它们作为企业竞争优势的来源而做进一步分析。

(二)构造价值链

企业为了诊断自己的竞争实力,需要根据价值链的一般模型,构造具有企业自身特色的价值链。企业在构造价值链时,需要根据利用价值链分析的目的以及自己生产经营活动的经济性,将每项活动进一步分解。分解后的每项子活动要有自己的经济内容,即或者具有高度差别化的潜力,或者在成本中有重要的百分比。企业应将可以充分说明企业竞争优势或劣势的子活动单独列出来,以供分析使用。活动的顺序应该按照工艺流程进行,但也可以根据需要进行安排。无论怎样的顺序,企业的管理人员都应从价值链的分类中得到直观的判断。

(三)价值链的内在联系

价值链不是一些独立活动的集合,而是相互依存的活动构成的一个系统。在这个系统中,各项活动之间存在着一定的联系。

价值活动间的联系很多,最常见的是价值链中主体活动与支持活动之间的各种联系。形成这些联系的基本原因有:① 同一功能可以用不同的方式实现;② 通过间接活动保证直接活动的成本或效益；③ 以不同的方式实现质量保证功能。

正是由于企业价值活动间的内在联系，所以会形成竞争优势，其表现形式有两种：最优化与协调。企业为了实现其总体目标，往往在各项价值活动间的联系上进行最优化的抉择，以增加竞争优势。

在协调方面，企业通过协调各活动间的联系来增加产品的差别化或降低成本。在最优化与协调的过程中，企业需要大量的信息去认识形式多样的联系。因而，企业有必要利用信息技术，建立自己的信息系统，创造与发展新的联系，增强原有的联系。

（四）企业外部价值链

价值活动的联系不仅存在于企业价值链内部，而且存在于企业与企业的价值链之间。其中，最典型的是纵向联系，即企业价值链与供应商和销售渠道价值链之间的联系。这种联系构成了涉及将产品或劳务提供给消费者活动的所有上下游企业所形成的网络，即供应链。

企业价值链与供应商价值链之间的各种联系为企业增强竞争优势提供了机会。通过影响供应商价值链的结构，或者通过改善企业与供应商价值链之间的关系，企业与供应商常会双方受益。

销售渠道的各种联系与供应商的联系类似。销售渠道具有企业产品流通的价值链。销售渠道对企业价格的抬价经常在最终销售价格中占很大比重。此外，销售渠道进行的各种促销活动可以替代或补充企业的活动，从而降低企业的成本或提高企业的差别化。

第三节　SWOT 分析

一、SWOT 的内涵

SWOT 分别代表的是优势（strength）、劣势（weakness）、机会（opportunitiy）和威胁（threat），其中优势和劣势是指企业的内部因素，机会、威胁是指企业的外部环境因素。

优势是指能使企业获得战略领先并进行有效竞争，从而实现自己目标的某些强大的内部因素或特征，通常表现为企业的一种相对优势。

劣势是给企业带来不利，导致企业无法实现其目标的消极因素和内部的不可能性。

机会是那些不断地帮助企业实现或超过自身目标的外部因素和状况。

威胁是对企业经营不利并导致企业无法实现既定目标的外部因素，是影响企业当前地位或其所希望的未来地位的主要障碍。

二、SWOT 分析过程

SWOT 分析是在企业内外部环境分析的基础上，将分析结果分别依照机会、威胁、优势、劣势进行归纳梳理，以得出相应结论的过程。如表 3-2 所示。

表 3–2 SWOT 梳理表

	优势（strength）	劣势（weakness）
内部条件	产权和技术 产品 良好的财务 高素质的管理人员 公认的行业领先者 ……	设备老化 产品范围太长 营销能力较弱 成本高 企业形象一般 ……
	机会（opportunity）	威胁（threat）
外部环境	纵向一体化 市场增长迅速 能争取到新的用户群 有可能进入新的市场领域 可以增加互补产品 ……	竞争压力增大 政府政策不利 用户需求正在转移 新一代产品已经上市 ……

依据 SWOT 梳理表，可以有两种主要方法，得出企业的 SWOT 矩阵图上所处的具体象限位置，根据其所处象限位置，确定企业应该采用的战略：一种是定性的方法，主要根据经验和直觉，对 SWOT 梳理表结果做出综合判断；一种是定量的方法，可以采用因素打分然后用算术加权平均法计算得出。

三、SWOT 矩阵

SWOT 矩阵图如图 3–2 所示：

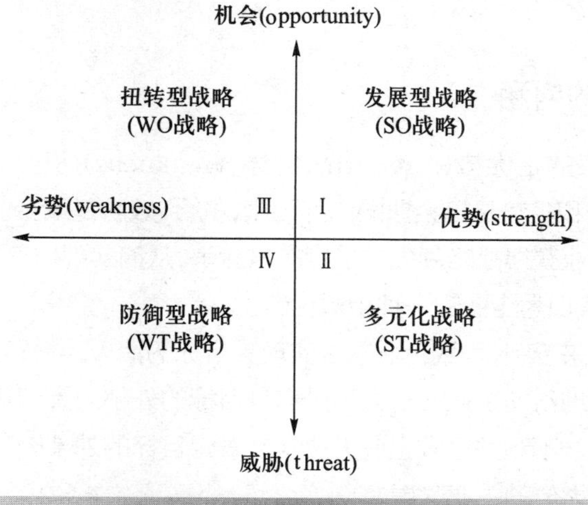

图 3–2 SWOT 矩阵图

处在第Ⅰ象限的企业，它的机会大于威胁，优势大于劣势，这种情况是最理想的，企业可以采取充分利用环境机会和内部优势的大胆发展战略。具体有集中化战略等。

处在第Ⅱ象限的企业，其威胁多于机会，优势大于劣势。针对这种情况，企业可以采取两种态度：一种是利用现有优势在其他产品或市场上建立长期机会，实行多种经营战略来分散环境带来的风险，这是具有其他发展机会的企业通常采取的态度。

处在第Ⅲ象限的企业，其机会大于威胁，劣势强于优势。这就要求企业应采取扭转型战略，以减少内部劣势，有效地利用外部环境带来的机会。

处在第Ⅳ象限的企业，其机会小于威胁，劣势强于优势。在这种情况下，企业可以采取减少产品或市场的防御型战略。

综上所述，SWOT 分析法是将内外部分析的结果在 SWOT 矩阵图上具体定位，从而确定企业应该采取的战略，给我们提供了一种战略思考的思路和框架。

本章小结

本章主要讨论了企业内部环境分析的要素及基本分析方法，具体内容包括：

竞争优势是战略管理研究的基本议题。竞争优势的一个明显表现就在于企业能够比竞争者向顾客提供更高的价值。价值的创造主要是由企业通过对自身所拥有的资源和能力进行创新性的组合利用而实现的。

战略的资源基础观认为，每个企业都拥有一些与其他企业所不同的资源和能力，资源是能力的基础，而能力又可以使企业从中发展出自己的核心竞争力，并获得竞争优势。

资源是企业拥有的、能够为顾客创造价值的各种投入。

企业能力是指企业对各种资源进行协调，并将这些资源投入生产性用途的技能和知识。企业的组织能力是组织结构、流程和控制系统的产物。组织能力是无形的和难以识别的，通常嵌入组织过程中。

核心竞争力是指能为企业带来竞争优势的企业资源与能力，它是在企业长期累积学习如何利用各种不同资源与能力的过程中所形成的。价值链分析能够将企业的内部核心竞争力与所处的外部环境整合起来，从而识别出企业获得竞争优势所需要的资源，并进行资源的优化配置。价值链是指企业将投入转化为顾客所重视的产出的一系列活动链。SWOT 分析是一种把企业外部环境和内部资源相结合的综合性分析工具。它从注重内部优势和劣势、外部环境的机会与威胁四个方面加以系统运筹，进而制定切实可行的战略实施方案。

关键名词

核心能力；价值链；SWOT 分析法；核心竞争力

思考题

1. 核心能力的基本特征包括哪些方面？

2. 企业价值链是什么？由哪些要素构成？

3. 企业内部环境的基本分析方法有哪些？

案例分析 1

内部环境分析

1. IFE 矩阵

IFE 矩阵的做法是从优势和劣势两个方面找出影响企业未来发展的关键因素，根据各个因素影响程度的大小确定权数，再按企业对各关键因素的有效反应程度对各关键因素进行评分，最后算出企业的总加权分数。通过 IFE 矩阵，企业就可以把自己所面临的优势与劣势汇总，来找出企业的全部引力。

该公司的主要优势在于其规模、房间入住率、房产以及长期计划，正如它们所得的 4 分所表明的。公司的主要弱点是其位置和近期的合资经营，总加权分数 2.75 表明该公司的总体内部优势高于平均水平。

2. 价值链分析

波特认为，应该结合对组织竞争优势的分析，了解企业资源使用与控制状况，必须从发现这些独立价值活动入手。

某复印机生产企业的价值链分析如图 3-3 所示。

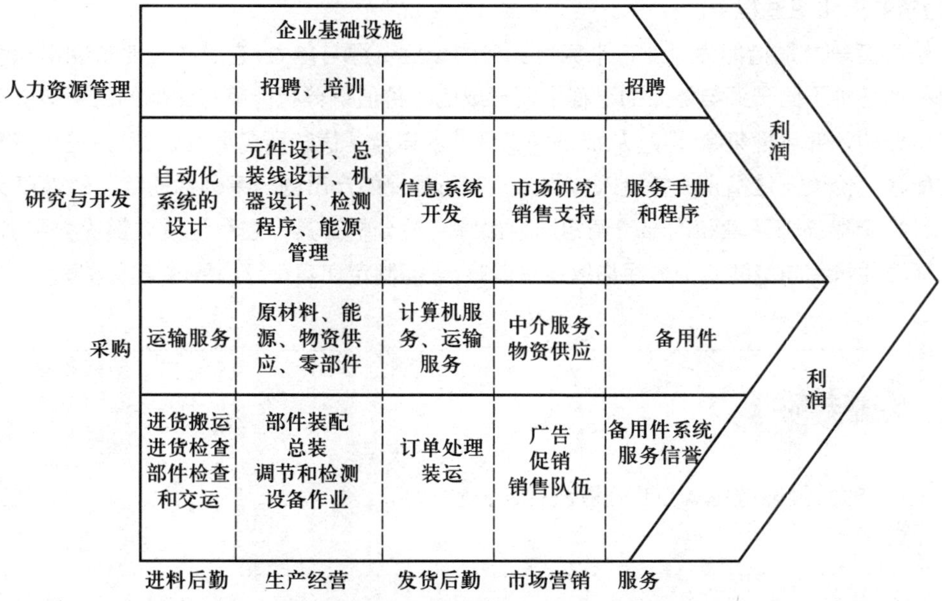

图 3-3 某复印机生产企业的价值链分析

价值链一旦建立起来,就会非常有助于准确地分析价值链各个环节所增加的价值。价值链的应用不仅仅局限于企业内部。随着互联网的应用和普及,竞争的日益激烈,企业之间组合价值链联盟的趋势也越来越明显。企业更加关心自己核心能力的建设和发展,发展整个价值链中一个环节,如研发、生产、物流等环节。

3. SWOT 矩阵①

SWOT 矩阵的建立过程如下:

(1) 确认企业当前执行的战略。这种战略可能是成功的,也可能是有问题的。

(2) 确认企业外部环境的关键性变化,把握可能出现的机会与威胁。虽然没有固定的数目,但以不超过 8 个关键点为宜。

(3) 根据企业的资源组合状况,确认企业的关键能力(优势)和受到的关键限制(劣势),同样,关键点最好不超过 8 个。

(4) 用与通用矩阵类似的方法,给所列出的外部环境的和内部条件的各关键因素逐项打分,然后按因素的重要程度加权并求其代数和。

(5) 将上述结果在 SWOT 分析表上具体定位,确定企业战略能力。如表 3-3 所示。

表 3-3 SWOT 分析表

	优势—S 1 2 3 列出优势 10	劣势—W 1 2 3 列出劣势 10
机会—O 1 2 3 列出机会 10	SO 战略 1 2 3 发挥优势,利用机会 10	WO 战略 1 2 3 利用机会,克服劣势 10
威胁—T 1 2 3 列出威胁 10	ST 战略 1 2 3 利用优势,回避威胁 10	WT 战略 1 2 3 降低劣势,回避威胁 10

表 3-4 是某西方企业根据 SWOT 矩阵进行战略选择的示例:

① 宋宝莉,黄雷. 企业战略管理 [M]. 成都:西南财经大学出版社,2016:83.

表 3-4 某企业 SWOT 矩阵

	优势—S ① 流动比率增长到 2.52 ② 盈利率上升到 6.94 ③ 员工士气高昂 ④ 拥有新的计算机信息系统 ⑤ 市场份额提高到 24%	弱点—W ① 法律诉讼尚未了结 ② 工厂设备利用率已下降到 74% ③ 缺少一个战略管理系统 ④ 研究开发支出增加了 31% ⑤ 对经销商的激励不够有效
机会—O ① 西欧的联合 ② 用户选购商品时对健康因素的关切 ③ 亚洲自由市场经济的兴起 ④ 对汤料的需求每年增长 10% ⑤ 美国与墨西哥自由贸易协定	SO 战略 ① 收购欧洲的食品公司(S1、S5、O1) ② 在墨西哥建生产厂(S2、S5、O5) ③ 开发新的健康汤料(S3、O2) ④ 组建在亚洲销售汤料的合资企业(S1、S5、O3)	WO 战略 ① 建立在欧洲销售汤料的合资企业(W3、O1) ② 开发新的产品(W1、O2、O4)
威胁—T ① 食品销售收入每年仅增长 1% ② ConAgra's Benquet 牌食品以 27.4% 的市场份额居于领先地位 ③ 不稳定的亚洲经济 ④ 罐头盒不能被生物降解 ⑤ 美元贬值	ST 战略 ① 开发新的微波炉加热食品(S1、S5、T2) ② 开发新的可生物降解的汤料包装(S1、T4)	WT 战略 ① 停止在欧洲的不营利业务(W3、T3、T5) ② 多元化经营,进入非汤料食品市场(W5、T1)

讨论:

上述的内部环境分析矩阵可适用哪种类型的企业?

案例分析 2

新东方的成长

1993 年,辞去了北大教职的俞敏洪,在北京中关村的一所小学的低矮的平房里创办了新东方英语学校。那时候,学校只有两三名教师,招生的办法是拎着糨糊桶到大街上刷小广告。13 年过去了,当年的新东方学校已经发展成为一家集教育培训、教育研发、图书杂志音像出版、出国留学服务、职业教育、在线教育、教育软件研发等于一体的大型综合性教育科技集团。2006 年 9 月 7 日,新东方成功登陆纽约证券交易所,发售了 750 万股美国存托凭证,开盘价为 22 美元每股,高出发行价 15 美元约为 46.7%,融资额为 1.125 亿美元,成为第一家在海外上市的中国教育培训公司。

长期以来,教育培训市场因为进入门槛低而竞争激烈。为什么新东方能异军突起,最后做大做强呢?根本的原因在于新东方一直秉承的教学理念,那就是不仅要教好专业内容,还要注重人文关怀,不遗余力地向学员们灌输积极向上的人生观。和大学里的思想品德教育不一样的是,新东方的灌输充满了幽默、智慧和个人体验,让人喜闻乐见,印象深刻。新东方执着于“追求卓越,挑战极限,从绝望中寻找希望,人生终将辉煌”的精神,把这种精神传递给来求学的每一位学员。很多学员在多年以后可能再也找不着新东方留给自己的技术层面的知识了,却可能仍然念念不忘当年所受到的精神鼓舞和激励。为什么说这是新东方成功的根本原因呢?因为教育培训从本质上来说提供的是一种体验型消费,而培训市场营销的最大特点是口口相传的人际效应。新东方创建了一个不但能育才而且能立志的独特的文化氛围,这使新东方赢得了口碑,树立了品牌,从众多的竞争者中脱颖而出。

熟悉新东方历史的都知道,俞敏洪创业前是北大英语教师,但是他当初进入北大学习后最差的一门功课就是英语。按照他后来自嘲的话来描述,这个来自江阴农村的孩子在英语课上基本上听不懂老师在说什么。俞敏洪选择了刻苦攻读、奋起直追,最后以优异的成绩留北大任教。这段故事之所以有趣而且有意义,是因为它完全预示了俞敏洪和他创办的新东方后来走过的成长历程。俞敏洪不是天才的企业家,甚至在很长时间里,对管理一窍不通。跟他当年的英语水平所引来的讥讽一样,他的管理能力同样引来了嘲笑——竟然是来自直言不讳的新东方的同事。然而,俞敏洪通过不断学习、反思、实践,最终找到了自己的管理之道,顺利实现了组织转型,把新东方从最初的“夫妻店”和“哥们儿帮”推上了现代企业制度的轨道。俞敏洪能够做到这一点,也许来自他一直念念不忘的北大精神,那就是既坚忍不拔,又永远保持谦卑胸怀,不断学习和创新。

如果不是有这样的学习能力,新东方可能在1999—2000年的关键时期就四分五裂了。新东方原来实行的制度用俞敏洪的话说叫作“糖纸原则”,即加盟的人开拓业务,得到“糖块”(即实惠),留下“糖纸”(即品牌)。这个制度极大地推动了早期的业务发展。新东方从1994年开始就一直在进行多级跳跃,比如,1998年比1997年增长近100%,2000年比1999年增长200%,2000年新东方的教学收入接近1亿元。然而,随着业务的发展,特别是随着市场形势的变化,新东方原有的制度暴露出了弊端,因为糖纸制度的另一个直接结果是新东方的创业元老们都成了各路诸侯,每人都有自己的地盘。当市场中的商机发生倾斜时,各路诸侯间因为利益边界问题产生纷争和冲突。为此,新东方从2000年开始进行股份制改造,成立东方人教育科技发展有限公司,重新整合新东方产业资源。在新组建的董事会,俞敏洪身兼董事长和总裁职务。有趣的是,股份制改革后,俞敏洪却遭到元老们的逼宫,因为他们担心以后再也分不到“糖块”了。当时的情形大有要么俞敏洪禅让或者被逐出,要么元老们集体离去拆了新东方的台之势。面对危机,俞敏洪采取的是以真诚换信任,留住了一部分元老,不但顺利化解了危机,而且为公司的大发展铺平了道路。

组织转型之后,新东方开始改变商业模式。简而言之,商业模式的改变表现为创建校园、业务拓展和地域扩张。新东方长期以来一直专注于利用租用教室进行短期培训。这种办学模式的最大弊端是难以形成自己的校园文化。为此,从2002年开始,新东方开始向长期教育领域拓展业务，同时投资巨款建造属于自己的实体校园。首先，新东方在北京的中关村黄金地段购买了一座办公大楼。接着在北京郊区兴建一座能够容纳 1.5 万人就读的新东方校园。随后，新东方开始走出北京乃至国门，不断开辟疆土，进行扩张经营。2002 年，新东方投资 2.3 亿元在江苏扬州建起了占地 355 亩、可容纳 400 名学生就读的新东方扬州外国语学校。2004 年 5 月，新东方在加拿大的多伦多和蒙特利尔开办了学校，正式进军海外教育市场。

与此同时，新东方开始涉足与教育和文化事业相关的一些商务领域，成为一个多元化经营的集团公司，旗下拥有新东方教育发展研究院、新东方文化发展研究院两家专业研究机构，以及北京新东方大愚文化传播有限公司、北京新东方迅程网络科技发展有限公司、北京新东方前途出国咨询有限公司等。其中，北京新东方大愚文化传播有限公司主要从事图书、期刊、音像的编辑、出版、发行及零售业务；北京新东方迅程网络科技发展有限公司致力于以外语培训为主、以多种职业考试培训为辅的在线教育服务和远程培训服务；而新东方前途出国咨询有限公司，则致力于为无数新东方学员提供出国留学和移民咨询服务。

讨论：

1. 如何认识新东方的核心竞争力？
2. 上市后的新东方将面临哪些新的挑战？

即测即评

请扫描右侧二维码，进行即测即评。

第四章 战略制定

学习目标

1. 领会企业愿景的内涵与意义；
2. 掌握企业愿景的建立原则及开发过程；
3. 理解企业使命的特征及重要性；
4. 了解企业使命的构成和陈述要素；
5. 明确企业经营宗旨的含义及类型；
6. 理解企业战略目标的含义、作用及特征；
7. 知道制定企业战略目标的方法。

开篇案例

华为：基于客户需求和技术领先的持续创新[①]

作为全球领先的信息与通信技术(ICT)解决方案供应商，华为技术有限公司(以下简称“华为”)成立30多年来，一直专注于ICT领域，坚持稳健经营、持续创新、开放合作，在电信运营商、企业、终端和云计算等领域构筑了端到端的解决方案优势，为运营商客户、企业客户和消费者提供有竞争力的ICT解决方案、产品和服务，并致力于在未来的信息社会中，构建万物互联的智能世界。

华为以“构建万物互联的智能世界”为自己的发展愿景，“以客户为中心，基于客户需求和技术领先持续创新，构建共赢生态”为自己的企业使命，十几万人，30多年来坚持聚焦在主航道，抵制一切诱惑；坚持不走捷径，拒绝机会主义，踏踏实实，长期投入，厚积薄发；坚持以客户为中心，以奋斗者为本，持之以恒，自我批判，成长成为今天行业的佼佼者。目前，华为约有18万名员工，业务遍及全球170多个国家和地区，服务全世界1/3以上的人口。

一、华为的价值主张

随着ICT技术的加速融合，以云计算、大数据为特征的技术正在成为引领和促进ICT行业创新和发展的核心技术。新的技术创新，不仅全方位地重构CT产业，而且通过IT和CT产业融合带来巨大的商业发展机遇。为适应这一革命性变化，华为围绕客户需求和技术领先持续创新，与业界伙伴开放合作，聚焦构筑面向未来的信息管道，致力于构建万物互联的智能世界，持续为客户和全社会创造价值(见图4-1)。力争成为运营商客户面向未来转型的战略合作伙伴，成为领先的企业ICT基础设施提供商，成为消费者喜爱和信赖的、全球领先的智能终端品牌。

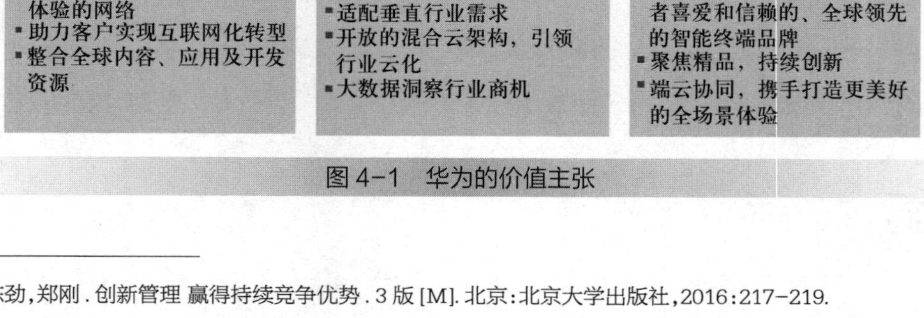

图4-1 华为的价值主张

---

① 陈劲，郑刚．创新管理 赢得持续竞争优势．3版[M]．北京：北京大学出版社，2016：217-219.

1. 无处不在的宽带

互联网使得信息的传播和获取更加便捷，人们将越来越渴望能在任意时间、任意地点使用任意设备连接到网络，尽情体验快速增长的高质量内容和应用，享受移动办公带来的便利。企业IT向数据中心和云服务的迁移，将对网络提出更高的需求。面对即将到来的数字洪水，网络需要变得更宽、覆盖更广、更敏捷，让更多的人享受到网络带来的好处。

由于消费者对网络连接、带宽、可靠性和安全性的需求还远远没有得到满足，因此，华为将针对全球不同运营商所处的不同发展阶段，不同解决方案需求，进行有效适配，与客户共同应对商业和技术上的挑战。

华为将致力于帮助运营商提升网络容量、优化网络管理，实现互联网化运营；在新架构、新技术等方面持续创新，向客户提供技术领先、平滑演进的产品和解决方案，帮助客户建设高效的基础网络；帮助运营商实现现有IT资源整合，以及网络的NFV/SDN转型；聚合优质内容资源，帮助运营商提升收入；支撑运营商数字化运营，实现ROADS(Real-time, On-demand, All-online, DIY, Social)体验，使人们更加自由地享受无处不在的宽带。

2. 敏捷创新

展望未来，ICT仍处于快速发展阶段，移动性、云计算、大数据和社区化等新趋势正在引领行业开创新的格局；世界正在发生深刻的数字化变革，互联网正在促进传统产业的升级和重构。

各行各业需要快速洞察商机，并借助IT不断提升组织的协同，更快更好地将新产品、新业务推向市场。信息技术正在从支撑系统转变为生产系统，成为企业的核心竞争力。

华为致力于成为创新的“一站式ICT基础设施提供商”，提供基于全面云化的网络基础设施、云计算的数据中心基础设施和数字基础设施解决方案，帮助客户提升网络存储、计算资源的使用效率，实现业务系统的快速部署、精简运营和高效管理；提供行业解决方案以有效适配垂直行业需求；提供基于大数据的智能数据分析系统，帮助客户洞察商机，实现敏捷的商业创新。通过合作、创新，华为将自身的ICT产品嵌入合作伙伴的行业解决方案中，让产品能够适配行业化需求，并易于合作伙伴集成。

未来30年是企业逐渐拆除传统数据中心、向混合云迁移的30年。华为致力于构建开放的混合云架构，引领重点行业云化，使运营商全面云化，并率先完成自身云化，将产品和服务通过云的方式提供给客户。

3. 极致体验

未来智能终端将不断丰富和加强人类情感、需求的识别以及对外部环境的感知，成为人们生活方式中不可缺少的工具和伙伴。

华为将通过工业设计创新和关键技术创新，聚焦精品，持续打造设计时尚、领先创新、安全易用的高品质产品；通过构建应用和服务的生态系统，围绕个人健康与生活、工作、家庭、出行等各种场景，提供手机、智能手表、智能终端等产品和服务，聚焦端云协同，携手打造更美好的全场景体验，与用户建立长期情感连接；为全球用户提供O2O的购买体验和服务，全方位提升用户体验。

二、华为的创新哲学

1. 客户需求是创新之本

华为的成功,首先是哲学与文化的成功,同时也是创新的成功,但华为创新的基础理念是,紧紧抓住市场需求、客户需求。许多著名企业失败的原因在于技术崇拜和资本至上。华为投入了世界上最大的力量进行创新,但华为反对为创新而创新,推动的是有价值的创新。

2. 开放式合作是创新的基石

体现在三个方面:第一,"以土地换和平"的技术路线,包括专利互换、支付专利费等。仅华为支付给美国高通公司的知识产权费用,累计已经超过7亿美元。第二,与竞争对手、客户等建立战略伙伴关系。例如与德州仪器、摩托罗拉等成立联合实验室,与西门子、3COM等成立合资企业。第三,华为的愿景是丰富人类的沟通与生活。华为的创新战略是利用全世界的智慧为华为服务。目前,华为已经与全球200多所大学、研究机构开展了研发合作。

3. 基于开放式、学习型的创新理念

在研发流程、供应链、人力资源、财务体系、市场体系等方面,都花费巨资聘请了国际顶尖咨询公司,使华为整个组织管理能力都有了巨大提升,为全球化奠定了基础。

4. 开放、包容、鼓励试错是创新之源

任正非有个观点叫作"灰度理论",反对非黑即白的用人观。任正非多次讲,我们是一支商业部队,华为要容得下各种异类人。另外,华为也有"蓝军"参谋部,公司从高层到基层组织,都在有意识地培养蓝军参谋,任务就是唱反调,虚拟各种对抗声音,建立红蓝对抗机制。

三、华为的创新实践

1. 技术创新

华为从1992年开始,就坚持每年将销售额的10%投入研发,其研发人员占员工人数的48%,是全球研发人数最多的公司。华为在欧洲等发达国家市场的成功,得益于两大架构式颠覆性产品创新,一个叫分布式基站,一个叫SingleRAN。后者的设计原理,是指在一个机柜内实现2G、3G、4G三种无线通信制式的融合功能,理论上可以为客户节约50%的建设成本,也很环保。竞争对手们也企图对此进行模仿创新,但至今未有实质性突破,因为这种多制式的技术融合,背后有着复杂无比的数学运算,并非简单的积木拼装。

2. 产品微创新

30多年不间断的、大量贴近客户的微创新是华为成长的一个重要因素。曾经,华为的交换机卖到湖南,一到冬天许多设备就短路,什么原因呢?把一台出故障的设备拉回深圳,一帮人不分昼夜地琢磨到底是怎么回事。最后发现罪魁祸首是老鼠尿,尿液导致断电,华为的工程师们就针对这一问题进行了产品改造,问题很快就解决了。据估计,30多年里,华为面向客户需求这样的产品微创新有数千个。

3. "工者有其股"的制度创新

这是华为最大的颠覆性创新,是华为创造奇迹的根本所在,也是任正非对当代管理学研究的重大贡献——如何在互联网、全球化的时代对知识劳动者进行管理。华为创立的第一天起，任正非就给知识劳动者的智慧——这些非货币、非实物的无形资产进行定价，让“知本家”作为核心资产成为华为的股东。华为已有将近8万名股东。最新的股权创新方案是，外籍员工也将大批量地成为公司股东，实现完全意义上的“工者有其股”，这无疑是未上市公司中员工持股人数最多的企业，也无疑是一种创举，既体现着创新领袖的奉献精神，也考验着管理者的把控能力。

4. 决策体制的创新

美国的美世咨询公司在2004年为华为进行决策机制的咨询，提议让任正非主持办公会，任正非不愿意，就提出了一个模型，叫轮值COO。7位常务副总裁轮流担任COO，每半年轮值一次。轮值COO进行了多年，结果是什么呢？首先是任正非远离经营，甚至远离管理，变成一个头脑越来越发达，“四肢越来越萎缩”的领导者。真正的大企业领导者在企业进入相对成熟阶段时一定是“畸形人”，脑袋极其发达聚焦于思想、文化和企业观念层面的建设。要“四肢萎缩”，否则就会时常指手画脚，下面的人就会无所适从。后来，华为开始推行轮值CEO制度，实现了决策体系的动态均衡。

华为这种决策制度的创新，从体制上制约了山头文化，为公司包容、积淀了五湖四海的杰出人才。同时，这种创新体制也使整个公司的决策过程越来越科学化和民主化。

华为公司的创新思想和实践体现了企业的愿景、使命在企业发展中的引领作用。企业采用何种战略，实际上要从根本上体现企业存在的理由，即价值观、核心理念及经营宗旨，并朝着企业设定的愿景目标而努力奋斗。管理大师德鲁克曾经说过：一个企业不是由它的名字、章程和公司条例来定义，而是由它的任务来定义，企业只有具备了明确的任务和目的，才可能制定明确和现实的企业目标。企业使命的重要性可见一斑。纵览那些基业长青的公司，都保持着稳定不变的核心价值观念，并以此作为动力和法则来不断地适应着变化的外部世界，塑造了令人敬仰的企业文化和伟大的实业。德鲁克指出，建立一个明确的企业使命应成为战略家的首要责任。任何一个企业的使命都是不可度量的，而是对态度、愿景和方向的描述。企业使命为企业发展指明了方向，是企业战略制定的前提和基础。

第一节 企业愿景

一、企业愿景的内涵

“愿景”（vision）一词被广泛应用于社会、政治、经济等领域，企业愿景是指企业所描述的关于未来成就的理想化定位和生动性蓝图。它是一种梦想，可以通过长期的努力最终变成现实；它是一种信念，可以强化和改善人们对组织的承诺和责任感；它是一种期待，可以使企业和员工诚心诚意地通过引导资源投入去获得一种值得去付出努力的满意性结果。愿景也是一个组织的领导用以统一组织成员的思想和行动的有力武器，是企业发展的蓝图，体现企业永恒的追求。制定愿景就是为了解决这样一个基本问题：“我们要成为什么样的企业？”

彼得·德鲁克认为，企业要思考三个问题：我们的企业是什么？我们的企业将是什么？我们的企业应该是什么？这三个问题集中起来体现了企业的愿景，即企业愿景需要回答以下三个问题：我们要到哪里去？我们的未来是什么样的？我们的目标是什么？

企业愿景明确界定企业在未来是什么样子，对其“愿望”主要是从企业对社会的影响力、贡献力，在市场或行业中的排位，以及与企业利益相关群体之间的经济关系来陈述的。

企业发展过程中，尽管经营实践活动总是根据外部市场环境和内部情况的变化而不断地进行调适，但其核心价值观或核心经营理念却应当始终坚守。一个有效的愿景，其逻辑结构应包括两个主要成分：企业的核心经营理念和生动的未来前景。

1. 企业的核心经营理念

“核心经营理念”界定了我们的主张是什么以及我们为什么存在。在企业成长、分权、实行产品多元化、全球扩展的过程中，核心经营理念是一种自始至终把组织聚合起来的黏合剂。事实上，核心经营理念表达了组织长期保持竞争优势的基本原则，超越了产品或行业的寿命周期、技术突破和管理嬗变，具有经久不衰的特征，是组织得以持续经营的基础，对企业战略具有持久而重大的影响。核心经营理念实际上就是企业的使命。

2. 生动的未来前景

生动的未来前景是组织渴望创造、渴望实现的东西，是需要经过明显的变革与发展、花大力气才能获得的东西。包括两个部分：其一，是若干年（通常是 10~30 年）后可实现的终极目标，如在某件事上做得最好，或在某个方面做得最好或者成就最大；其二，是对实现目标后生动、形象、独特的描述。因此它是有形的、激动人心的、令人向往的、鼓舞士气的，且又是易于理解、无须解释的。

目标远大的公司经常使用未来展望作为促进进步的一种特别有效的手段。一个有效的发展蓝图具有强大的吸引力，人们会不由自主地被它吸引，并全力以赴地为之奋斗。此外，成功企业的愿景，既超越企业发展的现状却又不过分。因为不切实际的目标并不能说服企业的员工为之奋斗，反而会挫伤大家的积极性。

二、建立企业愿景的意义

愿景是企业制定战略不可或缺的因素。愿景帮助企业管理者审视企业发展的方向，以解答问题的方式明确企业发展的方针。一个精心构思、恰当表述的企业愿景，将为企业起到如下作用：

（一）团结

企业愿景可以加强员工对企业的归属感和认同感；同时，被企业全体成员接受的愿景，还能起到激励员工工作热情和团队协作的作用，使之能够更好地实现企业的整体目标。

（二）激励

一个美好的愿景不仅能够激发人们强大的凝聚力和向心力，还能产生伟大的感召力，激发员工挖掘内在的潜力。愿景和现实之间的张力，可以为企业提供宝贵的动力和活力，这是每个企业都孜孜以求的。同时，愿景向企业提供新机会的方向，使企业认识到未来机会，根据愿景制定战略，并为企业培养和强化核心能力提供指导。

（三）合作

愿景是企业和合作伙伴建立联系的有力工具，是企业与外部利益集团进行交流的最好形式之一，它使外部利益集团能了解企业发展的设想和努力的方向，因而能更实际地支持企业的活动。

三、建立企业愿景应该遵循的基本原则

愿景是企业发展的阶段性理想，是企业期望达到的中长期战略目标与发展蓝图，随着时间的推移以及企业内外部环境条件的变化，企业进入新的发展阶段，企业愿景也需要重新设定，以新的目标引导企业走向新的成功。企业愿景的建立要突出“五个超越”：超越现有资源、超越内部优势、超越企业现金财务局限、超越既定关键技能的局限、超越企业内部成功的程序规则。具体来说，企业愿景应遵循以下基本原则。

（一）宏伟

一个愿景要能够激动人心，就不能是普通和平凡的，而必须具有神奇色彩。要能够超越人们所设想的“常态”水准，体现出一定的英雄主义精神。大多数人是为了一种意义而活着，并追求自我实现。远大的组织愿景一旦实现，便意味着组织中个人的一种自我实现。因此，愿景规划的真正意义在于，通过确立一种组织自我实现的愿景，将它转化为组织中每个人自我实现的愿景。而要达到自我实现，愿景必须宏伟。

（二）振奋

表达愿景的语言必须振奋、热烈，能够感染人。人是有感情的动物，只有用热烈的语言才能激发起人们的情感力量。共同愿景越令人振奋，就越能激励员工，影响他们的行为。愿景规划给人鼓励，它为人们满足重要需求、实现梦想增添了希望。

（三）清晰

愿景还必须清晰、逼真、生动。愿景是一种生动的景象描述，如果不清晰，人们就无法在心目中建立一种直觉形象，鼓舞和引导的作用也难以发挥。例如，亨利·福特的“使汽车大众化”，就非常形象生动。福特还进一步表达了他的愿景：“我要为大众生产一种汽车，它的价格如此之低，不会有人因为薪水不高而无法拥有它，人们可以和家人一起在上帝赐予的广阔无垠的大自然里陶醉于快乐的时光。”

（四）可实现

愿景“宏伟”的原则并不意味着愿景的规划必须十分夸张。相反，只有可实现的“宏伟”才有意义。因为愿景不是单纯为了激发想象力，而是激发坚定的信念，愿景如果不能被认为是可实现的，就不可能有坚定信念的产生。

四、企业愿景的构建方法

企业愿景的构建通常要考虑以下 7 个方面的因素（见图 4-2），并且在此基础上进行归纳和提炼：

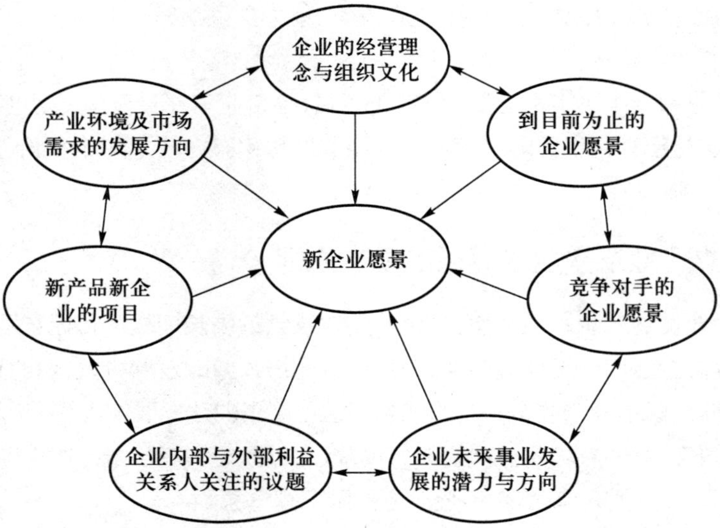

图 4-2 企业愿景的构建方法

第一，企业经营理念与组织文化。企业的经营指导原则及其对创新发展的追求，足以影响企业创新产品的走向，而此方面则需征求企业高管层及其员工的意见。

第二，产业环境及市场需求的发展方向。市场、顾客与产业是朝哪个方向发展的？反复分析其方向目的在于掌握产业与市场变化的方向，进而找到新的发展方向。此方面的研究需经由环境变化、消费者需求、产业变化指标的汇集分析，方能了解与掌握企业未来发展的方向。

第三，到目前为止的企业愿景。此方面的思考在于探究出该愿景的达成与实施情况，同时了解其对创新商品的看法，经由研究与探讨，将可逐渐构建未来的企业愿景。

第四，竞争对手的企业愿景。对竞争对手的发展方向与愿景的了解，将有助于企业愿景的拟订，并构建出可以超越竞争对手的竞争战略。

第五，企业未来事业发展的潜力与方向。为了支持企业发展与创新，借由针对企业发展的关键成功因素的了解与分析，以确立新商品、新企业的发展方向。

第六，企业内外部利益相关者关注的议题。借由此方面的分析，将有助于企业确认其应发展的业务方向，以达到顾客满意、员工满意与股东满意的业务开发目标。

第七，新商品新企业的项目。经由此方面的了解，企业将能确定应该往哪个新商品的发展方向努力，而在了解其应该发展的新商品之后，就能发掘出其开发与创新业务的创意与创新机会。

五、企业愿景的开发过程

企业愿景强调以组织为对象，是经由组织沟通过程所形成的共同愿望。只有个体成员认可并支持企业愿景，才会激发起大家积极工作的动力。所以，开发企业愿景的中心任务在于如何能够在最大限度尊重个人愿景基础上，达到一个能够获得大家认可和支持的共同愿景。企业愿景的开发主要包括以下几个方面的工作：

(一) 建立规划小组

如果企业愿景只是高层管理者的个人意愿,并没有获得企业内部员工的认可和支持,这种愿景将很难给人们带来一种持久的精神动力。所以,开发企业愿景的首要工作是组建一个规划小组。为了保证企业愿景的先进性和广泛的代表性,这一规划小组一般以6 ~ 10人为宜,这个小组将通过深度访谈、问卷调查、座谈会等多种形式,以期获得企业未来形象和状态的看法。

(二) 形成愿景的核心要素

形成愿景的核心要素可分为两步:第一步,要求小组内的每一个成员说出各自心目中组织的情形状态是什么样的。把各自的观点看法压缩为简短的句子或者几个词组。第二步,要求小组的每个成员讨论他们各自的愿景:每个成员对自身以及对所在组织的抱负是什么,他们的期望是什么,本小组以及关于整个组织的具体目标、价值观和观念是什么。

(三) 讨论这些核心要素

经过前期两个阶段,已形成了愿景的一些可能的要素清单。这时,小组成员通过头脑风暴的方法来判断哪些因素对愿景来说是关键的。

(四) 测试可接受程度

对愿景进行测试的目的旨在检查愿景与组织行为、组织绩效的关系。一般来说,可以选择企业的一个或少数几个部门来测试愿景的可接受程度。重点关注的是该部门员工对这个愿景的反应积极吗?如果存在抵制情绪,那么这种抵制情绪产生的原因是什么?是不是需要再次修正愿景呢?

(五) 在组织内推广愿景

企业愿景通过测试后,应当报经董事会批准,然后再形成正式文件对外传播。企业可以考虑以一种令人激动并能够被深深吸引的方式来传播企业愿景,从而在企业内外形成一种共鸣的效果。需要引起高度重视的是,企业所借助的所有传播工具应当维持并传递清楚、单一、共享的企业未来形象和远大目标的定位,领导者的行为方式应该与他们所宣称的价值观保持一致,愿景的解释以及从中得出的价值要明确,从而使各项传播工具的口径统一。

第二节 企 业 使 命

一、企业使命的内涵

使命(mission),按照《现代汉语词典》的解释,就是责任。这种责任是重大的、历史的、沉淀在血脉之中的。使命是人(不管是自然人还是法人)的存在与否对于其关系人和社会所产生的价值贡献。

企业使命是指企业战略管理者确定的企业生产经营的总方向、总目的、总特征和总体指导思想。它反映了企业管理者的价值观和企业力求为自己树立的形象,揭示了本企业与同行其他企业在目标上的差异，界定了企业的主要产品和服务范围，以及企业试图去满足的顾客需求。

企业使命是企业的一种根本的、崇高的责任和任务，是对企业目标的构想。换言之，企业使命是企业之所以存在的理由与价值追求。一方面，它是企业“存在理由”的宣言；另一方面，它是企业的价值设计，反映和体现企业的宗旨、核心价值观和未来方向，企业使命是企业生存的基石。

二、企业使命的特征

（一）导向性

企业使命对企业的生存发展具有导向作用。在确定企业使命时，应确切定义企业，明确说明企业的目标，体现企业的差异化特点，它可以作为评价现实及将来企业各种活动的基准。其重点是树立发展方向，提供激励，树立形象，建立基调和宗旨，指导企业排除某些风险，促进企业成长。

（二）激励性

企业使命既要表达股东的意志和诉求，又要反映员工的憧憬。有效的企业使命，能够高屋建瓴，体现企业上下乃至利益相关者的共同利益，能够唤起员工对企业的忠诚和热情，并乐于为之奉献，认为值得为其付出。使命有利于提高企业的声誉，强化企业对客户的吸引力，促进资源所有者的支持，使企业员工产生光荣感、自豪感，从而更加自觉地为实现企业战略目标而努力工作。

（三）稳定性

在确立企业使命之前，要群策群力、集思广益，不可草率行事。但作为企业长远追求的战略使命一经确定，不得轻易改动，要维护其严肃性和权威性，使之具有相对的稳定性，不能因为企业内外部环境的变化而随时变化。除非企业内外环境发生重大变革，企业使命不得不做相应的调整和修正。

经营实践中正反两方面的实践表明，那些基业长青、持续发展的企业，能够始终坚持企业使命，哪怕是在企业最困难的时候，也毫不动摇；反之，那些昙花一现的企业，在使命问题上缺乏定力，奉行机会主义哲学，随波逐流，不能坚守使命，甚至背离初衷，其结果是风光一时，却不能持续经营。

三、企业使命的重要性

第一，为企业的发展指明了方向。企业使命从总体上指引企业的经营方向和发展道路，为企业成员理解企业的各种活动提供依据，确保企业内部对企业目标达成共识；企业使命还能为企业在外部公众中树立良好的企业形象，使企业获得发展的外部支持。

第二，企业使命是企业战略制定的前提，是战略方案制定和选择的依据。企业在制定战略过程中要根据企业使命来确定自己的基本方针、战略活动的关键领域及其行动顺序等。

第三，使命是企业战略行动的基础，是有效分配和使用企业资源的基础，为企业战略的实施提供激励。有了明确的使命，企业才能把有限的资源分配在能实现企业使命的经营事业和管理活动中，而且，企业使命能够为企业明确经营方向、树立企业形象、营造企业文化，进而为战略的实施提供激励。企业管理要以企业使命为依据，为实现使命而服务。企业使命还能对全体员工的行为起规范作用，规范员工的职业道德、工作作风和发展轨迹。企业使命为社会各界监督企业的活动也起到标准作用，企业的利益相关者都会以使命为标准对企业实施有效的监督，监督也同时会促进企业履行自己的使命。

四、企业使命的构成

企业的使命总体来说包括企业哲学和企业宗旨。企业哲学是企业的价值观、态度、信念和行为准则，它由企业经营活动中的指导思想、基本观点和行为准则构成。企业宗旨是企业现在和将来应该从事什么样的活动，以及应该成为什么性质的企业或组织类型的陈述。具体来看，企业使命一般包括以下几个方面：

(1) 企业经营理念。企业经营理念是指企业的基本哲理、信念、价值观和抱负，是企业的行动准则，对企业的各种行为具有指导和约束作用，企业可以据此对自己的行为进行自我控制。

(2) 企业目的。企业所要达到的目标是多元性的，有经济目的、社会目的和其他目的。从时态上讲，企业有当前目的和未来目的。在战略决策中，企业不能只注重短期目标，而忽视其长期为之奋斗的目标。在日益激烈变化的市场环境中，企业只有真正关注其长期增长与发展方向，才能长治久安。

(3) 企业经营范围。企业的性质和任务，是由企业的经营范围决定的。企业的经营范围涉及三方面的内容：企业经营业务、市场、采用的技术，也就是回答企业是什么、客户是谁、客户需求的价值是什么等问题。企业经营者应密切关注外界因素的变化，使企业的经营范围适应社会需求的发展变化。

(4) 企业的定位。定位决定地位，布局决定结局。企业在竞争中，要根据自己拥有的资源，以及所提供产品和服务的市场，客观地评价自身的优劣条件，进行准确的定位。包括产业定位、市场定位、竞争定位等，这些都是企业确定竞争原则和策略的前提。

(5) 公众形象。企业的公众形象和市场对企业的整体印象，是企业的表现与特征在公众心目中的反映和评价，它取决于满足公众对企业期望的程度，以及承担社会责任的程度。因此，企业要在公众中树立良好的形象，不仅要创造价值、遵纪守法、诚实经营，还应努力满足公众期望，尽到自己的社会责任。

(6) 利益群体。与企业相关的利益群体，在企业内部有董事会、股东、管理者与职工；在企业外部有客户、竞争者、供应者、批发商、零售商、债权银行、行业协会、政府机构和一般公众等。企业在从事生产经营活动时，必须充分关切企业内外这些群体的利益诉求，并尽量满足他们的合理要求。

五、企业使命陈述

为了使企业的内涵能够清楚明确地传达给组织内外的相关人士，要进行企业使命陈述，作为企业存在理由和态度的宣言公之于世。使命陈述（mission statement）是对组织压倒一切的目标的概括性陈述，它可以被理解为对组织存在的理由的表述。如果组织内部或者利益相关者之间对组织的使命上存在重大分歧，那么在确定组织战略方向时将会遇到一些真正棘手的问题。

企业使命陈述的主要目的是表达目前企业做什么，因此，企业使命不一定是越长越好，只要能清楚地表述企业的“有所为，有所不为”便是一个好的使命宣言。不同企业的使命会有一定的差异，有效的使命陈述一般包括以下要素。

（1）客户（customer）。谁是企业的客户？他们在哪里？

（2）产品或服务（products or service）。企业的主要产品或服务是什么？

（3）市场（markets）。企业在哪些地理和市场范围竞争？

（4）生存、增长和盈利（survival，growth and profitability）。企业是否努力实现业务的增长和良好的财务状况？

（5）员工（employees）。企业是否视员工为宝贵的资产？企业应该如何看待员工？

（6）观念（philosophy）。企业用来指引成员的基本价值观、信念和道德倾向是什么？

（7）技术（technology）。企业的生产技术如何？是不是最新的？

（8）公众形象（public image）。企业试图塑造的大众形象如何？企业是否对社会、社区和环境负责？

（9）自我认知（self-concept）。什么是企业的独特能力和主要竞争优势？

海内外成功的企业都有自己明确的使命。

六、企业使命表述要诀

企业使命的表述要把握以下方面：

第一，表述应以“需求导向”而不是“产品导向”。立足需求特别是创造需求来概括企业的存在目的，可以使企业围绕满足不断发展的需求开发出众多的产品和服务，获得新的发展机会（见表 4-1）。

表 4-1　使命表述的“产品导向”和“需求导向”对比

公司	产品导向表述	需求导向表述
玛丽化妆品公司	生产女士化妆品	创造魅力和美丽
美国电话电报公司	生产电话设备	提供信息沟通工具
埃克森公司	出售石油和天然气	提供能源
迪士尼公司	提供娱乐场所	组织娱乐休闲活动，给千百万人带来欢乐

第二，表述范围既不能太宽也不能太窄。范围太宽可能在语义上太模糊而显得空洞无物，不着边际，从而丧失了企业的特色；范围太窄，会由于语义上的局限而失去指导意义，失去与目标市场相似领域中的重要战略机会而限制企业的发展，如表 4-2 所示。

表 4-2 使命表述的宽窄对比

公司	不合适的表述	合适的表述
制笔公司	提供信息传递服务(太宽)	提供信息记录手段
电影公司	制作影片(太窄)	提供文化娱乐服务 (注:可向电视音像方面发展)

把握企业使命陈述的宽窄度是一项不容易的任务,它需要制定者充分了解本企业真正的兴趣所在,并且在需要的时候不断对之进行修改。我们常常发现,很多战略管理人员或高层主管因为专注于日常经营,往往忘记了企业经营的本质,而迷失了未来的大方向。同时,也有很多战略管理人员只是为了赶时髦才制定使命,而这样的使命只是摆设,并不能真正发挥指引的效果。一个精心制定的使命陈述并不需要进行经常性的重大修改,有效的使命陈述应经得起时间的考验。

凡是成功的企业,其必定有一个有效的企业使命,要制定有效的企业使命必须满足三点:第一,适用性原则。使命不是“摆设”,而是给企业全体员工甚至是约束企业的一个经营理念。第二,追求的“启明星”。使命必须体现企业所追求的深层次目的。第三,必须易于理解和便于记忆。众所周知,文字的东西如果不能很好地理解并记在脑子里,就失去了文字的意义。相反,如果这些文字简洁且便于记忆,那么它发挥的作用将会是很大的。

七、企业愿景与企业使命的关系

由于企业使命和企业愿景从广义上看具有相同的内涵,所以现实中常常被混用。但是,从狭义上分析,企业愿景描述的是关于一种未来心神向往的境界,更侧重于从企业自身的角度出发;而企业使命所提出的是关于企业经营的总方向和总目的,以及如何满足顾客需求的总体指导原则和经营思想的看法,更侧重于从企业所从事的经营业务性质和内容的角度出发。

从战略管理的角度来看,企业愿景和企业使命是极为重要的两个概念。企业愿景可以为企业战略的制定阐述美好的未来,带给所有利益相关者一种期待;企业使命可以为企业战略的制定提供前瞻性的可获得的顾客利益保证和潜在的价值创造。

企业愿景和企业使命的区别,如表 4-3 所示。

表 4-3 企业愿景与企业使命的比较

比较项目	企业愿景	企业使命
出发点	企业自身	外部利益相关者,尤其是顾客
立足点	企业未来的理想状态	试图满足的顾客需求和潜在利益
涉及的时期	漫长的时间段	相对较长的时间段
强调的重点	令人激动,激发士气	明晰方向,提高指导实践针对性
设计的效果	可望而暂不可即的梦想	可望也是可即的理想

第三节 企业经营宗旨

一、企业宗旨的含义

企业宗旨是指企业经营活动的主要目的和意图，表明企业思想和企业行为。企业宗旨所要回答的问题是企业将从事何种事业、用户是谁以及如何为用户服务。决定企业经营范围的应该是顾客的现实与潜在需求。因此，企业宗旨的确立，需要考虑产业和市场的发展趋势。

企业宗旨从长期发展上看，表现为企业目标；从短期的阶段性看，表现为一定时期企业所欲达到的目的。它表明企业依据何种思想观念来确定企业的行为、开展企业的各项生产经营活动。

在一定的历史发展阶段，企业可能在总体目标指导下有许多方面的目的和意图，如企业要为社会做贡献、要求得到自身的发展、要获得经济效益，等等。这些都是在市场经济条件下企业经营宗旨的共性。因为没有经济效益，企业就不能获得发展，亦不能为社会的进步做出应有的贡献。在这种大的具有普遍意义的前提下，一个企业具体的经营宗旨该怎样确定，则具有其特定的意义。

二、企业宗旨的类型

企业经营宗旨按其所形成的范围分析，可分为宏观、中观和微观的宗旨。

（一）宏观范围的经营宗旨

宏观范围的经营宗旨是指企业站在整个社会宏观层面上希望自身所能承担的社会任务，并由此所能达到的社会目标。

长虹电器的企业宗旨中有这样一句话："长虹以民族工业为己任"，意喻长虹所追求的目标是"民族工业的振兴"，长虹应扛起这面大旗，开拓中国民族工业的新局面。这是一种长期目标，它在企业的发展中具有不断延伸的内涵，没有终极时点。

（二）中观范围的经营宗旨

中观范围的经营宗旨是指企业在自身所处的领域中希望承担的历史任务，并为所处行业的发展做出应有的贡献。

哈药集团的企业宗旨是这样描述的："献身医药事业，造福人类千秋。"对于耐克公司来说，企业宗旨明确地表述为："为世界上的每一位运动员带来灵感和创新"，不仅如此，耐克还赋予"运动员"一个十分宽泛的内涵："只要你拥有身体，你就是一名运动员。"由此可见，经营宗旨具有行业特征，企业所选择的事业领域不变，其经营宗旨亦不会发生变化。如果企业要进行跨行业经营，其经营宗旨则要随之发生变化。因此，中观层面的经营宗旨同事业领域紧密相连。

（三）微观范围的经营宗旨

微观范围的经营宗旨是指企业为自己事业的发展规定的具体目标。

例如，海尔集团为自己的企业制定的宗旨是：

(1) 质量宗旨。高标准、精细化、零缺陷。要求设计环节各项指标均高于国家标准,按国际一流质量标准组织生产。主要产品指标实测值均优于发达国家平均水平,要求产品质量让所有消费者放心。严格控制进货量,把物流中心作为企业正常生产所储备的零部件的中心。零配件不接受二等品。生产进程精细化、零缺陷,建立完善的检测体制,引进国际最先进的检验设备,完善自检、专检、抽检,并将检测线延伸到用户家。

(2) 科研开发宗旨。立足创新、用户为师、永远改进、追求完美。技术创新目标国际化,要求技术创新目标在课题领域中达到国际水平。用户为师,市场导向,将用户的难题转化为开发的课题,不断创新市场,引导消费,满足用户的潜在需求,不断创新。

(3) 服务宗旨。用户永远是对的。为达到目的,推出特色星级服务体系,24 小时登门维修、24 小时热线电话。认定用户是衣食父母,承诺对用户真诚到永远。做到售前服务要真实地介绍产品的特性和功能,通过耐心地讲解和演示,为顾客答疑解惑,尽量使用户心中有数,使用户在购买中进行比较与选择,同时为用户提供个性设计服务。

售中服务是在有条件的地方实行无搬动服务,送货上门,安装到位,现场调试,示范指导,月内回访。海尔与用户保持紧密联系,出现问题及时解决,以百分之百的热情弥补工作中可能出现的百分之一的失误。

微观范围的经营宗旨具有对工作的可指导性和可操作性,较宏观范围和中观范围的经营宗旨更具体、更具有可实现价值。

第四节　企业战略目标

在确定了使命、愿景和经营宗旨之后,企业要着手建立自己的战略目标。战略目标是企业使命的具体化,是企业追求的较大目标。指明公司的未来业务和公司前进的目的地,可为公司提出一个长期的发展方向,使整个组织对一切行动都有一种目标感。企业使命比较抽象,而战略目标比较具体。战略目标是战略理念和特定战略的关键纽带。在制定企业战略之前,首先要明确组织的战略目标,在此基础上才能更大程度地实现其目标,最终实现企业使命和最大限度上实现企业愿景。

一、战略目标的含义

企业的战略目标就是根据企业使命、战略理念和经营方针而规定的在一定期限内应当取得的预期成果。战略目标包括一定期间内必须达到一定水准的经营目标。战略目标突出的是与战略业绩有关的结果领域,它包括:① 提高公司的市场份额;② 拥有比竞争者更短的从设计到市场的周期;③ 公司产品的质量比竞争对手更高,和关键的竞争对手相比,公司的总成本更低;④ 产品线比竞争对手更宽或者更有吸引力;⑤ 在顾客心目中拥有比竞争对手更强大的形象,更卓越的顾客服务;⑥ 地理覆盖面比竞争对手更广;⑦ 被公众认为是技术和产品创新方面的领导者;⑧ 顾客满意度水平比竞争对手更高。

基于战略目标涉及时间的长短,企业的战略目标可以分为中长期和短期目标;基于所涉及的范围,战略目标又可以分为总体战略目标和经营单位战略目标。

企业愿景与战略目标都是对企业未来期望的描述，但两者的差异是明显的，表现为：

（1）目的不同。企业愿景是为了使企业的所有利益相关者都知晓“我们将成为什么”的前景，是对组织成员的一种承诺，使人们向往实现目标后的利益；然而，战略目标更多的时候带有指令性色彩，它明确告诉成员某一项战略决策在什么时间能够达到什么样的结果。

（2）影响度不同。企业愿景根植于企业使命之中，能够唤起企业利益相关群体的期望。愿景让大家明了，他们的所作所为不仅仅是向客户提供产品或服务，追求的也不仅仅是经济目标，而是追求比利润或其他经济指标更高远、更宏大的目标，使大家能够从中体会到工作的意义和价值。

二、战略目标的作用

战略目标是对企业战略经营活动预期取得的主要成果的期望值。战略目标的设定，同时也是企业经营宗旨的展开和具体化，是经营宗旨中确认的企业经营目的、社会使命的进一步阐明和界定，也是企业在既定战略经营领域展开战略经营活动所要达到的水平的具体界定。

具体来说，制定企业的战略目标，具有如下重要作用：

（1）战略目标能够实现企业外部环境、内部条件和企业目标三者之间的动态平衡，使企业获得长期、稳定和协调的发展。

（2）战略目标能够使企业使命具体化和数量化。企业使命是比较抽象的东西，如果不落实为具体的定量化目标，就有可能落空。有了战略目标，可以把企业各个单位、部门各项生产经营活动有机地连接成一个整体，发挥企业整体功能，提高经营管理的效率。

（3）战略目标为战略方案的决策和实施提供了评价标准和考核依据。战略方案是实施战略目标的手段，有了战略目标，就为评价和优选战略方案提供了标准。同时，也为战略方案的实施结果提供了考核依据，从而大大促进了企业战略实施。

（4）战略目标描绘了企业发展的愿景，对各级管理人员和广大职工具有很大的激励作用，有利于更好地发挥全体员工的积极性、主动性和创造性。

三、战略目标的特征

企业战略目标是根据企业愿景选定的目标参数，简要说明需要在什么时间、以怎样的代价、有哪些人员完成哪些工作并取得怎样的结果，从而为企业的有序经营指明方向，为企业的业绩评估与资源配置提供标准和依据。

企业的战略目标主要有以下特征：

（1）宏观性。战略目标是一种宏观目标，它是对企业全局的一种总体设想，它是从宏观角度对企业的未来的一种较为理想的设定；它所提出的是企业整体发展的总任务和总要求；它所规定的是整体发展的根本方向。因此，人们所提出的企业战略目标总是高度概括的。

（2）长期性。战略目标是一种长期目标，它的着眼点是未来和长远。战略目标是关于未来的设想，它所设定的是企业职工通过自己的长期努力奋斗而达到的对现实的一种根本性改造；战略目标所规定的是一种长期的发展方向；它所提出的是一种长期任务，绝不是一蹴而就的，而是要经过企业职工相当长的努力才能够实现。

(3) 相对稳定性。战略目标既然是一种长期目标，那么它在其所规定的时间内就应该是相对稳定的。战略目标既然是总方向、总任务，那么它就应该是相对不变的。这样，企业职工的行动才会有一个明确的方向，大家对目标的实现才会树立起坚定的信念。当然，强调战略目标的稳定性并不排斥根据客观需要和情况的发展而对战略目标做必要的修正。

(4) 全面性。战略目标是一种整体性要求。它着眼于未来，但却没有抛弃现在；它虽着眼于全局，但又不排斥局部。科学的战略目标，总是对现实利益与长远利益、局部利益与整体利益的综合反映。科学的战略目标虽然总是概括的，但它对人们行动的要求，却又总是全面的，甚至是相当具体的。

(5) 可分性。战略目标作为一种总目标、总任务和总要求，总是可以分解成某些具体目标、具体任务和具体要求的。人们只有把战略目标分解，才能使其成为可操作的东西。可以这样说，因为战略目标是可分的，因此才是可实现的。

(6) 可接受性。企业战略的实施和评价主要是通过企业内部人员和外部公众来实现的，因此，战略目标必须被他们理解并符合他们的利益。但是，不同的利益集团有着不同的甚至是相互冲突的目标，因此，企业在制定战略时一定要注意协调。一般地，能反映企业使命和功能的战略易于为企业成员所接受。另外，企业的战略表述必须明确，有实际的含义，不容易产生误解，易于被企业成员理解和接受。

(7) 可检验性。为了对企业管理的活动进行准确的衡量，战略目标应该是具体的和可以检验的。目标的定量化应有明确的时限，具体说明将在何时达到何种结果。如三年内占领计算机行业 35% 的市场份额等。量化的战略目标具有便于分解为目标体系、便于检查评价控制、便于动员激励员工等好处。

当然，也有很多目标难以数量化。一般的，时间跨度越长、战略层次越高的目标，越具有模糊性，也就越难以量化。对于这样的目标，应当尽可能对要达到的程度做准确的界定，一方面，明确实现目标的时间，另一方面，说明工作的特点。只有这样，战略目标才会变得具体而有实际意义。

(8) 可操作性。当制定企业战略目标时，必须从实际出发，在全面分析企业内外部环境的基础上，判断企业经过努力所能达到的程度。战略目标必须是引领性和可行性的有机结合，既不能脱离实际将目标定得过高，也不可把目标定得太低，要在可行性和挑战性之间建立平衡。过高的目标让人感到不切实际，难以让员工接受，还会挫伤员工的积极性，使组织成员失去信心，甚至导致企业资源的浪费；反之，过低的目标会使组织滋生惰性，使企业的优势资源失去活性。此外，若目标不具有挑战性，则容易被员工忽视，非但不能起到激励引领的作用，更严重的是可能导致市场机会尤其是重大战略机会的丧失。

从时间上看，企业发展的不同阶段都会有不同的战略目标，战略目标起着承上启下的作用。一方面，是对核心价值观、愿景和使命的具体化细化和量化，另一方面又指导经营目标。换言之，经营目标必须服从并体现战略目标。战略目标对企业有很多益处，包括指明方向、促进协同、帮助评价、明确重点、降低不确定性、减少冲突、激励员工,以及有助于资源配置和战略实施中的方案设计等。

四、制定战略目标的程序

企业制定战略目标,是为了将企业战略具体化、数量化,使企业总体的努力方向变为各部门全体职工的行动准则。

战略目标是选择战略方案的依据,战略方案是实现战略目标的手段。为了实现战略目标和战略方案的有机结合,制定企业战略目标必须遵循以下程序:

第一,结合环境预测和内部微观条件评估,分析战略态势,确定战略目标的期望值。

第二,预测企业未来的绩效水平,并找出目标期望水平和未来预测水平之间的差距。

第三,拟订缩小差距的战略方案。

第四,综合调整各项战略,并修改对企业未来绩效水平的预测。经过调整和修订,如果期望水平和预测水平之间的差距可以得到缩小,期望的目标水平就确定为战略目标;否则,企业就必须重新确定目标的期望值。

五、战略目标的内容

战略目标是企业使命和愿景的具体体现,其主要内容包括:在行业中的领先地位、企业规模、竞争能力、技术能力、市场份额、销售收入和盈利增长率、投资收益率以及企业形象等。

战略目标是多元的,既包括经济目标,也包括非经济目标。这里,非经济目标主要涉及:商誉、客户满意度、员工忠诚度、企业受尊敬程度,对产业、民族的贡献度,与社区、行业、公众、环境、生态的和谐度,业界影响力,创新能力,核心竞争力,可持续发展能力,机会份额(而不是市场份额),战略柔性,员工生涯规划(学习与成长)等。德鲁克在《管理实践》一书中提出了八个关键领域的目标:

- 市场方面的目标。应表明企业希望达到的市场占有率或在竞争中达到的地位。
- 技术改进和发展方面的目标。对改进和发展新产品,提供新型服务内容的认知及措施。
- 提高生产力方面的目标。有效地衡量原材料的利用,最大限度地提高产品的数量和质量。
- 物资和金融资源方面的目标。获得物质和金融资源的渠道及其有效的利用。
- 利润方面的目标。用一个或几个经济指标表明希望达到的利润率。
- 人力资源方面的目标。人力资源的获得、培训与发展,管理人员的培养及其个人才能的发挥。
- 职工积极性发挥方面的目标。对职工激励、报酬等措施。
- 社会责任方面的目标。注意公司对社会产生的影响。

战略目标会因企业使命的不同而不同,决策者应从以下几个方面考虑企业战略目标的内容。

1. **获利能力**

任何企业在其长期生产经营中,都追求一种满意的利润水平,企业一般都有自己明确的利润目标。企业战略的成效,首先表现为企业的盈利水平,通常以利润、资产报酬率、所有者权益报酬率、每股平均收益、销售利润率等指标来表示。

2. **市场竞争地位**

大多数企业喜欢根据其销售总量或市场占有率来评价自己在增长和获利方面的能力。可以说,市场竞争地位是衡量业绩好坏的一个重要标准。企业在市场竞争中相对地位的提高,是企业战略追求的重要目标。常用指标有市场占有率、总销售收入、产品质量名次、企业形象地位等。

3. **生产能力**

在市场环境相对有利的前提下,企业提高单位产出水平是增强获利能力的一种方法。为此,企业在设定生产能力的目标时,需要改进投入和产出关系,制定出每单位投入所能生产的产品或提供服务的数量;同时,企业还可以根据降低成本的要求,制定生产能力目标。提高生产效率是企业又一个重要的战略指标。常用指标有投入产出比率、年产量、单位产品成本等。

4. **财务状况**

财务状况是企业经营实力和运行能力的综合表现,通常以资本总量、资本构成、新增股份、现金流量、流动资本、红利偿付、固定资产、资金周转率等指标来表示。

5. **产品结构**

合理的产品结构是企业生存发展的重要基础。常用指标有新产品的销售额占企业总销售收入的比率、新产品开发数、淘汰产品数等。

6. **技术水平**

在知识经济时代,技术作为重要的生产力因素,对经济增长的贡献日益突出。企业的技术水平,关系到企业在市场中的竞争地位,进而关系到企业的战略选择。因此,许多企业把技术领先作为自己长期追求的目标。企业在战略目标中,常常规定在战略期内企业技术水平的改善和提高。常用指标有技术创新项目的个数、专利数量、国产化率等。

7. **人力资源发展**

企业发展的推动力量来自企业的人力资源,人力资源水平的高低取决于企业职工素质的高低。因此,人力资源开发已成为企业战略必须列入的目标。常用指标有战略期内培训费用的多少、培训人员数量、技术人员比率、高水平技术人员的增加率、职工技术水平的提高率等。

8. **企业发展**

企业在战略期内的成长与发展,是企业战略的重要目标。常用指标有生产规模的扩大率、生产能力的增加率、生产自动化水平的提高率、节能减排水平、可持续发展能力、品牌、商誉、影响力等。

9. **职工福利**

员工对企业的忠诚度与组织承诺,是企业竞争能力的重要因素。在长期计划中,高层管理者应当奉行“以人为本”的核心理念，充分考虑员工的利益诉求和价值体现，将改善员工生活、提高福利待遇作为企业战略目标的重要组成部分。常用指标有员工薪酬在同行业中的竞争力、人均工资水平的提高率、员工健康状况、员工满意度、人员流动比率等。

10. 社会责任

现代意义上的企业，必须认识到自己肩负的社会责任。社会责任要求企业承担有利于社会长远目标的义务，而不仅仅是履行法律和经济意义上的义务。社会责任反映企业对社会的贡献状况，常用指标有环境保护、节约能源措施、对社会和社区各项事业的支持等。

企业并不一定在以上所有领域、所有方面都制定目标，战略目标也并不局限于以上 10 个方面。企业决策者应找出对本企业发展最关键的指标，作为企业的战略目标。

此外，在企业使命和企业功能定位的基础上，企业战略目标也可以按四大内容展开：市场目标、创新目标、盈利目标和社会目标。

（1）市场目标。一个企业在制定战略目标时最重要的决策是企业在市场上的相对地位，它常常反映企业的竞争地位。企业所预期达到的市场地位应该是最优的市场份额，这就要求对顾客、对目标市场、对产品或服务、对销售渠道等做仔细的分析。如产品目标，包括产品组合、产品线、产品销量和销售额等；渠道目标，包括纵向渠道目标，即渠道的层次，以及横向渠道目标，即统一渠道成员的数量和质量目标；销售目标，包括广告、营业推广等活动的预算和预算效果。

（2）创新目标。在环境变化加剧、市场竞争激烈的社会里，创新概念受到重视是必然的。创新作为企业的战略目标之一，是使企业获得生存和发展的生机和活力。在每一个企业中，基本上存在着三种创新：技术创新、制度创新和管理创新。为树立创新目标，战略制定者一方面必须预计达到市场目标所需的各项创新，另一方面必须对技术进步在企业各个领域中引起的发展作出评价。

创新目标包括：① 制度创新目标。随着生产的不断发展，引起新的企业组织形式的出现。制度创新目标即对企业资源配置方式的改变和创新，从而使企业适应不断变化的环境和市场。② 技术创新目标。这一目标将导致新的生产方式的引入，包括原材料、能源、设备、产品等有形的创新目标，也包括工艺程序的设计、操作方法的改进等无形目标。制定技术创新目标将推动企业乃至整个社会的经济发展。③ 管理创新目标。管理创新涉及经营思路、组织结构、管理风格和手段、管理模式等多方面的内容。管理创新的主要目标是试图设计一套规则和程序以降低交易费用，这一目标的建立是企业不断发展的动力。

（3）盈利目标。这是企业的一个基本目标，企业必须获得经济效益。利润作为企业生存和发展的必要条件和限制因素，既是对企业经营成果的检验，又是企业的风险报酬，也是整个企业乃至整个社会发展的资金来源。盈利目标的达成取决于企业的资源配置效率及利用效率，包括生产资源、人力资源、资本资源目标。

盈利目标是否可以达成取决于：① 生产资源目标。在通常情况下企业通过改进投入与产出的关系就可以获利。一方面提高每个投入单位的产量；另一方面，在单位产量不变的情况下，成本的降低同时也意味着利润将增加。② 人力资源目标。人力资源素质的提高能使企业的生产率得以提高，同时还能减少由于人员流动造成的成本开支。因此，企业的战略目标中应包括人力资源素质的提高、建立良好的人际关系等目标。③ 资本资源目标。达成企业盈利目标同样还需要在资金来源及运用方面制定各种目标，一方面，确定合理的资本结构并尽量减少资本成本；另一方面，通过资金、资产的运作来获得利润。

(4) 社会目标。当代企业越来越多地认识到自己对用户及社会的责任，一方面，企业必须对本组织造成的社会影响负责；另一方面，企业还必须承担解决社会问题的部分责任。企业日益关心并注意良好的社会形象，既为自己的产品和服务争得信誉，又促进组织本身获得认同。企业的社会目标反映企业对社会的贡献程度，如环境保护、节约资源、参与社会活动、支持社会福利事业和地区建设活动等。

社会目标包括：① 公共关系目标。这一目标的着眼点在于企业形象，企业文化的建设，通常以公众满意度和社会知名度为保证、支持性的目标。② 社会责任目标。常常是指企业在处理和解决社会问题时应该或可能做什么，如在对待环境保护、社区问题、公益事业时所扮演的角色和所发挥的作用。③ 政府关系目标。企业作为纳税人支持着政府机构的运作；同时，政府对企业的制约和指导作用也是显而易见的。这一目标的达成往往会给企业带来无形的竞争优势。

六、战略目标体系的构成

在实际中，由于企业的性质不同，发展阶段的不同，战略目标体系中的重点目标也大相径庭。战略目标也不止一个，而是由若干目标项目组成的一个战略目标体系，如表 4-4 所示。

表 4-4 战略目标体系

分类	目标项目	目标项目构成
业绩目标	收益性	资本利润率、销售利润率、资本周转率
	成长性	销售额成长率、市场占有率、利润增长率
	安全性	自有资本比率、附加价值增长率、盈亏平衡点
能力目标	综合	战略决策能力、集团组织能力、企业文化、品牌商标、管理创新、知识管理
	研发能力	新产品比率、技术创新能力、专利数量
	生产制造	生产能力、质量水平、合同执行率、成本降低率
	市场营销	推销能力、市场开发能力、服务水平
	人力资源	职工安定率、职务安排合理性、直接间接人员比率
	财务能力	资金筹集能力、资金运用效率
社会目标	客户	提高产品质量、降低产品价格、改善服务水平
	股东	分红率、股票价格、股票收益性
	员工	工资水平、职工福利、能力开发、士气、学习与成长
	社区	公害防治程度、利益返还率、就业机会、企业形象
环境目标	生态	节能减排、循环经济、绿色 GDP

从纵向上看，企业的战略目标体系可以分解成一个树形图。在企业使命和企业宗旨的基础上制定企业的总战略，为了保证总目标的实现，必须将其层层分解，规定保证性职能战略目标。也就是说，总体战略目标是企业主体目标，职能性战略目标是保证性的目标。

从横向上来说，企业的战略目标大致可以分为两类：第一类是用来满足企业生存和发展所需的目标项目，这些目标项目又可以分解成业绩目标和能力目标两类。业绩目标主要包括收益性、成长性和安全性指标三类定量目标。能力目标主要包括企业综合能力、研究开发能力指标、生产制造能力指标、市场营销能力指标、人事组织能力指标和财务管理能力指标等一些定性和定量指标。第二类是用来满足与企业有利益关系的各个社会群体所要求的目标。与企业利益关系的社会群体主要有顾客、企业职工、股东、所在社区及其他社会群体。

七、制定企业战略目标

（一）制定战略目标的原则

制定战略目标的原则有系统原则、平衡原则和权变原则。

（1）系统原则。由于企业是在开放环境下运行的组织，战略目标的制定必须建立在实事求是地对内外环境进行系统分析、预测的基础上。首先，要明确企业的现状，充分估计企业发展的潜力，分析企业的优势和劣势等；同时，通过对外界环境的分析判断确认这些因素可能给企业带来的机会和威胁，在此基础上才能科学系统地制定出本企业的战略目标。

（2）平衡原则。企业在制定战略目标时要达到三个方面的平衡。第一，不同利益主体之间的平衡。如扩大市场和销售额的目标与提高投资利润率的目标往往是矛盾的，必须把两者摆在适当的地位求得平衡。第二，近期需要和远期需要之间的平衡。只顾近期需要，不顾长远需要，企业难以在未来继续生存；相反，只顾远期需要而不兼顾近期需要，企业也将难以为继。因此，战略目标的制定必须兼顾企业的长短期利益。第三，总体战略目标与职能战略目标之间的平衡。企业总体战略目标是通过职能战略目标来体现和实现的，但由于有些职能目标对企业的未来成长影响大，而对总体战略目标的实体影响不大，这就要求企业在制定企业战略目标时需要在总体战略目标与各职能战略目标之间取得平衡，以使企业在实现总体战略目标的同时，促进企业的全面发展。

（3）权变原则。客观环境变化的不确定性常常影响到企业对未来发展预测的准确性，这就要求企业在制定战略目标时，应制定多种方案。一般情况下，企业在制定战略目标时，把企业所面临的宏观经济环境分为繁荣、稳定、萧条三种情况，并分析各自的可行性及利弊得失，从而选择一种而将另外两种作为备用。或者，制定一些特殊的应急措施，如原材料价格猛涨等情况下对战略目标进行适应性调整。例如，一个快速发展的食品公司的发展目标是在 4 年内扩建 6 个商店，相应的权变方案是：如果情况比预料要好，新扩建的商店就可达到 10 个；如果经济萧条的话，公司不但无法扩展，而且有可能关闭 4~10 个商店。

（二）制定战略目标的常用方法

制定战略目标的常用方法有平衡计分卡、时间序列分析法、相关分析法、盈亏平衡分析法、决策矩阵法。

1. 平衡计分卡

平衡计分卡是战略管理的一个有效的工具。平衡计分卡强调:财务和非财务衡量方法必须融入组织所有级别雇员的信息系统。一线雇员必须了解自己的决策和行动的财务后果;高级经理必须了解影响财务成功的各种因素。平衡计分卡将经营单位的使命和战略转变为有形的目标和衡量方法。该方法标志着对有关股东和客户的外部衡量方法和有关重要的经营过程、技术革新和学习及成长的内部衡量方法的兼顾,即以往工作的结果和推动未来绩效的衡量方法的兼顾。该卡还兼顾客观的、其数量易于估计的结果的衡量和主观的、带有一定判断性的、绩效驱动的因素。

平衡计分卡不仅是一个战术性的衡量系统,它更加适合于用作战略管理系统,以便从长计议地管理自己的战略,如图 4-3 所示。利用平衡计分卡作为衡量系统的核心可以完成下列重要的管理过程:① 对憧憬和战略加以阐明和实施;② 对战略目标和衡量方法进行传播和联系;③ 制定计划、确定目标和做好战略倡议的衔接;④ 加强战略反馈和学习。

2. 时间序列分析法

时间序列分析法把过去和未来的某一目标值都看成是一个时间函数,这一序列是由互相配对的两个数列构成的,一个是反映时间顺序变化的数列,另一个是反映各个时间目标值变化的数列。编制时间序列是动态分析的基础,主要目的在于了解过去的活动过程,评价当前的经营状况,从而制定战略目标。这一方法一般适用于环境较为稳定情况下对未来的预测。

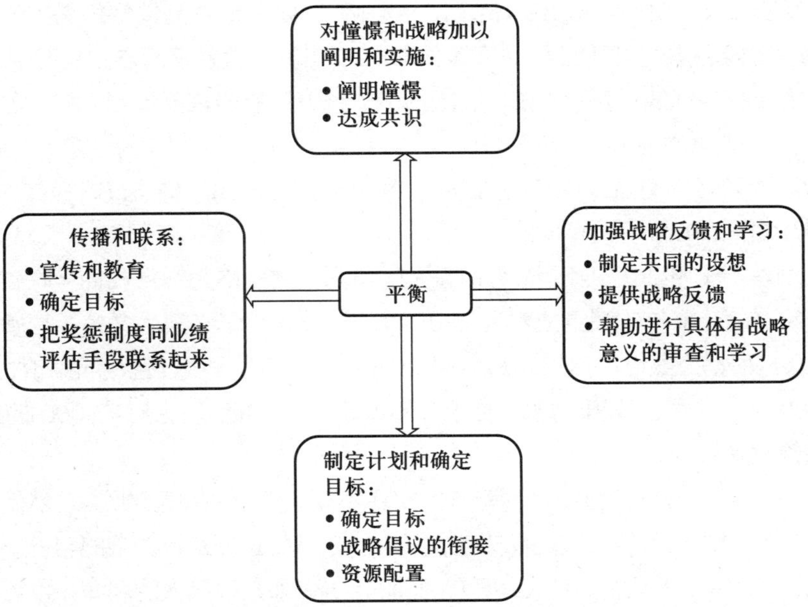

图 4-3 平衡计分卡作为行动的战略框架

3. 相关分析法

相关分析法是研究变量之间存在的非确定性的数量依存关系。这一方法广泛应用于经济分析中。社会经济与市场诸因素之间常有一种内在的相关性或因果关系，如研究消费者收入、年龄、性别、职业等对产品消费量的影响程度，寻求产品的“目标市场”。因果分析则是相关分析的一种，主要研究变量之间存在的主从关系或因果关系，从而判断变量的发展趋势，并在此基础上制定战略目标。简单的回归模型为：$y=ax_1+bx_2+cx_3+d$。y 是因变量，x_1,x_2,x_3 代表自变量，a,b,c,d 代表常数，可根据最小二乘法求出。

4. 盈亏平衡分析法

这一方法是企业制定战略目标常用的一种有效方法，是根据产品的销售量、成本和利润三者之间的关系，从而分析各种方案对企业盈亏的影响，并从中选择出最佳的战略目标。图 4-4 是盈亏分析图解。

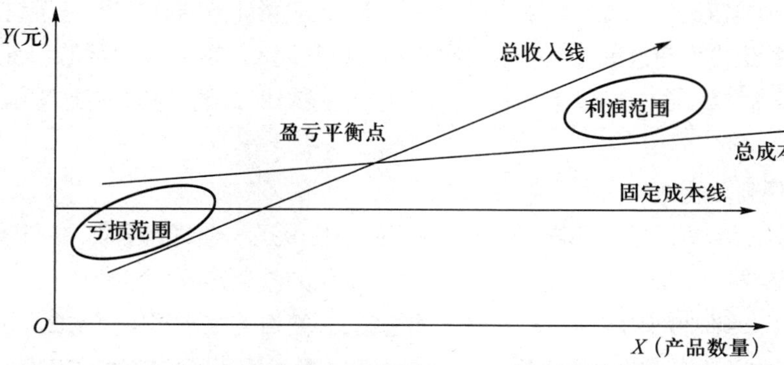

图 4-4　盈亏分析图解

Y 轴表示收入或费用（元），X 轴表示产品数量，只要单位产品销售价格大于单位总成本，则总收入线必能与总成本线相交于某一点，相交点就是盈亏平衡点。从图中可以看出，但产品销量（或产量）低于盈亏平衡点，企业必然亏损；只有当产品销量（或产量）大于盈亏平衡点 X 时，企业才有盈利。

设 BEP 为盈亏平衡点，TFC 为总固定成本，P 为每件产品的价格，VC 为每件产品的变动成本，则 $BEP=TFC/(P-VC)$。

例如，如果计划生产一种香水，每瓶香水的市场销售价格为 20 元，而生产每瓶香水的变动成本为 15 元，每年的固定成本为 400 000 元，试问每年必须生产多少瓶香水才能达到盈亏平衡？根据公式可以算出：BEP=80 000(瓶)。因此，要达到盈亏平衡的话，就必须生产销售80 000瓶香水，如果香水价格上升为每瓶25元的话，则生产40 000瓶就可以了。

5. 决策矩阵法

以矩阵为基础，分别计算出各种备选方案在不同条件下的可能的结果，然后按照客观概率的大小，计算出各备选方案的期望值，进行比较，从中选择最优的战略目标。采用这一方法一般必须具备以下几个条件：① 要有明确的目标 (如获取最大的利润)；② 要有两个以上的备选方案；③ 存在各种可能状态，并能估计其发生的客观概率以及可能的结果。

例如，某公司决定扩张以进入一个新的地区市场。有三种方法可以选择：一是建立新的生产企业；二是购买并改建现成的企业；三是外包给其他厂家进行生产。假定由于一主要销售合同的签约风险导致在新的市场上需求水平的不确定性，如果顺利签约，需求很可能达到 20 000 个单位；否则只有 10 000 个单位的预期。此外，对于不同方案在不同销售量下，其销售价格也是不一样的，如表 4-5 所示。

表 4-5　不同选择方案下销售水平及销售价格

年销售量	销售价格（元）		
	建立新企业	购买及改建	外包
10 000 单位	58	56	50
20 000 单位	35	33	40

另外，假设出现较高需求的可能性为 30%，较低需求的可能性为 70%，通过计算，可以计算出各种不同战略选择的加权平均成本，如表 4-6 所示。

表 4-6　不同销售水平下的加权平均成本

年销售量	加权平均成本（元）		
	建立新企业	购买及改建	外包
年销售量 10 000 单位	58 × 0.7	56×0.7	50×0.7
年销售量 20 000 单位	35×0.3	33×0.3	40×0.3
加权平均	51.10	49.10	47.00

通过计算与比较可以知道，外包方案的加权平均成本最低，因而为最优方案。但值得注意的是，虽然决策矩阵在分析战略方案时非常有用，但是这一简单的分析方法也忽视了间接因素的影响。在上例中，外包生产的分析忽略了主要的竞争者迅速在该市场出现的机会。

本章小结

本章主要讨论了企业愿景、企业使命、企业经营宗旨和企业战略目标。企业愿景是为企业所描述的关于未来成就的理想化定位和生动性蓝图。能够为企业带来团结、激励、合作等作用。企业使命是指企业战略管理者确定的企业生产经营的总方向、总目的、总特征和总体指导思想。企业使命具有导向性、激励性、稳定性等特征。为企业发展指明了方向，是企业战略制定的前提和基础。企业经营宗旨是指企业经营活动的主要目的和意图，表明企业思想和企业行为。企业战略目标是根据企业使命、战略理念和经营方针而规定的在一定时期内应当取得的预期成果。战略目标具有宏观性、长期性、相对稳定性、全面性、可分性等特点。制定战略目标的常用方法有平衡计分卡、时间序列分析法、相关分析法、盈亏平衡分析法、决策矩阵法。

关键名词

企业愿景;企业使命;战略目标

思考题

1. 企业使命的树立有何意义,制定有效的企业使命要注意哪些问题?
2. 建立企业愿景应遵循的原则是什么?
3. 企业战略目标有何特征,企业制定战略目标可以考虑哪些方面的内容?

案例分析 1

战略目标制定实例

1. 平衡计分卡[①]

作为企业战略目标的制定方法之一,平衡计分卡从财务、顾客、内部流程和学习与成长四个角度,实现了短期目标与长期目标、最终结果与绩效驱动因素、财务绩效与内部流程以及硬指标与潜力指标的平衡。

表 4-7 是 A 公司地产业务按照平衡计分卡的四维度进行的分解。

表 4-7 某 A 公司地产业务战略目标分解

维度	指标名称
财务层面	营业收入、利润总额、净利润、资产负债率、资产周转率、EVA 等
市场与客户层面	新开工面积、新增土地储备面积、竣工面积、销售面积、新进入区域数量、各区域新拓展项目数量等
内部运营层面	新标准化产品研发数量、平均项目运作周期、股权和债权融资比例等
学习与成长层面	各专业人才需求数量等

当前,A 公司面临的主要问题是项目开发能力不强,尤其体现在项目的进度控制方面,平均项目运作周期在 5 年左右,导致企业资产周转率低下,毛利率长期处于 10% 的落后水平,同时企业融资渠道单一,主要来源于债权融资,存货大量沉淀无法变现使得企业资金链紧张,急需探索通过下属上市公司增发配股等股权融资手段。因此,针对这些问题在战略定位的选择上,要求企业未来在项目运作方面严格参照标准项目进行,加强对土地获取方面的风

① 资料来源:百度文库。

险预判能力，拓展融资渠道适时扩大股权融资比例，并通过引进市场化人才机制确保定位落地。基于平衡计分卡的战略目标体系正是建立在战略定位的基础上，将定位用数据“翻译”出来，例如要提高资产周转率，就要适当缩短平均项目运作周期，假设当年获取土地当年开工、次年预售、第3年竣工结转得到的新开工面积和新增土地储备面积目标值明显低于5年运作周期的测算结果，与之相关的各年资金缺口也有大幅减少。为了响应增加股权融资的战略定位，适当调整资金缺口中银行借贷、信托融资等债权融资比例，同时也能够保证企业资产负债率保持在红线之下。通过将上述表格中完整的战略目标体系继续细化，能够得到下一步的具体行动计划，例如详细的融资计划、人才招聘计划以及区域拓展计划等。战略目标体系填补了战略定位和行动计划之间的断层，保证了企业战略思想从上而下的一致性。

2. 时间序列分析法①

时间序列是按时间顺序的一组数字序列，时间序列分析就是利用这组数列，应用数理统计方法加以处理，以预测未来事物的发展。时间序列分析是定量预测方法之一，它的基本原理：一是承认事物发展的延续性。应用过去数据，就能推测事物的发展趋势。二是考虑事物发展的随机性。任何事物发展都可能受偶然因素影响，为此要利用统计分析中加权平均法对历史数据进行处理。

下面以我国某炼钢企业为例介绍时间序列分析法，如图4-5所示。图中黑点表示每一时期的有关产量变数。虽然比较离散，但仍可据此对未来的产量做大略的估计。如果要制定2000年的钢产量目标，可以把坐标图上的直线外延出去，从而得出2000年的产量目标，大致定于10 000万吨到12 000万吨。

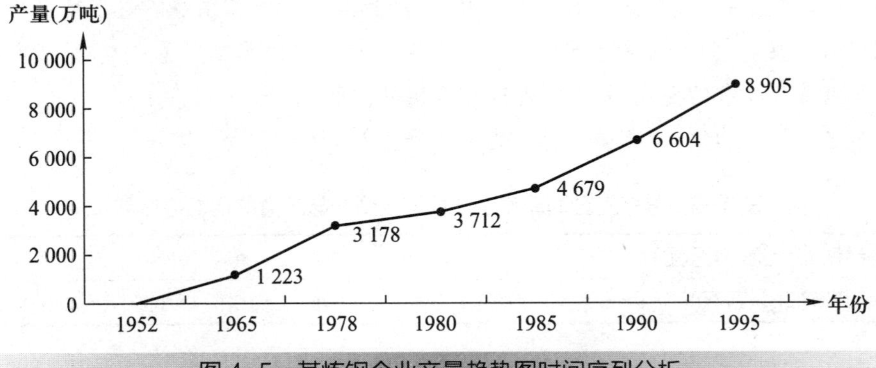

图4-5 某炼钢企业产量趋势图时间序列分析

以上只是较为简单的模型。对于时间序列所反映的指标变化，都是众多复杂因素共同作用的结果。经典的时间序列模型是将之分解为四种变动因素：趋势变动、循环波动、季节变动、偶发事件。下面我们以某企业一个产品过去销售的时间序列为例来阐述这一方法。假设其1996年销量为1 400万台电冰箱。

(1) 销量的趋势变动是人口、资本构成和技术状况基本发展的结果。通过对销量的分析可以发现它近似于一条直线，假设每年增长5%的销量；这样，预计第五年的目标销量是

① 王方华，吕巍．战略管理．2版[M].北京：机械工业出版社，2011：161-162.

$1\,400\times(1+0.05)^5$。

(2) 销量的循环波动是指经济活动波动的影响。这一波动带有某种周期性的特征，即估计第 5 年的营业活动会繁荣，并且能获得长期预测销量的 120%；因此，2001 年的销量可能是 $1\,400\times(1+0.05)^5\times120\%$。

(3) 销量的季节变动。这指一年中销售活动的固定形态，这一形态可能与天气因素、假期因素等有关。如果各月的销量相等，则每月销量为 $1\,400\times(1+0.05)^5\times120\%/12$，但是 12 月份的季节指标为 0.90，因此 2001 年 12 月份的销量可能为 $1\,400\times(1+0.05)^5\times120\%/12\times0.9$。

(4) 不规则变动，包括罢工、风暴、火灾、战乱等突发事件对销售造成的干扰，这些偶发成分是无法预计的。为了有利于观察较正常的销售行为，应该把它从过去数据中分离出去。在这一例子中，假设没有偶发事件，则第 5 年 12 月份最理想的战略目标估计销量是 $1\,400\times(1+0.05)^5\times120\%/12\times0.9$。

对四种变动的分析测算如长期趋势的测定，可以采用移动平均法、最小二乘法等。

另外，一种有效而又简单的目标制定方法是指数平滑法。指数平滑法的最简单模型，只需两种数据：本期实际销售量、本期平滑销售额 $Q_{t-2}=aQ_t+(1-a)Q_{t-1}$。平滑常数 a 可用反复实验法获得，即用在 0 和 1 之间的不同平滑常数代入试算，从而找出能反映季节变动和趋势变动因素的综合参数。

3. 相关分析法①

社会经济现象之间存在着大量的相互联系、相互依赖、相互制约的数量关系，其中之一便是相关关系，在这种关系中，变量之间存在着不确定、不严格的依存关系，对于变量的某个数值，可以有另一变量的若干数值与之相对应，这若干个数值围绕着它们的平均数呈现出有规律的波动。例如，批量生产的某产品产量与相对应的单位产品成本，某些商品价格的升降与消费者需求的变化，就存在着这样的相关关系。

以某轻工公司为例，其所属材料厂的统计数据如表 4-8 所示。

表 4-8 某轻工公司新增生产性固定资产与产量的增加值序列

新增生产性固定资产（万元）	18	22	25	30	36	40	47	50
产量的增加值（万元）	54	62	70	104	130	160	170	200

从表 4-8 可以看出，企业产值与企业生产性固定资产直接相关，生产性固定资产投入越大，企业产值越高；但不是完全成比例。如果进行回归分析，可求得 $A=-36.82$，$B=4.63$，故回归直线方程为 $Y=4.63X-36.82$；根据回归方程，在产值目标确定的基础上，可以求得固定资产增加的目标。

当然，还可通过估计标准误差来衡量 Y 的实际值和估计值离差的一般水平。

讨论：

如果你是管理者，会选择哪种方法制定战略目标？

---

① 王方华，吕巍．战略管理［M］．2 版．北京：机械工业出版社，2011：163.

案例分析 2

TCL:战略目标的转变

在 2018 年 1 月的国际消费类电子展览会(即 CES)上,TCL 不仅展示了最新的 X5、C6、P5 三大系列产品,而且介绍了围绕 QLED 量子点技术与 AI 技术为核心的未来科技布局等内容,引起了众多媒体的关注。TCL 集团副总裁、TCL 多媒体 CEO 王成公布了 2017 全年的营业数据:2017 年 TCL 多媒体 LCD 电视累计销售量达到了 23 231 141 台,同比增长 16.4%,实现五年来最强劲增长。其中北美市场表现突出,全年销量同比增长 131.5%。另外,TCL 在 2016 年年底便突破了 2 000 万台销售量位列全球前三,到 2017 年再度超额完成全年销售目标,稳坐了全球彩电行业前三的宝座。

TCL 家电营收亮眼,与其战略目标调整密不可分,更与当下智能家居市场的崛起紧密相连。今天我们就来分析,TCL 智能家居如何通过制定和调整战略目标,从内打破、蓄势反攻的。

1. TCL 概况

TCL 公司创立于 1981 年,前身为中国首批 13 家合资企业之一,从事录音磁带的生产制造,后来拓展到电话、电视、手机、冰箱、洗衣机、空调、小家电、液晶面板等领域。集团现有 7 万名员工,26 个研发中心,10 余家联合实验室,22 个制造加工基地,在 80 多个国家和地区设有销售机构,业务遍及全球 160 多个国家和地区。

企业愿景:为用户提供极致体验的产品与服务,让生活更精彩。

企业使命:为用户创造价值,为员工创造机会,为股东创造效益,为社会承担责任。

企业价值观:用户至上 开放创新 合作分享 诚信尽职。

企业精神:敬业 诚信 团队 创新。

经营策略:进一步提高产品技术能力、工业能力、品牌及全球化能力、互联网应用服务能力四项核心能力,强化以用户为中心的营运与服务能力。

TCL 始终秉承“为社会承担责任,做优秀企业公民”的理念,创立以来,在推动企业持续发展的同时,积极承担社会责任,在生态环境保护和社会公益普及等方面坚持深入探索。

2. TCL 战略目标的转变

为了适应移动互联网的高速发展和跨界竞争的需要,TCL 2014 年年初提出“智能 + 互联网”“产品 + 服务”的“双 +”战略转型,并将产业结构调整为七大产品业务领域、三大服务业务领域以及创投及投资业务,共 11 个业务板块。新的“7+3+1”结构,其核心是引入互联网思维,构建新的商业模式,并希望在 5 年内实现来自产品与服务的利润各占 50% 的目标,为集团价值增长打开新局面。

(1) 智能 + 互联网。TCL 集团高层管理者意识到,过去 TCL 旗下彩电、手机等产品的累计销量超过 3 亿台,但企业却很难从这 3 亿多名消费者中再次获利。产品卖给消费者,就像断了线的风筝,与企业再没多大关系了。TCL 集团希望通过此次转型,实现从过去经营产品到现在经营用户的转变。

2017年CES,TCL集团的管理人员再放豪言,人工智能将成为TCL产品的标配。如今来看,TCL家电已全部贴上了“智能”“互联”的标签,电视机、空调、洗衣机、冰箱这些传统家电,在功能、体验上利用互联网和人工智能技术,逐步向普通大众的智能家居需求上靠拢。

在支柱业务多媒体方面,TCL量子点、曲面4K及大屏等高端产品销售占比持续提升。2017年有三款代表产品:TCL X2量子点电视,搭载了更成熟的第三代无机三原色量子点显示材料,可呈现10.7亿色彩表现。TCL P3黄金曲面,画质特点在于4000R曲率屏拥有与人眼球曲率同弧度的曲率特性,图像可以直观地被大脑接受和处理,减轻脑部压力与视觉疲劳。还有TCL C2剧院电视,其最大的特点是搭载了这个级别罕见的高端音响——哈曼卡顿音响。这些TCL电视均搭载了TV+ OS 3.0系统,带来极具互联网特色的应用服务。

家电业务方面,TCL空调被誉为中国空调行业增长最快的品牌,自2010年以来连续7年保持销量的高速增长。2016年4月,TCL一举发布六大新品,有通过手机APP控制监控摄像头的“安防王”、杀菌能力达96.42%的“健康王”、集蓝牙音箱和智能空调于一身的“嗨歌王”、对厨房环境独立过滤的“I厨”以及“除湿王”“wifi加强王”等,积极开拓空调产品差异化道路。

洗衣机方面,TCL免污式筒中筒洗衣机绝对是代表了TCL家电业务的最强实力。这款洗衣机采用了“1+N大桶免污+小桶免污专属”的创新解决方案,避免了洗衣过程中交叉感染和二次污染的问题。

另外在冰箱保鲜领域,TCL冰箱更贴近用户饮食营养新鲜的痛点,首创一体变频风冷技术,对于食材存储实现2分钟速冷1℃,快速实现速冷锁鲜,锁住食材原汁原味。独有的AAT负氧离子养鲜技术,全空间永久自释放,融合除尘、除味、除菌、养鲜四大功能为一体。同时还打造了多空间分区专属,搭配智慧风冷等多种技术专利,不仅让食物保鲜更持久,营养不流失,更满足服务用户节能、低噪声舒适生活的需求。

综上观察,TCL的“智能+互联网”转型战略,主要是通过技术创新,在传统优势基础上赋予产品更多高科技价值。在智能创新的同时,TCL更注重的是用户体验,不做简单的智能化功能拼凑,而是由以往的产品智能功能,向产品智能化、应用场景化升级,通过智能+、功能+、场景+、受众+等方式,去满足不同年龄、不同生活习惯、不同生活观念的消费者对智能家居产品的个性化需求。

TCL智能家庭科技有限公司总经理王钢,就曾在采访中阐述智能家居“三部曲”:第一,产品必须是具备网络通信的功能,不同的产品具有不同的通信能力,有些产品是用WiFi、3G或4G的网络模式;第二,智能家居产品具备自动识别功能,包括人工智能模式识别、语音识别、图像识别等模式,给用户带来更全面的体验;第三,不管智能功能应用到什么样的产品,后台服务也显得尤为重要,尽量把产品做到互联互通。

(2) 产品+服务。智能是功能,服务是根本,开放是方式。在TCL的转型变革中,“产品+服务”便是第二个战略。

为了保证消费者获得更良好的购物体验,TCL对各级销售网点进行升级改造,涵盖了全国各地多级市场,让购物更具品质化和沉浸感。同时,TCL已与全国多家渠道商开展广泛合作,打通线上线下渠道,为消费者提供全方位、多元化的购物方式。

在自身几十年的服务能力积淀以及对产品品质充满信心的基础上,TCL的“服务至上,体验为王”的服务理念仍在继续。自2018年1月1日起，TCL电视售后服务延长15天，即从国家“三包”政策的15天售后服务延长至30天，用户新购机30日内发生性能故障，可选择换机或维修；而新购机7日内可换机的售后服务则保持不变。

如今，智能家居产业仍然静待上升时机，但这并不意味着家居企业就可无所事事、翘首以待。机会总是留给有准备的人，服务是家居产业的根本，继续完善服务体验、创新服务模式，以全新的方式把智能家居推向大众视野，才能更有效地推动智能家居市场的爆发，企业们才能得以更丰富的发展资源。

作为传统意义上的硬件厂商，TCL在内容运营上不断寻求突破点。

讨论：

根据案例分析，TCL公司为何改变其战略目标？其使命、愿景在企业发展中扮演了什么角色，对企业发展的作用是什么？

即测即评

请扫描右侧二维码，进行即测即评。

第五章 公司战略

学习目标

1. 掌握公司战略的内涵；
2. 理解公司战略的优势和劣势；
3. 识别公司战略的运用情况；
4. 掌握公司战略的选择工具。

开篇案例

三星电子的战略发展

1938 年，李秉哲成立三星集团前身“三星商会”，商会的主要业务是进行蔬菜、水果、干鱼和面条贸易，20 世纪 50 年代逐步扩展到制糖、制药、纺织等制造业。1969 年，李秉哲创办三星电子。业务涉及电子、金融、机械、化学等众多领域。三星电子是三星集团旗下最大的子公司。

创立于 20 世纪 60 年代末期的韩国三星电子，依靠管理团队对市场发展方向的正确判断，以半导体为切入点，坚决果断地迈向核心技术领跑者的道路，2006 年度，韩国三星电子已经进入全球五百强的前五十位，并把日本的索尼和松下，德国的西门子等强大竞争对手甩到身后。2010—2014 年，三星集团的销售收入最高时达到了 3 050 亿美元，营业利润最高是在 2012 年，达到了 262 亿美元，2014 年，全球最大的品牌管理咨询公司 Interbrand，给全球企业品牌价值进行排名，三星以 455 亿美元的品牌价值位列第 7 名。

1. 1970—1979 年家电代工，进入半导体市场

三星电子成立之初的关键合作伙伴为日本三洋公司，主要是为该公司组装黑白电视机。但三星与日本三洋的合作关系不仅限于简单的贸易伙伴，三星也不想做单纯的中间制造商，它通过合资的方式与日本三洋电器、住友商社共同成立三星三洋电器(该公司于 1977 年并入三星电子)。成立初期的三星电子从外国公司进口黑白电视机成套散件以及基本的组装技术，并在外国技术人员的指导下进行组装，生产处在衰退阶段的低档产品销往海外低端市场。

值得一提的是，除了家电行业，三星电子对半导体产业的努力，在成立初期也开始显现了。面对日美等发达国家强劲竞争对手的压力，缺乏技术优势的三星只能以低成本、低价格的低端产品取胜。三星创始人李秉哲在日本考察时亲身感受了索尼等电子巨头拥有的技术优势所带来的巨大收益，决定进军上游的半导体行业。1974 年，三星集团收购了韩国半导体公司 50% 的股份，正式进军半导体行业。1977 年，三星集团和 GTE 成立合资公司进入通信行业，生产电子交换机和传输设备，同年三星通过逆向工程开始生产晶体管，虽然生产的质量达不到预想的标准，不能投入使用，但足以见得三星进军半导体行业的决心。1979 年，三星集团又收购了韩国半导体公司的剩余股份，使其成为三星的独资企业，并将该公司商号改为“三星半导体”。

2. 1980—1989 年全球扩张，增强技术

这一阶段对于三星来说是一个转型阶段，三星逐渐由传统的拷贝模式向有思考有创新的模仿模式转变。此时，三星与同行业其他先进公司主要是一种“代加工”关系，由外国公司提供基础组装技术，三星进行简单的装配，因而无法接触到关键核心技术。为实现盈利，公司采用高数量低质量的产出方式(后期开始重视技术发展)，以成本为导向，主要面向海

内外低端市场。

20 世纪 80 年代前期:三星电子的低档 12 英寸黑白电视机和低档 DRAM(动态存储器)在市场上取得了不错的销售业绩,主要面向低端国内外市场,以低成本、低技术和高产量取胜。在传统产业(家电)方面,三星通过从外国公司(日本索尼)进口黑白电视机成套散件和基本组装技术,在外国技术人员的指导下进行组装,生产处在衰退阶段的低档产品(贴上“三洋”品牌)并销往海外低端市场(三星电子的第一批 12 英寸黑白电视机销往巴拿马)。这一战略体现了当时条件下市场、产品和技术的合适匹配。在新兴产业方面,三星电子虽进军 DRAM 市场,但并不掌握关键技术,只是简单地从外国公司进口芯片进行封装,甚至封装技术也依赖于外国公司。

20 世纪 80 年代后期:随着逐步积累与发展,三星开始不甘心停留在这种目标产品关键技术控制在外国公司手中的市场、产品和技术的低水平静态匹配。但根据当时与外国公司签订的技术支持协议,三星电子很难获得基本的组装技术之外的关键技术。为此,三星开始采取一系列措施进行扩张与创新。三星电子一方面积极地通过各种渠道获取外国技术,并进行学习、模仿与创新;另一方面在公司内部大力发展技术,开展对关键技术的消化吸收和掌握。在传统产业(家电)方面,虽然从技术角度看,产品的零部件仍主要依赖进口,但是,这时的市场、产品和技术的匹配已发生实质变化——三星电子已掌握黑白电视机的必要技术并能对产品设计进行改进。继开发经济型黑白电视机之后,三星电子又陆续开发了 14 英寸彩色电视机(1976 年)、微波炉(1979 年)、家用录像机(1984 年)、1M DRAM(1986 年)、便携式摄录像一体机(1989 年)等产品。与生产第一批黑白电视机和 64K DRAM 之时几乎不掌握关键技术的情况不同,三星电子在开发上述产品之前通过“反解工程”已经破解和基本掌握了有关产品的关键技术;其投放市场的产品是参考行业主导设计的基础上由三星公司自行开发的,有一定程度的创新。直至 80 年代末期,三星的商业模式及发展战略已经发生较大变化,公司由传统的简单装配到研究先进技术并进行模仿和改进,在扩张阶段基本取得了成功。

3. 1990 年至今,注重产品质量,继续深入扩大产品外延

20 世纪 90 年代初期,三星电子生产的家用电器主要还是低端产品,在大型折扣店西尔斯百货、沃尔玛和凯玛特的特价区出售。1997 年之前,三星电子在中国的策略也是“以量取胜”,三星电子的产品在中国市场上只是低端产品。为了提高三星产品的质量,三星定期召开比较评论会议,对比三星产品同世界一流产品在外观设计和使用性能上的差距。生产上,三星开始实行“一站停线”系统。

1999 年以后,三星电子决定把公司重心转移到半导体、通信、数码媒体、家电、显示器,把过去以家电为重心的公司转变为一个以电子业为重心的公司。所谓的数码融合战略把数码技术当做公司所有产品的主轴,也就是把数码产品、数字网络与传统家电、通信产品用数码技术进行融合,创造革命性的产品。

三星电子总裁尹钟龙也逐渐把注意力转向提升三星品牌定位。三星用了近十年的时间,投入了很大精力将自己的品牌形象定位于高端市场。在电子行业市场,尹钟龙提出“生鱼片原理”:隔天的鱼片只能以一半的价格出售。三星电子在尹钟龙带领下,不断地以最

快的速度向消费者推出新产品。2002年,三星电子的市值首度超越其标杆公司索尼。到2011年,三星电子的市值已经可以达到索尼巅峰时刻的市值。

综上,三星电子成立之初主要从事没有核心技术支撑的代加工,缺乏竞争力,因此稳定型战略是三星电子的选择。但是对于企业而言,这种几乎没有技术含量的生产方式是没有竞争力的,发展前景也十分暗淡。因此,三星在满足自己生存的前提下,通过采用与技术型企业合资的方式来发展自己的核心技术;进行广泛的调研、讨论、探索新兴技术;积极引进高新技术人才等方式来获取属于自己的核心技术,发展自己的竞争力。通过采用专业化战略,三星实现了在技术上的突破。而后,通过增加产品种类,扩大产品范围,谋求企业多元化发展。不同的时期根据不同的内外环境,结合自身优势,做出理性抉择。

当下很多中国企业与三星成立之初的情况相似,从事低端的商品组装,没有自己的核心技术。各个行业的进入门槛比较低,企业的领导者很容易陷入战略的盲动误区。那么对于初创企业,管理者需要有长远的战略规划,企业的重心在于实现生存,但是与此同时应该对企业竞争力的提升和未来的发展进行一个长远的规划,深度思考企业想要的是什么,而不是拘泥于现状。

第一节 稳定型战略

一、稳定型战略的含义和特征

(一)稳定型战略的基本含义

稳定型战略是指在内外环境的约束下,企业准备在战略规划期使企业的资源分配和经营状况基本保持在目前状态和水平上的战略。按照稳定型战略,企业目前所遵循的经营方向及其正在从事经营的产品和面向的市场领域,企业在其经营领域内所达到的产销规模和市场地位都大致不变或以较小的幅度增长或减少。

(二)稳定型战略的特征分析

稳定型战略不是不发展、不增长,而是寻求稳定的、非快速的发展。该战略的显著特征是公司很少发生重大改革或变化,具体包括持续地向同类顾客提供同样的产品或服务、保持现有产销规模和市场占有率、稳定和巩固现有的竞争地位等。显然,这是一种偏离企业目前状态最小的战略态势。当企业的绩效令人满意而环境看上去将保持稳定的时候,企业往往采取这一战略模式。因此,稳定型战略是在维持企业现有竞争地位的基础上,巩固和提高企业已有的生产和销售能力,保持相应水平的经济效益,提升企业的内部流程和组织能力,为下一步的发展奠定坚实的基础。稳定型战略主要有以下几个特点:

第一,实行稳定型战略可以使企业在基本维持现有的市场占有率、产销规模和竞争地位的情况下,调整企业的生产经营活动秩序,强化各部门、各环节的管理,从而为进一步提高企业竞争能力积累资源,为今后的发展做好充分的准备。

第二,企业满足于过去取得的经营绩效,决定追求既定的或与过去相同或者相似的经营目标。例如,企业过去的经营目标是在市场中取得最大的市场份额,实施稳定型战略,企业在实施该战略后的时期内，仍旧以销售量最多作为企业的经营目标。

第三，企业在稳定型战略下，在已有的产品组合基础之上，准备向顾客提供与过去相同或者相似的产品或服务，很少进行创新。

第四，实施稳定型战略的企业总是试图保持现有的市场占有率、产销规模或者略有提高，以此来巩固已有的竞争地位。

第五，企业在战略期内，在维持基本不变的市场占有率的同时，保持较为稳定的绩效增长比例，以达到进一步巩固竞争优势和市场地位的目的。比如，在原有的市场占有率的基础上，企业的销售额随着总需求量的增长而增长，企业经营业绩在增加，但是总的战略、市场策略等没有发生改变。

二、稳定型战略的优劣

（一）稳定型战略的优势

第一，企业的经营风险相对较小。由于企业基本维持原有的产品和市场领域，从而可以用原有的生产经营领域、销售渠道，避免开发新产品和新市场时所必需的巨大资金投入，激烈的竞争抗衡和开发失败的巨大风险。

第二，能避免改变战略所带来的组织分配方面的困难。由于经营领域主要与过去大致相同，不需要改变原有的资源分配方式，从而不需要考虑对组织结构和资源分配进行调整，不仅可以减少战略落实的时间，而且相对于其他战略态势来说，稳定型战略显然更容易实施。

第三，可保持人员安排上的相对稳定，充分利用已有的各方面人才，发挥他们的积极性和潜力，减少人员调整、安置所造成的种种矛盾及招聘、重新培训的费用。

第四，可使企业保持稳定的发展速度，防止因发展过快而导致的弊端。稳定的发展战略能够保持企业的经营规模、经营资源和能力平衡协调发展，有助于防止过快、过急的发展所导致的经济损失。

第五，能够给企业一个战略缓冲的时间。在实施稳定型战略的时期内，企业重新审视并改进自身的经营方式，为今后的战略调整积聚能量，做好创新发展的准备。从这个意义上说，适时的稳定型战略将是可持续增长战略一个必要的酝酿阶段。

（二）稳定型战略的劣势

稳定型战略的优势虽然比较明显，但是其存在的劣势也不可忽视。

第一，稳定型战略是建立在原有的战略基础之上的，是以对外部市场和内部实力判断正确的假设基础上的。如果企业原有的战略存在问题，或者企业对市场需求、竞争格局等的判断不正确，就会打破战略目标、外部环境、企业实力之间的平衡，使企业陷入困境。

第二，特定细分市场的稳定型战略也会有较大的风险。对于经营资源少、竞争地位弱的企业，通常采取以局部细分市场为目标的稳定型战略，在特定的细分市场建立企业的竞争优势。但是，如果对这几个细分市场把握不准，企业可能会更加被动。

第三，稳定型战略会减弱企业的风险意识，甚至形成害怕风险，回避风险的文化，这就会大大降低企业对风险的敏感性、适应性和抗拒风险的勇气，从而增大了风险的危害性和严重性。

稳定型战略的优点和缺点都是相对的,企业在具体的执行过程中必须权衡利弊,准确估计风险和收益,并采取合适的风险防范措施。只有这样,才能保证稳定型战略的优点充分发挥。

三、稳定型战略的适用情况

稳定型战略一般适用于市场需求和行业结构相对稳定或变化较小的企业,企业已经取得了令人满意的业绩,企业的机会和挑战已相对较小。有时,企业未来在动荡激烈的市场环境中寻求稳定发展,也会采取稳定型战略,保持稳定的战略态势。因此,需要结合企业的内外环境情况,探讨稳定型战略的适用条件。

(一)稳定型战略适用的外部环境

根据前面所述,当外部环境趋于相对稳定时,企业倾向于采用稳定型战略。但是外部环境是动态变化的,受到很多因素的影响,如何判断外部环境的相对稳定成为分析的关键。主要从以下几个方面进行判断:

第一,宏观经济的发展状况。如果宏观经济在总体上保持总量不变或低速增长,这就势必影响到该企业所处行业的发展,使其无法以较快的速度增长。 因此,由于宏观经济的慢速增长会使某一产业的增长速度降低,这就会使得该产业内的企业倾向于采用稳定型战略,以适应外部环境。

第二,行业本身的经济技术特点。如果企业所在的产业技术相对成熟,技术更新速度较慢的话,企业过去采用的技术和生产的产品无须经过较大的调整就能满足消费者的需求和与竞争者的抗衡,这样使得产品系列及其需求保持稳定,从而使企业采纳稳定型战略。

第三,消费者需求偏好的变动。这一点其实是决定产品系列稳定度的一个方面:如果消费者的需求变动较为稳定的话,企业可以考虑采用稳定型战略。

第四,产品所处的生命周期或行业所处的生命周期。对于处于行业或产品的成熟期的企业来说,产品需求、市场规模趋于稳定,产品技术成熟,新产品的开发和以新技术为基础的新产品的开发难以取得成功,因此以产品为对象的技术变动频率低,同时竞争对手的数目和企业的竞争地位都趋于稳定,这时提高企业的市场占有率、改变市场的机会很少,因此较为适合采用稳定型战略。

第五,企业面临的竞争格局。如果企业所处的行业的进入壁垒非常高或由于其他原因使该企业所处的竞争格局相对稳定,竞争对手之间很难有较为悬殊的业绩改变,则企业采用稳定型战略可以获得最大的收益,因为改变竞争战略所带来的业绩增加往往是不如人意的。

(二)稳定型战略适用的内部环境

当企业的外部环境发展较好时,如果企业的内部资源无法支撑企业扩大市场的持续增长战略,企业可以选择采取稳定型战略。当外部环境发展稳定时,企业应当实施稳定型战略谋求基业长青的发展。当外部环境不稳定甚至对企业的发展不利时,如处于行业衰退期的企业,如果具有较强的综合实力,可以采取稳定型战略;如果内部实力较弱,应采取快速撤退的策略。因此，在分析企业外部环境的基础上，还需要对企业的内部实力进行分析，综合内外部的情况，分析稳定型战略的适用条件。

企业的内部实力集中体现在企业的竞争地位以及经营资源两个方面，确定企业的竞争地位可以用企业的市场占有率或者相对市场占有率为指标，经营资源包括企业的人、财、物等方面的资源。企业的内部实力，我们将企业分为三类：首位企业、中位企业和低位企业。其中，首位企业的竞争地位高，经营资源充足，内部实力强；中位企业的竞争地位中等，经营资源较少，内部实力较弱；低位企业的竞争地位低，经营资源不足，内部实力弱。

（三）稳定型战略的适用情况选择

对外部环境和内部实力进行分析后，企业需要综合两个方面的情况对战略做出选择。选择稳定型战略的情况如下：

当经济处于发展期时，外部环境状况发展较好，行业内部和市场需求处于增长阶段。此时，中位企业可以选择以稳定局部市场为目标的稳定型战略，将企业拥有的资源集中运用到自己比较擅长的细分市场，创造产品优势，维持竞争地位。

当经济环境较为稳定时，市场需求和行业结构变化较小。此时，首位企业通常采取以保持市场占有率为目标的稳定型战略；中位企业通常采取以深入局部细分市场、维持竞争优势为目标的稳定型战略，保留已有的产品市场；低位企业如果能在特定的细分市场上发挥自己的竞争优势，也可以采取和中位企业一样的稳定型战略，只是其目标市场的范围更窄。

当经济环境处于衰退期时，如果衰退的趋势只是暂时存在，大多数企业一般采取维持原有状况的稳定型战略；如果这种衰退是因为产品的生命周期处于衰退期造成的，首位企业应采取维持行业领导地位或者以获得短期利益为目标的稳定型战略；如果衰退的速度缓慢且行业中的竞争对手较少，中位企业或者经营资源较丰富的低位企业可以采取维持原有市场，建立差异化的竞争优势的稳定型战略，在巩固自身的竞争地位的同时，维持一段时间的盈利。

当然，除了企业的外部环境和内部实力外，企业的经营目标以及政府的政策等都有可能成为企业采取稳定型战略的原因。总之，企业是否采取稳定型战略，并制定什么样的稳定型战略是由企业内外环境所决定的。如何更好把握稳定型战略中投入变化的范围和程度往往受到很多具体因素的影响。

四、稳定型战略的应用分析

（一）稳定型战略的应用前提

稳定型战略的应用前提是企业的前期战略必须是成功的战略，而且企业只要继续实施这种战略，就能够避开威胁，利用机会，使企业获得长期稳定的发展。

采取稳定型战略的企业往往寻求“在稳定中谋发展”，其原因包括：经营者不愿承担快速发展所带来的高风险；不愿承担改变资源状况带来的负担；发展太快容易导致管理上的困难；企业不能发现机会或力量跟不上环境变化，即既不善于发现机会，也难以觉察到威胁。

（二）稳定型战略的基本类型

稳定型战略主要按照偏离战略起点的程度、采取的防御态势以及具体的实施特点进行分类：

1. 按偏离战略起点的程度划分，可以分为无增战略和微增战略

（1）无增战略。无增战略是指企业保持在原有的战略基础水平上，经营管理活动按照原有的方式在原有的目标市场内进行，企业在市场竞争中的竞争地位、产销规模及经营绩效等保持不变。采用无增战略的企业除了每年按通货膨胀率调整其目标外，其他暂时保持不变。

（2）微增战略。微增战略是指企业在保持稳定的基础上略有增长与发展的战略。比如，稳定而小幅度地提高企业的市场占有率和市场地位；随着总的市场容量的稳步增长，企业相应地扩大产销规模，保持适当的市场占有率；企业根据市场环境和内部能力的变化，谨慎地推出新产品和扩大市场。

2. 按企业采取的防御态势划分，可以分为阻击式防守战略和反应式防御战略

（1）阻击式防守战略。这一战略的指导思想是“最有效的防御是完全防止竞争较量的发生”，主要是为了防止挑战者着手行动或者使其进攻偏离到对企业威胁较小的方向。阻击式防守战略要求企业不仅能够预测到可能的挑战者和进攻方向，而且企业还要能够封锁挑战者的一切可能的进攻。

（2）反应式防御战略。当对手的进攻发生以后或者挑战来临之时，针对这种进攻或挑战的性质、特点和方向，企业采用相应的对策，施加压力，以维持原有的竞争地位和经营水平。这是一种被动的、消极的防御策略。

3. 按稳定型战略的具体实施划分，可以分为维持现状战略、维持目前利益战略、暂停战略及谨慎实施战略

（1）维持现状战略。与前面提到的无增战略相同。

（2）维持目前利益战略。这是一种牺牲企业未来发展来维持目前利润的战略。维持目前利益战略注重短期效果而忽略长期利益，其根本意图是度过暂时性的难关，因而往往在经济形势不景气时被采用，以维持过去的经济状况和效益，实现稳定发展。但如果使用不当的话，维持目前利益战略可能会使企业的元气受到伤害，影响企业长期发展。

（3）暂停战略。在一段较长时间的快速发展后，企业可能会遇到一些问题使得效率下降，这时就可以采用暂停战略，即在一定时期内降低企业的目标和发展速度。暂停战略可以充分达到让企业积聚能量，为今后的发展做准备。

（4）谨慎实施战略。如果企业外部环境中某一重要因素难以预测或变化趋势不明显，企业的某一战略决策就要有意识地降低实施进度，步步为营，这就是所谓谨慎实施战略。

（三）稳定型战略的应用对策

稳定型战略不等于“不投入”的战略，企业采取稳定型战略最终目的是要通过维持稳定投入来实现企业的稳定发展。前文主要论述了外部环境稳定的情况下，企业综合自身的内部能力及其他因素，选择不同种类的稳定型战略。但是，企业始终处于动态的经济环境中，环境的变化会引起企业内许多要素能力的改变，甚至决定战略的转变。特别是在信息不对称的环境中，企业只有通过战略与能力的不断演化和互动，才能维持企业的持续经营，避免被市场淘汰。由此，在动态环境中，稳定型战略具有如下解决对策：

1. 保持企业家精神，克服核心能力的刚性

许多新创企业的存活期不长的主要原因是企业专注于生产和服务，忽略更新企业的核心能力，这势必会带来企业竞争优势的退化。而企业家精神是一种创业精神，能将创意构想化为行动的企图心与力量，这种力量不仅仅是内在的愿景与智慧，也包括外在的支持系统与价值观。企业家精神类似一种能够持续创新成长的生命力，这种生命力能够帮助企业克服核心能力的僵化，使企业焕发不断创新的活力。

2. 培养持久的创新文化，促进企业内部的良性循环

好的经营战略、管理机制固然重要，但其作用能否充分发挥，在很大程度上依赖于其所根植的企业文化。成功的管理不能成功移植，可见企业文化的重要性。一个良好的企业文化不仅要建立核心价值观，还要努力向员工灌输正确的理念和态度，并且能随着外在竞争环境而调整企业体制、重塑企业文化。企业战略的灵魂是企业文化，而企业文化最核心的内容应该是创新文化。企业的文化形成于企业在内外环境中的实践，与之相对应，企业文化烙印于企业的时间活动之中，实现企业的持续经营。

3. 加强组织学习，增加企业柔性

企业战略作为协调企业与动态环境适应性以维持有效管理不确定性环境的有机系统，动态环境的不确定性限制了企业提前制定计划或在实施之前对活动进行决策的能力。由于这种影响，组织必须寻求柔性。环境的不确定性越大，企业需要的柔性也越大。组织学习是一种改进的程序，也是一种改进的结果，是组织知识的累积，可让组织不断改进以应对环境的改变，掌握企业的变动趋势与发展能力，灵活应对环境变化。

4. 构建企业的动态能力，建立战略思维的运作机制

企业要掌握永续成长的规律就必须找到一种调和保持核心与价值创新的矛盾的方法，即需要一种稳定型战略动态能力的运作机制。企业动态能力的运作机制，就是一边将价值理念输入到商业模式中，一边又将价值理念从商业模式中输出，形成的整体价值创新和资源整合的持续效应，就是企业动态能力追求的稳定型战略的主要精神所在。

第二节　专业化战略

专业化战略是稳定型与扩张型战略中广泛采用的一种战略类型，是针对企业发展的一种总体战略。专业化战略以市场开发为主力，以产品开拓为助手，对企业生产经营活动的经济性、适应性、成长性和安全性等都有相应的作用。

一、专业化战略的含义和特征

（一）专业化战略的基本含义

专业化战略，是企业集中资源和能力，面向某一特定的目标市场，心无旁骛地专注于生产或提供最能代表企业自身优势的单一的或几种产品或服务，以获得竞争地位的战略。专业化战略本质上是一种单一的经营方式，企业只生产或提供数量有限的产品或服务种类，且这些产品或服务占据企业经营绩效的绝大部分。专业化战略能够帮助企业快速实现经济效益，为企业的成长和发展奠定坚实的基础。

（二）专业化战略的特征分析

专业化战略的一个很突出的特点是将企业的资源集中于企业的主营业务上，而且是很大程度上的集中。从而使主业迅速扩大，特长突出，有助于降低长期平均成本，实现规模经济，从而能更好地把握顾客需求的变化，更好地满足顾客的需求。专业化战略是获得竞争优势的基础条件，其基本点是将企业集团的资源优势聚合于某一特定的产业或产品领域，而不会引起经营结构与市场结构的改变。在专业化战略下，资源的聚合意味着企业集团在特定的市场上优势的集中，规模效应发挥得淋漓尽致，从而为谋求特定市场的竞争优势，增强风险抗御能力，推进市场领域的有序拓展提供了充分的资源支持。

二、专业化战略的优劣

（一）专业化战略的优势

1. 有利于企业形成核心竞争力

企业毕竟只拥有有限的资源，特别是中小企业和新创企业，很难兼顾超过自身资源承受能力的目标市场和顾客。采取专业化战略，将企业的主体资源集中于一个或少数几个目标上，全身心投入，将业务做精，有助于企业形成核心竞争力。

2. 有利于企业获得经济效益

由于专业化战略生产的产品种类少，耗用的成本较低，很容易实现企业盈利。而随着企业在某一市场的经验不断累积，企业将会更加高效地使用企业的资源和能力，在目标市场中形成规模经济优势。

3. 有利于降低企业的经营风险

专业化是一种风险最小的投资战略。由于对行业熟悉，使专业化成为一种风险最小的投资战略。虽然特定市场上既定产品的技术、功能、质量、价格等需求容量有限，但是由于对该行业熟悉，已拥有较成熟的资源，已形成核心竞争力，这些都会保证企业稳定的规模经济收益，降低风险。

（二）专业化战略的劣势

第一，投资集中于一行业，产品类型单一，则行业风险大。一旦该行业出现动荡或该产品被某种新科技产品所取代，则企业将面临巨大的经营风险。

第二，特定产业与市场的容量有限，发展受行业局限，产业的发展有其生命周期性。本行业的发展若已经进入成熟期或衰退期则发展前景受阻，相应企业集团的发展也将随之陷入不良的周期性波动的境地。任何产业，越是成熟，其附加值与平均利润率就越低。任何产业，越是成熟，其附加值与平均利润率就越低。从这个意义上说，产业升级终究还是企业要考虑的战略问题。单一业务对多数企业来说，路会越走越窄，可能造成富余资金闲置，而无路可走。

第三，企业效益受上游企业的影响和制约。

第四，从宏观角度来看，专业化程度太高，容易形成垄断，不利于市场竞争，有可能使产品价格上升，使消费者剩余减少。

三、专业化战略的适用情况

专业化战略是对企业的资源进行集中使用，专注于某一种业务、某一项技术或某一类市场的战略。由于消费者的需求不断变化，多样性和定制化的趋势越来越明显，而企业的资源是有限的，永远无法满足市场的各种需求。尤其是对于那些新创企业来说，在经营稳定的基础上，企业发展的下一步更重要的是着力实现专业化目标。同时，结合专业化战略的优势劣势分析，可以发现，专业化战略主要适用于企业目标明确、集权化程度较高、管理幅度比较窄以及具备较充足的专业资源和专业人才的企业。一般对小型企业、对处于高成长性行业的企业，应以专业化为主，以便实现规模经济。

四、专业化战略的应用分析

（一）专业化战略的应用前提

采用专业化战略的企业在自己熟悉的发展方向上拓展，对于诸方面的问题了然于心，通过实现公司业务的专一化能够以更高的效率和更好的效果为某一狭窄的战略对象服务，从而超过在较广阔范围内竞争的对手们。采用专业化战略的企业需要具有明确的市场目标，拥有特定的顾客－技术－产品组合模式，并且在经营方式和产品开发方面灵活多变。专业化战略在企业的发展中起着不可低估的作用。专业化战略实施需要全体员工的共同努力，以保证专业化战略的顺利实施。

（二）专业化战略的基本类型

专业化战略是企业向更高层次发展的重要晋升阶梯，主要的实现手段是通过市场和产品的专业化，满足特定目标市场的消费者需求，实现企业经济增长和优势构筑。根据专业化战略实施的主体，将专业化战略分为市场专业化和产品专业化两种类型。

1. 市场专业化

市场专业化战略主要是帮助企业明确目标市场、提高目标市场份额、扩大市场范围，以实现企业的对目标顾客需求的充分供给。企业需要选定目标市场，以实现企业资源和能力的有效供给，获得经济效益。但是，由于目标市场的复杂性和多变性，企业需要对市场尽可能专业化，以帮助企业获得更高的、可持续的利润回报。因此，市场专业化战略是一种越来越重要的专业化战略。

2. 产品专业化

产品专业化战略是针对企业所提供的产品或服务所衍生出来的一种战略，主要是致力于提高产品性能、扩展产品种类，以更好地满足现有用户和潜在用户的消费需求。为此，要从产品特征、包装、服务等多方面作研究，并顾及竞争对手的情况。通过市场调查掌握市场和消费者消费习惯的变化，在必要时对产品进行升级改造。产品专业化战略受目标市场的影响，其主要目的就是满足目标市场的客观需求，实现企业利润增长。

（三）专业化战略的应用对策

1. 市场渗透

实施专业化战略的主要途径之一就是提高产品或服务在目标市场所占据的市场份额，而市场渗透是最有效的对策。通过采取增加和培养销售团队，增加销售支出等，从而实现稳定现有客户，抢夺竞争者的客户，以及吸引潜在顾客，做到审时度势，利用自身优势，尽可能抓住目标市场中的所有客户。

2. 市场开发

对于已有的目标市场，专业化战略要求持续渗透。而对于更大范围的新市场，专业化战略可以通过市场开发将产品或服务推进新市场。企业进行市场开发主要包括两种类型，一种是扩大目标市场的地域范围，对相邻地区甚至全部地区实现市场占领；另一种是通过细分消费者需求和产品或服务性能，进入新的细分市场。

3. 产品开发

专业化战略要求企业的产品或服务必须随着需求的变动而变动，当然，这种变动的范围也要根据企业自身的资源能力确定。主要有以下三种具体的实现方式：一是充实现有的产品线，例如：为现有的产品线提供新尺寸、新花色、新格调的产品；二是提升产品或服务的品质，同时对消费者需求进行细分，提供定制化的产品组合；三是更新优化产品，开发新的产品功能。

同时，在实施专业化战略时，还需要注意：

第一，加强管理，发挥规模经济效应专业化经营应加强管理，协调各方关系，使内外资源迅速融合，以便在企业规模扩大的同时，降低长期平均成本，实现规模经济。

第二，注重产品的研发原则，不断推陈出新。企业一方面应设法延长产品的寿命周期，以求其预期价值的扩展。另一方面要努力创新，开发新产品，以适应产品寿命周期总体缩短的趋势。搞好产品开发是企业振兴发展的必由之路，只有重视产品开发的企业才能在竞争的大潮中立于不败。

第三，通过专业化实现规模经济、扩大市场是有限度的。美国学者开展的一项研究表明，企业盈利并不是伴随市场占有率的提高而一直提高。超过一定限度，追逐更高市场份额的成本就会超过其收益、使盈利率下降。这就说明，通过专业化实现规模经济、扩大市场、增加盈利是有一定限度的。企业要想持续成长，就得依赖多元化来另辟蹊径。

第三节 多元化战略

多元化经营在第二次世界大战之后成为企业扩张自身的主要方式，尤其是在美国爆发的第三次兼并收购浪潮中，很多大公司普遍采用兼并的方式来进行多元化经营，引领了一股多元化经营的风尚。因此，在之后的经济发展过程中，多元化战略掀起了世界范围内的经营热潮。

一、多元化战略的含义和特征

(一) 多元化战略的含义

多元化战略,也称为多样化战略或多角化战略,是企业为了获得最大的经济效益和长期稳定经营,开发有潜力的产品,或通过吸收、合并其他行业的企业,以充实系列产品结构,或者丰富产品组合结构的一种战略。它是指企业发展到一定阶段,为寻求长远发展而采取的一种成长或扩张行为。

伴随经济的发展、企业的结构变更以及集团化、跨国化成长,企业多元化战略的含义已经远远超过了最初多种经营的界定。多元化战略有了新的内涵:第一,多元化战略是企业的成长行为,并不光是企业的经营方式;第二,多元化战略是企业的长远性、全局性的战略行为;第三,多元化战略往往与产品的策略紧密相连,但又非产品的系列化行为。

(二) 多元化战略的特征

多元化战略的主要特征是企业基于自身能力、所面临的风险以及企业现有利润寻求企业能力与市场机会的最佳组合行为。

一方面,多元化战略是相对企业专业化经营而言的,其内容包括:产品的多元化、市场的多元化,投资区域的多元化和资本的多元化。

另一方面,多元化与产品差异是不同的概念。所谓产品差异是指同一市场的细分化,但在本质上是同一产品。而多元化经营则是同一企业的产品进入了异质市场,是增加新产品的种类和进入新市场两者同时发生的。所以多元化经营属于经营战略中的产品－市场战略范畴,而产品差异属于同一产品的细分化。

多元化战略侧重于企业生产出的差异化产品能够流入异质的销售市场,或者是能够将新的业务扩展到新的产业领域。

二、多元化战略的优劣

(一) 多元化战略的优势

第一,充分利用企业内部优势,包括技术优势、市场优势、管理优势、资本优势等资源优势,实现资源的合理配置,提高资源的利用效率。多元化战略还可以降低企业的外部交易成本,如横向一体化多元化经营可以减少不必要的同业竞争,又可获取规模效益;而纵向一体化多元化经营则使外部市场供销变成了内部原料供求,将大大降低企业的交易费用。

第二,规避企业经营风险。实行多元化经营,企业可以将资源分散到不同产品或行业经营中,避免经营范围单一造成企业过于依赖某一市场易产生波动的弱点。当企业在遭受某一产品或经营领域的挫折时,通过在其他产品或行业的经营成功而弥补亏损,从而提高企业的抗风险能力,并尽量减少风险损失。

第三,容易从资本市场中获得融资。不论是大型跨国企业还是中小企业,当企业无法取得利润增长时,多元化战略可以帮助企业找到新的业绩增长点。与此同时,由于新的增长点具有良好发展前景和盈利机会,企业更容易获得新的融资。

（二）多元化战略的劣势

第一，影响原有的经营产业。多元化战略将企业的资金和管理层的注意力分散，减少了对原有产业的关注度，甚至可能削减对原有经营产业的投入。

第二，来自新市场的经营风险。由于多元化战略需要创造差异化产品进入新的细分市场，因此，对于企业来说，就需要将有限的资源分散在两个甚至更多的市场中，如果企业没有后续资源补充市场需求，企业将会陷入被动。

第三，内部经营整合风险。新投资的业务会通过财务流、物流、决策流、人事流给企业带来全面的影响，同时对企业的管理机制提出不同的要求。如并购方式不同的企业文化能否成功融合的风险。

第四，可能导致企业过分追求多元化。多元化经营战略的实施需要把握好实施多元化的程度，如果过分进行经营业务的多元化，会给企业带来很多困难，主要有来自财务、决策和管理方面的风险。

三、多元化战略的适用情况

（一）多元化战略适用的外部环境

多元化战略对外部环境的考察主要包括两个方面，一是对宏观经济所处的周期进行分析，二是对多元化战略想要进入的新的发展产业的生命周期进行分析。宏观经济周期分为危机、萧条、复苏、高涨，它对企业的行为具有重大影响，宏观经济处于不同的周期，企业行为也应相应变化。这是因为：

1. 企业的融资行为与经济周期密切相关

如果宏观经济处于繁荣期，资本市场的融资难度较低，企业获得资本的成本也相对较低。企业拥有了足够灵活的资金，促进企业采取多元化的扩张行为。反之，如果宏观经济处于衰退期，融资条件苛刻，企业会相应地减少扩张市场的行为。

2. 不同周期的顾客和企业具有不同的经济行为

在经济繁荣阶段，消费者的购买意愿强，购买力增加，企业为了满足消费者不断增长的个性化的需求，会倾向于采取多元化的扩张性行为，提高企业的经营绩效。与之相反，在经济不繁荣的阶段，消费的购买力减弱，此时，企业不能盲目地刺激消费者的需求，不应采取多元化的经营战略。

除了要对宏观经济所处的周期进行分析外，企业在制定多元化战略时，也需要考察新进入的产业的发展周期。

（二）多元化战略适用的内部环境

多元化战略对企业内部实力的要求较高，只有当企业资源充足、经营状况良好时，企业才会选择实施多元化战略。具体情况如下：

1. 良好的经营业绩

良好的业务经营主要表现在：企业的盈利情况良好，资金充裕，能够保证足够的现金流；企业内部具备人才优势，能够应对新增业务的开展；企业在市场中拥有良好的信誉，能够帮助企业开展新业务。

2. **剩余的资源能力**

根据企业成长理论，企业如果有可供利用的剩余资源，即资源的剩余生产能力，则会为企业多元化的实施奠定基础。尤其是在主营业务市场出现负增长时，企业的剩余资源不断增加，企业应及时将资源转换为企业的业务能力，为企业创造盈利。

3. **可靠的融资渠道**

多元化战略需要强大资金实力做保障，因此融资渠道成为企业实施多元化经营是否取得成功的关键性因素。当前我国企业的融资渠道主要包括发行股票、债券等外部融资，以及企业内部的资本金、盈余留存资金等。企业需要有运营资本市场的专业人员和可靠灵活的融资途径，保障企业拓展市场和用户的需要。

4. **坚强的核心竞争力**

核心竞争力即企业在市场竞争中取得关键性资源，使得企业具有并可长期保持稳定的竞争优势以及超额利润的能力。企业通过有效地获取和配置各项资源，建立其核心竞争力，从而巩固自己的竞争优势，能够为采取多元化战略建立牢固的发展基础。同时，随着多元化战略的实施，外部市场的不断变化，企业的核心竞争力也需要随之更新和巩固，从而也才能获得可持续发展。

(三) 多元化战略的适用对策

企业开展多元化战略的原因多种多样，如企业为了谋求生存、获得稳定发展、提升资源效率、满足消费者多样化需求、获得成长、规避税收、确保行业领头羊地位等可以促使企业实行多元化战略，主要可以归结为:企业所在的外部环境特征和企业内部特征。同时，企业也需要考察多元化战略本身的适用条件。除了对内外环境的要求，多元化战略主要适用于大型的、资本雄厚且发展状况良好的企业，大型企业对市场的抗风险能力较强，并且拥有充足资源能力，能够适应新开拓的市场，满足客户需求。当然，中小企业为了突破原有的利润增长，寻找企业的增长空间，也会选择多元化战略，以此来增强管理和创新能力。因此，企业在考察多元化战略时，需要对多元化经营战略节省的外部交易成本与企业内部的组织交易成本做比较，如果采取多元化战略能够为企业带来更多经营利润或市场地位等经济价值，企业可以放心大胆地采取多元化战略。

四、多元化战略的应用分析

(一) 多元化战略的应用前提

多元化战略的实施需要认真考察企业内外部的经济情况，由于外部环境时刻变化，企业不能完全预测，所以企业更加需要做好自己。在实际运营中，企业不仅要具备足够的资源和能力，还需要这些资源和能力能够协调配置。企业资源和能力的充足情况、配置方式及其整合情况会直接影响企业多元化战略的实施效果。多元化战略的实施使得一个企业同时经营多个行业，企业需要具备很强的组织管理能力，从而很好地协调各个行业的发展，提高资源和能力的利用效率。

(二) 多元化战略的基本类型

根据安索夫的分类，多元化战略可分为四种类型(见图 5-1):① 水平型多元化，即企业利用现有市场，向水平方向扩展生产经营领域，进行产品、市场的复合开发。② 纵向型多元化，即企业进入生产经营活动或产品的上游或下游产业，实际上就是纵向一体化。③ 同心型多元化，亦称同轴多元化，指企业利用现有技术、特长、经验及资源等，以同一圆心扩展业务。同心型多元化又分为市场相关型、技术相关型、市场与技术相关型。④ 混合型多元化，又称非相关多元化，即企业进入与现有经营领域不相关的新领域，在与现有技术、市场、产品无关的领域中寻找成长机会。

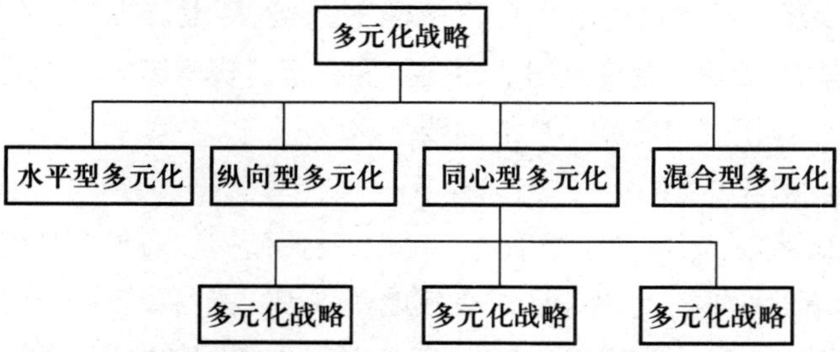

图 5-1　安索夫的多元化战略分类

赖利和鲁迈特进一步完善了多元化战略的分类，赖利和鲁迈特的分类方法在国外理论界较为流行。其中，根据产品之间的关系和收入比例，将关联型多元化划分得更细：① 占优，纵向型多元化，即业务收入占总收入的 70% 以上；② 相关，限制型多元化，即主营业务收入占总收入的比例不超过 70%，但和其他与主营业务相关的业务一起占的比例超过 70%；③ 相关，联系型多元化，即主营业务收入占总收入的比例低于 30%，但与其他相关业务总共占的比例超过 70%。

国内学者对多元化战略的分类，主要是根据多元化战略的产业链结构和各个产品市场的相关性，将多元化战略分为垂直链型多元化战略、相关型多元化战略以及无关型多元化战略，并对各个战略进行了一定程度的细分。

从上述多元化战略的分类中，我们可以看到：① 相关型和无关型是多元化战略的两大类型，这已成为共同标准，但对这两大类的细分各有不同；② 垂直链型和纵向型是否属于多元化战略，暂时学术界还没有一致的看法；③ 水平型多元化是否属于真正的多元化经营，还值得进一步探讨。

多元化战略的划分并不是一成不变的。其分类的意义在于了解不同类型的多元化战略的不同特点，在进行战略决策时选择适合本企业的类型，以提高多元化经营的效率和业绩。

（三）多元化战略的应用对策

实施多元化战略可以从以下几个方面来进行：

1. 确定清晰的战略规划

战略规划由专门的战略管理部门制定，它的焦点是制定最优的战略决策。纵观全球的大型企业，战略规划的制定早已受到其重视。战略规划有以下突出作用：为企业提供清晰的发展战略和竞争战略；避免战略决策随意性、缺乏科学的决策机制的问题；有利于企业加深对市场和竞争环境的认识，增加可量化的客观分析；避免企业盲目追逐市场热点、企业投资过度多元化，从而导致企业资源分散。

2. 对现有多元化业务进行调整

在多元化发展的过程中做“加法”居多，做“减法”居少，即不断增加多元化业务，却较少对现有业务进行调整。“加减法”的现实意义在于，从认识到资源的稀缺性这一问题着眼，以提高行为效能和效率入手，立足资源有限性应对市场无限性，充分利用现有资源，投入到最具吸引力和发展前景的行业。

3. 就现有多元化业务优化组织架构

组织架构是指为了实现组织目标，通过组织理论指导，设计而成组织中各个单位的构成方式。为了适应于未来的发展需要，可进行组织架构的调整，如复星集团下属再设三个子集团，分别为实业集团、投资与资产管理集团、金融控股集团。总部集团负责制定战略、调配资源、品牌管理、建立集团化管理体系等。

4. 强化核心竞争力

随着企业竞争的加剧，以往适用于促进企业成功的方法诸如偶然的产品开发或市场策略将变得越来越难以适用，而拥有核心竞争力的企业将逐步走向成功。企业核心竞争力是企业资源诸如技术、产品、管理、组织文化等的综合反映，它不易被竞争对手模仿，并能够为企业带来超出平均利润水平的高额利润。

我国市场经济体制日趋完善，各个行业内部竞争越来越激烈，进入其他行业的壁垒会越来越高。因此，我国企业应该注重培养自身的核心竞争力，建立竞争优势，朝专业化的运营方向发展。即使实施多元化战略，也要在企业具备核心竞争力的基础上实施相关多元化战略，并以此进一步培养核心竞争力。

第四节　一体化战略

一体化是指将独立的若干部分加在一起或者结合在一起而成为一个整体。基于交易成本理论，一个交易是在企业内组织，还是由独立的签约者在市场中进行，取决于进行市场交易的成本与在企业内进行交易的成本的比较。因此，把原来市场行为纳入企业内部组织就是一体化。

一、一体化战略的含义和特征

(一) 一体化战略的含义

对一体化战略进行如下定义：一体化战略是“企业充分利用自己在产品、技术、市场上的优势，根据企业的控制程度和物资流动的方向，使企业不断地向深度和广度发展的一种战略。这里的深度和广度，实际上讲的就是战略经济学所说的企业横向和纵向的边界。

一体化战略是指企业在现有业务的基础上，有目的地主动将互相联系密切的经营活动纳入生产经营体系当中，构建起一个统一经济实体的战略。它或是进行横向扩张，实现规模的扩大，或是进行纵向扩展，进入企业目前经营的供应阶段或使用阶段，实现在同一产品链上的延长，以促进企业进一步成长与发展的战略。一般来说，一体化战略根据产业链方向包括三种类型：前向一体化战略、后向一体化战略、水平一体化战略。前向一体化与后向一体化战略又统称为纵向或垂直一体化战略，而水平一体化战略又称为横向一体化战略。

（二）一体化战略的特征

根据企业边界理论和市场交易理论，一体化战略是通过扩展企业的组织边界来实现的，一体化战略的实施会模糊企业内部的交易与市场的交易。所以，一体化战略不是简单地对企业和市场进行区分，而在企业制定战略目标的基础上，对企业的组织边界的范围和市场交易的过程进行重新划分和定义。这与企业间制定的长期合约关系不同，如一个企业赋予另一个企业特许经营的权利，企业间仍保持独立主体的形态，只是将交易的方式固定。而一体化战略的实施具有强制性，战略实施后形成的联合体内部只是部门与部门间的关系，它们所有的生产经营活动都必须服务于这个整体的经营目标。企业间不是紧密合作，而是团结协作。一体化战略的主要特征是企业基于自身能力、所面临的风险以及企业现有利润寻求企业能力与市场机会的最佳组合行为。

二、一体化战略的优劣

一体化战略主要分为横向一体化战略和纵向一体化战略，它们之间优势和劣势具有较大区别，分别分析两者的优劣能够帮助我们更加清晰地认识一体化战略。

（一）一体化战略的优势

1. 横向一体化的优势

横向一体化战略是指获得与本企业竞争公司所有权或加强对其的控制，通过合并、收购和接管，企业能够提高规模经济，加快资源和能力的获得和流动。横向一体化战略的优势有：

（1）可以有效地实现规模经济，节省成本，或者快速获得与产品生产相关的其他资源和能力。

（2）通过收购或合作的方式，获得更大的市场份额和地理覆盖区域。

（3）阻止竞争对手的扩张，维持自身的竞争地位和竞争优势。

2. 纵向一体化的优势

（1）可以为企业带来经济性。采取这种战略后，企业将外部市场活动内部化，能够获得合并作业的经济性、内部控制和协调的经济性、信息的经济性、节约交易成本的经济性以及稳定关系的经济性。

（2）有助于开拓技术。纵向一体化提供了进一步熟悉上游或下游经营相关技术的机会，能够帮助企业实现对基础经营技术的开拓与发展。

（3）确保价值链中的供给和需求。纵向一体化能够确保企业在原材料的需求能够得到充分的满足，或在消费者需求的方向或者数量有变化时能够快速地适应。

（4）削弱供应商或顾客的价格谈判能力。如果企业掌握了生产所需要的资源或者销售的渠道，那么这就大大地降低了成本，减少竞争对手，供应商或顾客没有太多其他选择。

（5）提高差异化能力。纵向一体化可以通过在管理层控制的范围内为顾客提供一系列额外价值，来给予本企业区别于其他企业的能力。这种差异化的能力可以体现在两个方面，一是提供差别化的产品，二是提供有附加值的服务。

(6) 提高进入壁垒。企业通过实施一体化战略,不仅保护了自己原有的经营范围,而且扩大了经营业务,同时还限制了所在行业的竞争程度,使企业的定价有了更大的自主权,从而获得较大的利润。

(二) 一体化战略的劣势

1. 横向一体化战略的风险

(1) 过度扩张所产生的巨大生产能力对市场需求规模和企业销售能力都提出了较高的要求,企业可能面临被挖空的风险。

(2) 在某些方式的横向一体化战略的实施中,如战略联盟中,企业的专利技术有扩散的风险。

(3) 组织上的障碍也是横向一体化战略所面临的风险之一,每个企业都有自己特定的文化,不同的企业在横向一体化后难以互相认可。

2. 纵向一体化战略的局限性

(1) 不利于学习。纵向一体化会提高企业在行业中的投资,提高退出壁垒,从而增加商业风险,有时甚至还会使企业不能将其资源调往更有价值的地方。同时,纵向一体化的企业对新技术的采用常比非一体化企业要慢一些。

(2) 潜在的高成本。纵向一体化迫使企业依赖自己的内部活动而不是外部的供应源,而这样做可能会使成本提高。

(3) 不利于平衡。纵向一体化有一个在价值链的各个阶段平衡生产能力的问题。价值链上各个活动最有效的生产运作规模可能不大一样,这就使得完全一体化很不容易达到。

(4) 需要不同的技能和管理能力。尽管存在一个纵向关系,但是在供应链的不同环节可能需要不同的成功关键因素,企业可能在结构、技术和管理上各有所不同。

(5) 延长了将产品推向市场的时间。如果后向一体化进入的上游产业是需要再加工的,那么企业可能要花费一定的加工和适应时间。

三、一体化战略的适用情况

通过以上一体化战略风险与收益的分析,可以提出在什么情况下,可以使用一体化战略。

(一) 横向一体化战略的适用情况

第一,企业在一个成长着的产业中进行竞争并且依靠规模的扩大可以提供很大的竞争优势。

第二,企业具有充足的资金保证横向一体化战略的执行,并且能够保证战略执行后整个新的组织运转不受影响,这要求企业要有足够的资本和丰富的人力,并且有协调大规模活动的能力。

第三,被收购对象由于缺乏管理经验或特定资源而发展受阻。但是,当收购对象是因为整个产业处于衰退期而无法进一步发展时,使用横向一体化战略无疑是给自己加上了一个负担。

第四,如果政府对于企业的合并垄断行为持赞成的态度,企业可以在一定范围内获得一定程度的垄断。

(二) 前向一体化战略的适用情况

第一,企业现在利用的销售商成本高昂、不可靠、或不能满足企业销售需要。

第二,可利用的高质量销售商数量很有限,采取前向一体化的公司将获得竞争优势。

第三,企业所参与竞争的产业明显快速增长或预期将快速增长。当企业主营业务停滞不前时,前向一体化会降低企业进行多元化经营的能力。

第四,企业具备销售自己产品所需要的资金和人力资源。

第五,稳定的生产对企业十分重要,这是由于通过前向一体化,企业可以更好地预见对自己产品的需求。

第六,现在利用的经销商或零售商有较高的利润。这意味着通过前向一体化,企业可以在销售自己的产品中获得高额利润,并可以为自己的产品制定更有竞争力的价格。

(三) 后向一体化战略的适用情况

第一,供应商数量很少而需方竞争者数量较多或者企业目前的供应商或供货成本很高、不可靠,或不能满足企业对零件、部件、组装件或原料的要求。

第二,企业具备自己生产原材料所需要的资源。

第三,对于该企业来说,提供产品价格的稳定性至关重要。这样通过后向一体化,企业可稳定其原材料的成本,进而稳定其产品的价格。

四、一体化战略的应用分析

(一) 一体化战略的应用前提

一体化战略是企业进行市场扩张的一种发展战略,通常企业可以通过横向的市场扩张或者纵向的产业深入,达到经营一体化的目标。

1. 有效的横向一体化应当遵循的基本准则

有效的横向一体化应遵循以下 5 项基本准则:

① 企业可以在特定的地区或领域获得垄断,同时又不会被联邦政府指控为对于削弱竞争有“实质性的影响”;② 企业在一个呈增长态势的产业中竞争;③ 可以由此借助规模经济效应的提高为企业带来较大的竞争优势;④ 企业拥有成功管理业务规模得到扩大的企业所需要的资金和人力资源;⑤ 竞争者因缺乏管理人才,或者因为需要获得其他企业拥有的某些特殊资源而陷入经营困境之中。如果竞争者效益不佳是整个产业的销售总量下降造成的,则企业不应选择横向一体化。

2. 有效的前向一体化战略应当遵循的基本准则

有效的前向一体化战略应遵循以下 6 项基本原则:

① 企业当前的分销商要价太高,或者不大可靠,或者不能及时满足企业分销产品的要求;② 企业可以利用的合格分销商非常有限,以至于进行前向一体化的企业能够获得竞争优势;③ 企业当前参与竞争的产业增长迅速,或者可以预期获得快速增长。因为如果企业主营业务所在的产业增长乏力,那么,前向一体化只会降低企业多元化的能力;④ 企业拥有开展新的独自销售自身产品所需要的资金和人力资源;⑤ 获得生产高稳定性的优势。

企业通过前向一体化可以更好地预测产品的未来需求，减少产品生产的波动；⑥ 企业当前的分销商或零售商获利丰厚。在这种情况下，企业通过前向一体化可以在销售自身产品的过程中获得丰厚利润，同时给出自身产品具有竞争力的价格。

3. 有效的后向一体化战略应当遵循的基本准则

有效的后向一体化战略应遵循以下 7 项基本原则：

① 企业当前的供应商要价太高，或者不可靠，或不能满足企业对零件、部件、组装件或原材料等的需求；② 供应商数量少而企业的竞争者数量却很多；③ 企业参与竞争产业正在高速增长，一个基本事实是，如果产业处于衰退中，一体化战略会削弱企业的多元化能力；④ 企业拥有开展独自从事生产自身需要的原材料这一新业务所需要的资金和人力资源；⑤ 获得保持价格稳定的优势。一个基本事实是，企业可以通过后向一体化稳定原材料的成本，进而达到稳定产品价格的目的；⑥ 企业当前的供应商利润空间很大；⑦ 企业需要尽快获取所需资源。

(二) 一体化战略的应用对策

横向一体化活动可以从三个方面进行：扩大原有产品的生产和销售；向与原产品有关的功能或技术方向扩展；与上述两个方向有关的向国际市场扩展或向新的客户类别扩展。

企业进行纵向一体化主要是为了保证原材料及其他生产投入物的及时供应和技术可靠性，特别是当企业生产物资的供应商数量不多，而这些物资的竞争很激烈，并且价格又有较强的上升趋势时，企业从事纵向一体化的愿望就更强烈。纵向一体化成长战略可以通过两种模式实现：一是往价值链的上游发展，即更加靠近供应商的那一端，又称后向一体化战略；二是更加接近消费者，即往销售方向发展，又称前向一体化战略。

企业选择一体化战略的合作者要注意以下两点：一是合作双方要有共同的愿望，选择一体化合作伙伴要在双方自愿的基础上进行联合；二是对方企业应具有比较稳定的生产秩序，在生产要素方面有一定的优势，可以弥补本企业的劣势。总之，选择一体化战略的合作者既要能够扬长补短、互惠互利、共同发展，又能使企业间的联合打破地区、行业和所有制的限制，实现发展和利益最大化的目的。

第五节 防御型战略

防御型战略旨在创建一个相对稳定的组织形式，在处理创业难题时，防御型战略重点在于保证组织的稳定性，进而投入较多的资源提高产能和企业的效率，以解决工程难题，最后，通过采用一种“机械式”的管理模式，使得企业确保目标效率，因而，稳定性和效率是采用防御型战略上市公司取胜的关键。

一、防御型战略的含义和特征

(一) 防御型战略的基本含义

防御型战略是企业意识到市场可能给企业带来威胁，采取一些措施企图保护和巩固现有市场的一种战略。在某个有限市场中，防御型组织常采用竞争性定价或高质量产品等经济活动来阻止竞争对手进入它们的经营领域,以此来保持自己的稳定。需要明确的是,防御型战略并不完全排斥进攻。和“战略”一词来源于军事一样,“防御型战略”也来源于军事,在军事中,防御型战略,是指作战中的一方由于实力较弱,出于长期考虑,在较长一段时间内,采取不主动进攻战略。

(二) 防御型战略的特征分析

防御型战略有时被定义为稳定型战略,但实际上,两者具有显著的差别。虽然两者的目标都有为了保证企业的安全经营的成分,但是稳定型战略主要强调企业在经营中尽量保持与原来相同的成长速度,对市场和产品不采取进攻扩张策略,以守为攻。而防御型战略主要是当企业处于市场中的领先地位,企业为了捍卫自己现有的产品和市场,进而采取的积极应对措施,可以以守为攻,也可以以攻为守。不难看出,稳定型战略的战略目标、应用条件以及具体措施等都有区别。

二、防御型战略的优劣

(一) 防御型战略的优势

防御型战略是一种积极应对市场风险和挑战的战略,虽然企业采取防御型战略对新产品和新市场的开发持保守态度,不再像原来的竞争战略那么激进,但是企业仍在致力于提高产品或服务质量,优化内部结构,保持较高的市场占有率。因此,防御型战略的优势主要有:

第一,将有限的资源和能力集中在有限的范围,提高资源的利用率。防御型战略把战略视角集中在企业内部,努力把自己的工作做好,保证企业的市场地位。

第二,将外部市场环境视为动态的经营环境,时刻保持企业的创新能力。防御型战略并不排斥进攻,也不是单纯的应对市场风险,而是在尽量保持企业经营稳定的前提下,将企业的创新能力应用于自身原有产品或服务的品质提升和内部管理结构的优化,保持企业的创新活力。

第三,沉着对待来自竞争者的挑战,根据不同的情况采取不同的应对策略。防御型战略的类型较多,可以根据竞争对手的不同情况,采取相应的对策,也可以组合战略类型,灵活应对来自竞争者的挑战,确保企业的利益不受损害。

(二) 防御型战略的劣势

防御型战略主要应用于市场环境稳定,产品和市场范围固定的企业,其劣势主要有:

第一,防御型战略相对于进取型战略,对市场的敏感度有所下降,在灵活性方面有所降低。这是因为防御型战略将更多的资源和能力集中在企业内部的提升上,而不是对市场的开发拓展和分析研究。

第二,防御型战略对企业长远的发展战略帮助不大。在面对市场上出现的机会时,防御型战略更倾向于保持公司的稳定和效率,获得即时的财务业绩。因此,对某些长远的利益缺乏考量,不利于企业的进一步发展。

第三,防御型战略的使用可能会带来市场份额的减少。这是因为在动态的市场环境中,总是充满着无数的竞争者,如果竞争者的攻势很强且持续,企业一味采取防御型战略可能不足以对竞争对手构成威胁,反而会丢失原有的产品和市场。比如反击防御型战略,如果企业撤退市场后不能再恢复企业原有的市场地位，就会带来市场份额的减少。

三、防御型战略的适用情况

通过以上防御型战略风险与收益的分析，可以提出在什么情况下使用防御型战略。

（一）防御型战略适用的外部环境

企业的外部环境处在动态变化之中，企业即使在目前的情况下保持了领先的市场地位，也要不断创新产品和服务，提高自己的竞争优势，锻造核心能力，以此来维护企业的领导地位。只有在经营环境相对稳定或者宏观经济不景气的情况下，企业才会采取防御型战略，不再进行大规模的市场扩张和技术革新。

在稳定的外部环境中，企业的产业结构基本保持不变，企业与上下游合作伙伴的关系良好，客户的需求比较稳定。此时，市场中最大的挑战来自同类竞争者。他们为了获得更高的市场份额和经营利润，常常采取进取型战略，攻击企业的产品和市场。因此，企业需要采取防御型战略，以应对不同竞争者的挑战。

当宏观经济发展状况欠佳，企业如果仍然采取进取型战略，企业将会面临很大的市场风险。为了避免得不偿失的情况出现，也为了企业的长远发展，可以适时地采取防御型策略，使企业免遭市场衰退的吞噬。

（二）防御型战略适用的内部环境

防御型战略的企业是在市场中已经具有了领导地位，市场份额较大，企业的内部实力很强，盈利水平较高。企业为了保持较高的资源利用率，维持目前的盈利水平，企业可以采取防御型战略。此时，企业的产品范围有限，通常采取低成本和高质量的决策战略，加强企业的中央集权的组织结构。当企业陷入困境，如产品进入衰退期，需要进行市场调整和技术更新的准备，以及企业的领导者的决策水平需要提升时，采取防御型战略能够帮助企业度过短暂的危机，从而过渡到下一个发展阶段。

（三）防御型战略的适用条件

防御型战略的适用条件如下：

第一，外部环境比较稳定，仅仅需要应对来自市场中的竞争者的挑战。

第二，宏观经济严重不景气、通胀严重、消费者购买力很弱。

第三，企业的产品已进入衰退期，市场需求大幅度下降，企业没做好新产品的投入准备。

第四，企业受到强有力的竞争对手的挑战，难以抵挡。

第五，企业的高层领导者缺乏对市场需求变化的敏感性，面对危机束手无策，被动地采取防御战略；企业高层领导者面对困境，主动地选择前景良好的经营领域，进行投资，实施有秩序的资源转移。

四、防御型战略的应用分析

（一）防御型战略的应用前提

防御型战略的适用对象是作为市场领导者的企业，当企业作为市场中的领导者时，企业可以将经营战略调整为防御型战略。这是因为市场领导者在市场中占据着领先地位,市场份额大,经营风险高,在经营中常常会面临很多挑战者入侵市场。市场领导者采取防御型战略的主要目标是为了保护自己的市场份额。

(二) 防御型战略的基本类型

1. 阵地防御

阵地防御就是围绕企业目前的主要产品和业务建立牢固的防线,根据竞争者在产品生产和市场销售等方面可能采取的进攻策略,建立自己的防御型战略,并在竞争者发起进攻时,坚守原有的产品和业务阵地。这是一种静态的防御,是防御的基本形式。

2. 侧翼防御

侧翼防御是指市场主导者除保卫自己的阵地外,还应建立某些辅助性的基地作为防御阵地,以保护自己周边和前沿的产品和市场,必要时作为反攻基地。特别是注意保卫自己较弱的侧翼,防止对手乘虚而入。

3. 以攻为守

这是一种“先发制人”式的防御,即在竞争者尚未构成严重威胁或者尚未对本企业采取进攻之前,先发制人,抢先发起攻击以削弱或挫败竞争对手。这种战略主张预防胜于治疗,达到事半功倍的效果。

4. 反击防御

当市场主导者遭到对手发动降价或促销攻势,或改进产品、占领市场阵地等进攻时,不能只是被动应战,应主动反攻入侵者的主要市场阵地。可实行正面反击、攻击侧翼、钳形攻势、退却反击等方式。

5. 机动防御

这种战略是,不仅防御目前的阵地,巩固现有的产品和市场,而且还扩展到新的、有潜力的市场领域,作为未来防御和进攻的中心。市场扩展通过两种方式实现:一是市场扩大化,二是市场多元化。

6. 收缩防御

收缩防御即企业主动放弃某些疲软的市场阵地,把力量集巾用到主要的、实力较强的市场阵地上去。当企业无法坚守原来所有的经营领域,并且由于力量过于分散而降低资源效益的时候,可以采取这个策略。收缩型防御战略能够帮助企业在关键领域集中优势力量,增强企业的竞争能力。

(三) 防御型战略的应用对策

防御型战略并不排斥进攻策略的实施,这是因为,最好的防御方法是在加强防守自己的阵地的同时,发动最有效的攻击,不断创新,不断前进,不让挑战者有可乘之机。

1. 防御战略的实施

防御战略的实施分为紧缩阶段、巩固阶段和复苏阶段。

(1) 紧缩阶段。紧缩开支、节约原材料、缩小经营规模。

(2) 巩固阶段。完善管理制度,提高管理水平,检讨市场营销。

(3) 复苏阶段。推出新产品,改善企业形象;调整市场销售策略和实施计划;为彻底摆脱困境做好资源和财务上的安排。

2. **防御型战略的应用方式**

(1) 防御型战略的应用方式之一:堵住挑战者进攻途径。

可以选择的方式有:① 招聘额外的职员以扩大或者加深公司在关键领域内的核心能力,从而战胜那些模仿公司技巧和资源的竞争对手。② 提高公司的资源资产和能力的灵活性,以便公司可以进行很好很快的资源再分配,或者根据变化的市场环境进行调整,从而使公司适应新的发展态势的敏捷性比竞争对手相应的敏捷性要强。③ 扩大公司的产品线,堵住挑战者可能进入的市场点和市场缺口。④ 推出新的模型或者品牌,做到与挑战者的模型一有或者可能将要有的特色相匹配。⑤ 对于那些能够同竞争对手相匹配的模型要保持较低的价格。

(2) 防御型战略的应用方式之二:向挑战者发出防御信号。

如果挑战者发起进攻的话,他们将受到很强的报复。其目的是劝说挑战者根本不要进攻,或者至少使他们采取那些对防卫者来说威胁性更小的行动。下面一些行动可以看作是对挑战者发出的信号:① 公开宣告公司的管理层将维持公司现有的市场份额。② 公开宣告公司将计划兴建足够的生产能力来满足而且可能超过行业容量的预计增长。③ 提前发布有关新产品、技术突破以及计划推出的重要新品牌或者模型的有关信息。其中,公司计划推出重要的新品牌或者模型的目的在于希望挑战者会将他们的行动推迟到他们看到这些被宣告的行动是否真的会发生为止。④ 公开宣告公司将执行能够与竞争对手的条件或者价格相匹配的政策。⑤ 保持一定"战略储备性"的现金和可转换债券。⑥ 偶尔对弱小的竞争对手所采取的行动予以强烈的反击,从而提高公司坚强的防卫者的形象。

阻止竞争对手另一个途径是尽力降低挑战者发起进攻性行动的利润诱惑。如果一个厂商或者行业的盈利能力具有足够高的水平的话,挑战者也愿意跨越很高的防卫障碍,迎接很强的报复性行动。防卫者可以转移进攻,特别是来自新进入者的进攻,人为地捏造一些短期的利润水平,利用会计手段遮掩一些盈利能力。

第六节 公司战略选择

一、波士顿矩阵

(一) 模型简介

波士顿矩阵是波士顿咨询公司 1960 年为美国米德纸业公司进行经营咨询时提出的分析方法,也被称为成长 - 份额矩阵、产品(事业)结构分析法或事业结构转换矩阵。其以企业经营的全部产品或业务组合为研究对象,分析企业相关经营业务之间的现金流量的平衡问题,寻求企业资源的最佳组合。

波士顿矩阵分析模型主要针对的是企业战略问题,该分析模型从市场占有率和市场增长率两个方面分析公司的业务组合。横坐标表示企业的相对市场占有率,是指企业某项产品或服务的市场份额与最大竞争对手市场份额的比率,以 1.0 为界限划分为高、低两个区域。纵坐标是企业所在行业的成长性,表示该行业过去 2 年和今后 2 年的平均市场销售增长率,通常以 10% 的增长率为限划分为两个区域。这样划分出 4 个象限,分别代表 4 种业务,如图 5-2 所示。

第一象限是问题业务。行业增长率较高,需要企业投入大量资金予以支持,但市场占有率不高,不能给企业带来较高的资金回报。这类产品或业务有发展潜力,但要深入分析企业是否具有发展潜力和竞争力优势,决定是否追加投资,扩大企业市场份额。

第二象限是明星业务。产品的市场相对占有率和行业增长率均较高,被形象地称为明星产品。这类产品或业务既有发展潜力,企业又具有竞争力,是高速成长市场中的领先者,行业也正处于生命周期中的成长期,是企业重点发展的业务或产品,应采取追加投资,扩大业务的策略。

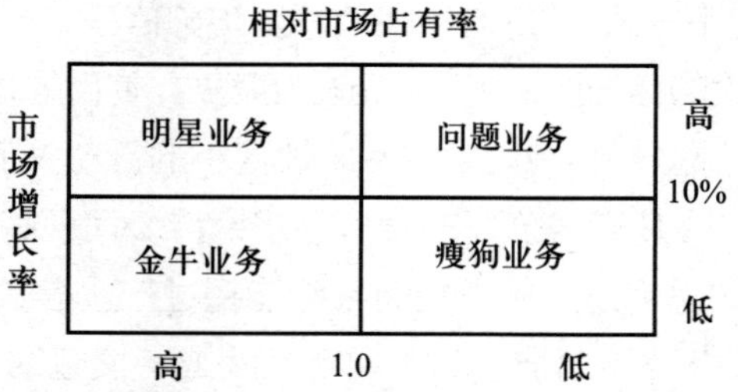

图 5-2 波士顿矩阵

第三象限是金牛业务。产品的相对市场占有率较高,但行业成长率较低,行业处于生命周期中的成熟期,企业生产规模较大,能够带来大量稳定的现金收益,被形象地称为金牛业务。企业通常以金牛业务,支持明星业务、问题业务或瘦狗业务。企业的策略是维持金牛业务的稳定生产,不再追加投资,以便尽可能地回收资金,获取利润。

第四象限是瘦狗业务。产品的相对市场占有率较低,同时行业成长率也较低,行业处于生命周期中的成熟期或衰退期,市场竞争激烈,企业获利能力差,不能成为利润源泉。如果业务能够经营并维持,则应缩小经营范围;如果企业亏损,则应采取措施,进行业务整合或退出经营。

(二) 分析步骤

首先,核算企业各种产品的销售增长率和市场占有率。销售增长率可以用本企业的产品销售额或销售量增长率,时间可以是一年或是三年以至更长时间。市场占有率可以用相对市场占有率或绝对市场占有率,尽量使用最新资料,基本计算公式为:

企业某种业务相对市场占有率 = 该产品本业务市场占有率 / 该业务市场占有份额最大者(或特定的竞争对手)的市场占有率

其次,绘制四象限图:以 10% 的销售增长率和 1.0 的相对市场占有率为高低标准分界线,将坐标图划分为四个象限。然后把企业全部业务按其销售增长率和市场占有率的大小,在坐标图上标出其相应位置。定位的结果即将产品划分为四种类型。

波士顿矩阵将企业的不同业务组合到一个矩阵中,可以简单地分析企业在不同业务中的地位,从而针对企业的不同业务制定发展战略,以集中企业资源,提高企业在有限领域的

竞争能力。针对经营的不同业务,企业可以采取以下 3 种不同的策略:

第一,发展策略。目的是扩大产品的市场份额,甚至不惜放弃近期利润来达到这一目标。发展策略特别适用于问题业务,如果要使其成为明星业务,其市场份额必须有较大的增长。同样,发展策略也适用于明星业务。

第二,稳定策略。目的是为了保持产品的市场份额,增加短期现金收入。稳定策略适用于金牛业务,因为这类产品能够为企业挣得大量的现金。同样也适用于问题业务和瘦狗业务。

第三,撤退策略。目的在于出售或清理某些业务,以便把资源转移到更有潜力的领域。其适用于瘦狗业务和问题业务,因为这些业务常常是亏损的。

(三) 优劣分析

采用市场增长率 - 市场占有率矩阵进行战略分析具有简单明了的优点,波士顿矩阵法可以帮助企业分析投资业务组合是否合理。一个企业的业务投资组合必须是合理的,否则应加以调整。

注意波士顿矩阵应用的局限性主要表现在:

第一,企业的业务发展依靠的是内部融资。而没有考虑外部融资,举债等方式筹措资金并不在波士顿矩阵的考虑之中。

第二,波士顿矩阵的这些业务是独立的,但是许多公司的业务是紧密联系在一起的。比如金牛类业务和瘦狗类业务是互补的业务组合,如果放弃瘦狗类业务,那么金牛业务也有可能受到影响。

第三,在波士顿矩阵中企业所有业务单位都是用相对市场占有率来表示的,这在各业务处于加速成长阶段、技术稳定、需求增长速度超过供应增长速度、且成本领先战略的情况下是适用的。但在经营业务处于减速期或成熟期时,取得竞争优势的决定因素并不全是相对市场占有率,则不宜采用波士顿矩阵。

第四,波士顿矩阵中所有企业业务单位的未来预期都是用唯一的需求增长率指数来衡量的,要准确地测算这种预期,需要具备在同一个产品生命周期的发展阶段,营销环境的动荡性不大、产品的需求变化不会因受到无法预料的事件冲击而变化等条件。但在当今知识经济时代,产品寿命周期缩短加快,企业竞争变数加大,因此,在使用波士顿矩阵方法时要尽量占有更多资料,谨慎分析,避免因方法的缺陷造成决策失误。

由以上讨论可知,市场增长率 - 市场占有率矩阵由于简单明了,对战略制定具有多方面的启示而得到广泛的应用,但它与经验曲线一样,较多地强调市场占有率和降低成本的作用而忽视了其他因素,容易导致决策不够周密。

二、通用矩阵

(一) 模型简介

通用矩阵(GE 矩阵)是美国通用电气公司和麦肯锡咨询公司为克服波士顿矩阵的局限性而提出的改良矩阵,又被称为麦肯锡矩阵或行业吸引力 - 企业实力矩阵。该矩阵在理论上与波士顿矩阵类似,但考虑了更多的因素,对不同的业务可能具有的不同市场地位和价值优势进行比较，合理地在各项业务之间分配资源，实现企业投资组合的优化。

通用矩阵的纵坐标用行业吸引力代替了波士顿矩阵的行业成长率，横坐标用企业实力代替了波士顿矩阵的相对市场份额。同时，通用矩阵针对波士顿矩阵坐标尺度过粗的缺陷，增加了中间等级。因而建立通用矩阵就是找出影响市场吸引力的产业增长率、市场价格、市场规模、获利能力、市场结构、竞争结构、技术及社会政治等因素，以及影响企业实力的相对市场份额、市场增长率、买方增长率、产品差别化、生产技术、生产能力、管理水平等因素，然后对各因素加权，得出衡量企业内部实力因素和市场吸引力外部因素的标准，采用行业吸引力分析方法和企业内部评价矩阵，对市场吸引力和企业实力进行评价。

（二）分析步骤

第一，确定战略业务单位，并对每个战略业务单位进行内外部环境分析。

根据企业的实际情况，或依据产品（包括服务），或依据地域，对企业的业务进行划分，形成战略业务单位，并根据针对每一个战略业务单位进行内外部环境分析。

第二，确定评价因素及每个因素权重。确定市场吸引力和企业竞争力的主要评价指标，以及每一个指标所占的权重。

市场吸引力和企业竞争力的评价指标没有通用标准，必须根据企业所处的行业特点和企业发展阶段、行业竞争状况进行确定。但是从总体上讲，市场吸引力主要由行业的发展潜力和盈利能力决定，企业竞争力主要由企业的财务资源、人力资源、技术能力和经验、无形资源与能力决定。确定评价指标的同时还必须确定每个评价指标的权重。

第三，进行评估打分。

根据行业分析结果，对各战略业务单位的市场吸引力和竞争力进行评估和打分，并加权求和，得到每一项战略业务单元的市场吸引力和竞争力最终得分。

第四，将每个战略单位标在通用矩阵上。

根据每个战略业务单位的市场吸引力和竞争力总体得分，将每个战略业务单位用圆圈标在通用矩阵上。在标注时，注意圆圈的大小表示战略业务单位的市场总量规模。有的还可以用扇形反映企业的市场占有率。

第五，对各战略单位策略进行说明。

根据每个战略业务单位在通用矩阵上的位置，对各个战略业务单位的发展战略指导思想进行系统说明和阐述。

根据业务单元在市场上的实力和所在地市场的吸引力，通用矩阵可以对这些业务单元进行评估，评价一个公司的业务单元组合的强弱，并以之为基础进行战略规划。通用矩阵可以划分为三部分 9 个方格（见图 5-3），右下角的三个格子的产品吸引力很低，企业因此采取利用或退出战略，迅速获利，收回投资，放弃该业务。右上角到左下角对角线的 3 个格子的产品吸引力中等，企业可采取区别对待战略，适当盈利策略。左上角的 3 个格子上的产品最具有发展前途，企业应采取积极的投资发展战略、择优重点发展战略，扩大生产，增加盈利能力。

图 5-3 企业业务单元可能的通用矩阵

(三) 优劣分析

通用矩阵比较全面地对业务单元的组合进行了规划分析，而且针对了企业实际和产业特性，因此具有广泛的应用价值。

第一，可以用以指导企业资源分配。该矩阵不强调资金流的内部平衡，而是把资源优先地使用于吸引力大、实力强的业务中。

第二，帮助分析企业的业务结构。当企业所有业务都在通用矩阵中定位后，就可以分析企业的业务结构，从中可以辨认哪些业务应当退出，哪些业务应当给予重点支持。同时，也可以审核企业已作出的投资决策是否符合矩阵中的投资优先顺序，对于企业过去或现在执行的不符合优先顺序的投资决策，应仔细研究偏离的理由及效果，以作为制定今后投资决策的重要参考。

通用矩阵在评价分析企业各战略方案时也存在着不足，主要有：

第一，在行业吸引力评价中采用加权计分法所得出的数字，表面上看是客观的、确切的，但实际上在相当大的程度上受人为因素影响。因此，管理人员或战略研究人员应深入调查研究，用实证的方法对每项影响行业吸引力的因素进行充分的研究，作出判断，综合各项因素进行定性分析，有时更加切合实际。在企业实力评价中也应注意这种评价是与行业中最强的一个竞争对手相对比得出的，不应把每一个因素都与在这个因素上最强的竞争对手对比，这样做会导致低估本企业的实力。

第二，经理人员之间对某项业务在矩阵的定位上有分歧意见是很常见的，最后为平衡各位经理人员的意见，往往把业务定位在“中”的位置上；再者，经理人员即使意见一致，也会对企业各种不同业务形成一个共同的分类标准。因此，把企业所有业务列入一张标准化的内外因素的表格内，是不合适的。一般来讲，对企业实力的评价毕竟有一个明确的比较对象，即与行业中最强的竞争对手对比，而对行业吸引力的评价就显得更为复杂和困难。因而，在评价分析中存在着较大的模糊性，而市场增长率 – 市场占有率矩阵却没有这种不确切的缺点，并便于和同行竞争对手作对比。因此较好的做法是把市场增长率 – 市场占有率矩阵用于竞争分析，把行业吸引力 – 企业实力矩阵用于本企业资源分配分析。

第三，该矩阵作为一种确定投资的优先顺序的方法并不完全实用。当前人们在作出投资决策时，习惯于用技术经济的方法进行论证和选择，如用净现值法。用行业吸引力 – 企业实力矩阵所推荐的投资顺序就不一定为人们所接受。当然用净现值法也有一定缺陷。

最好的办法是先进行行业吸引力与企业实力的分析再进行技术经济的可行性分析。将这两种方法结合起来运用最好。

三、竞争态势矩阵

(一) 模型简介

竞争态势矩阵(competitive profile matrix)简称 CPM 矩阵,是通过行业内关键因素的评价比较,分析企业的主要竞争对手和相对于企业的战略地位所面临的机会和风险的大小,以及主要竞争对手的特定优势与劣势,是一种为企业制定战略提供竞争优势分析的工具。

CPM 矩阵对影响企业战略选择的内部因素和外部因素进行加权计分,总的加权分数的大小表示企业对外部环境中的机会和威胁与企业内部的优势和劣势的把握情况。分数越高,表示企业对现有内外部环境作出了最出色的反应,企业有效利用了现有的机会和优势并将外部威胁和自身劣势的不利影响降低到最小。

CPM 矩阵是 SWOT 分析法的衍生版,将 SWOT 分析的内外部因素定量化,主要应用于战略制定的信息准备阶段,为制定战略输入所需要的基本信息。根据内部因素与外部因素的相对重要性进行决策,可以使战略制定者更为有效地建立和评价备选方案。

(二) 分析步骤

第一,确定行业中的关键战略因素,通常 6~18 个变量就足够了,这些是行业的关键成功因素和竞争优势的决定因素。

第二,根据每个因素对在该行业中成功经营的相对重要程度,确定每个因素的权重,从 0(最不重要)到 1(最重要),权重和为 1。统一因素在不同行业的权重可能是不同的,反映了该指标对不同行业竞争成功的重要性不同。

第三,筛选出关键竞争对手,按每个指标对企业进行评分,分析各自的优势所在和优势大小。对该行业中的各竞争者在每个因素上的能力的相对强弱进行评价,评价分数为 1、2、3、4、5。1 表示最弱,2 表示较弱,3 表示相同,4 表示较强,5 表示很强。在特定指标上的得分最高的企业就拥有在那个指标上的竞争优势,其得分与其竞争对手得分的差值反映了企业的竞争优势的大小。

第四,将各要素的评价值与相应的权重相乘,得出各竞争者在相应的战略要素上的相对竞争力强弱的加权评分值。

第五,加总得到企业的总加权分数,比较总加权分数就可以确定处于竞争能力最强和最弱地位的公司,以及公司之间的竞争优势的差异。

(三) 优劣分析

CPM 矩阵中的权重和总加权分数涉及内外两个方面的因素,评分表示竞争优势的强弱。CPM 矩阵中的关键因素较为笼统,它们不包括具体的或实际的数据,而且可能集中于内部问题。CPM 矩阵对竞争对手的评分和总加权分数可以与被分析公司的相应指标相比较,这一比较分析可提供重要的内部战略信息。它的优势是将企业的内外部因素都考虑进来了,并且将各个因素进行定量化的评价,对企业进行了等级评价。企业运用 CPM 矩阵不仅能够分析出企业和竞争者竞争优势的强弱，还能发现企业与竞争者具体在哪些方面存在优势和劣势，以及与竞争对手相比，企业在应对市场机会和威胁的长处和短处。

但是，CPM 矩阵也存在着劣势。影响企业战略选择的内外因素很多，且各个因素的权重大小的划分在很多情况下都是根据主观意愿，CPM 矩阵的加权存在很大的随意性。而且对于企业层次的划分比较简单，无法涵盖所有企业，有时候会出现对比不明显的情况。但 CPM 矩阵改进了完全定性评价的方法，将企业战略分析提高到了定量层次，仍有借鉴意义。

四、SPACE 矩阵

（一）模型简介

战略地位与行动评价矩阵（strategic position and action evaluation matrix）简称 SPACE 矩阵，主要是分析企业内外部环境及企业应该采用的战略组合。它是在 SWOT 分析的基础上，通过确定两组具体反映企业内外部的量化指标，从而能够更加准确地进行战略的选择和定位。SPACE 矩阵克服 SWOT 分析的不足，用四维坐标进行评估。

SPACE 矩阵是战略选择的一种重要匹配方法，矩阵有四个象限分别表示企业采取的进取、保守、防御和竞争四种战略模式。这个矩阵的两个数轴分别代表了企业的两个内部因素——财务优势（FS）和竞争优势（CA）和两个外部因素——环境稳定性（ES）和产业优势（IS）。这四个因素对于企业的总体战略地位是最为重要的。

根据企业类型的不同，矩阵轴线可以代表多种不同的变量，外部分析及内部分析的各种关键因素都应该在建立矩阵时予以考虑。

当公司的分析结果位于矩阵的进取象限时，该企业便处于一种绝佳的地位，即可以利用自己的内部优势来利用外部机会、克服内部弱点和回避外部威胁。从而，根据企业面对的具体情况采用如下战略以及它们的组合：市场渗透、市场开发、产品开发、后向一体化、前向一体化、横向一体化、混合式多元经营、集中式多元经营、横向多元经营或结合式战略。

向量出现在矩阵的保守象限时，意味着该企业应固守基本竞争优势而不要过分冒险。保守型战略通常包括：市场渗透、市场开发、产品开发及集中化多元经营。

向量出现在矩阵的左下角的防御象限意味着企业应集中精力克服内部弱点并回避外部威胁。防御型战略包括：紧缩、剥离、结业清算和集中化多元经营。

最后，向量也可能会落在矩阵的右下角，即竞争象限，这表明应采取竞争性战略。竞争性战略有：后向、前向及横向一体化、市场渗透、市场开发、产品开发及组建合资企业。

（二）分析步骤

第一，选择构成财务优势（FS）、竞争优势（CA）、环境稳定性（ES）和产业优势（IS）的一组变量；

第二，对构成 FS 和 IS 的各变量给予从 +1（最差）到 +6（最好）的评分值。而对构成 ES 和 CA 的轴的各变量从 −1（最好）到 −6（最差）的评分值；

第三，将各数轴所有变量的评分值相加，再分别除以各数轴变量总数，从而得出 FS、

CA、IS 和 ES 各自的平均分数；

第四，将 FS、CA、IS 和 ES 各自的平均分数标在各自的数轴上；

第五，将 X 轴的两个分数相加，将结果标在 X 轴上；将 Y 轴的两个分数相加，将结果标在 Y 轴上；

第六，自 SPACE 矩阵原点到 X、Y 数值的交叉点画一条向量，这一条向量就表示企业可以采取的战略类型，如图 5-4 所示。

SPACE 矩阵要按照被研究企业的情况而制定，并要依据尽可能多的事实信息。根据企业类型的不同，SPACE 矩阵的轴线可以代表多种不同的变量。而真正在应用时，各构成变量的决定，必须配合研究的特性和建立在真实的信息基础上，如表 5-1 所示。

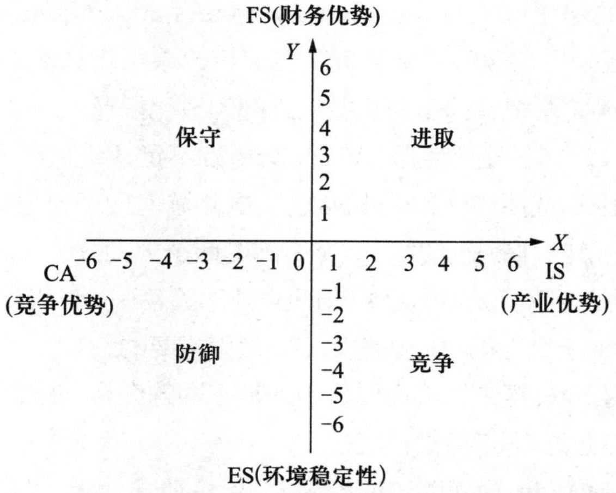

图 5-4 SPACE 矩阵

表 5-1 SPACE 矩阵轴线变量

财务优势（FS）	竞争优势（CA）	环境稳定性（ES）	产业优势（IS）
投资收益	市场份额	技术变化	增长潜力
杠杆比率	产品质量	通货膨胀	盈利能力
偿债能力	产品生命周期	需求变化性	财务稳定性
流动资金	用户忠诚度	竞争产品的价格	专有技术知识
退出市场的方便性	对供应商和经销商的控制	竞争压力	资源利用率
业务风险	技术知识专利	需求价格弹性	进入市场的便利性

（三）优劣分析

SPACE 矩阵克服了 SWOT 分析方向单一的不足，并做了很大的改进。SPACE 矩阵提出来从环境稳定性、产业优势、财务优势和竞争优势等四个维度进行进一步评估，分析出企业战略实施的能力，从而增加了分析的全面性和科学性。但 SPACE 矩阵增加了分析的复杂程度，因为若干个不同的指标可能进行多种组合，企业如果进行逐个分析，那么工作量就很大。

本章小结

本章主要介绍了五种典型的公司战略类型，包括稳定型战略、专业化战略、多元化战略、一体化战略和防御型战略。其中，稳定型战略是在内外环境的约束下，企业准备在战略规划期使企业的资源分配和经营状况基本保持在目前状态和水平上的战略。稳定型战略一般适用于市场需求和企业结构相对稳定或变化较小的企业，寻求"在稳定中求发展"。专业化战略，是企业集中资源和能力，面向某一特定的目标市场，专注于生产或提供最能代表企业自身优势的单一的或少数几种产品或服务，以获得竞争地位的战略。专业化战略主要适用于企业目标明确集权化程度较高，管理幅度比较窄，以及具备较充足的企业资源和专业人才的企业。多元化战略是企业为了获得最大的经济利益和长期稳定经营，开发有潜力的产品，或通过吸收、合并其他的企业，以充实系列产品结构，或者丰富产品组合结构的一种战略。多元化战略主要适用于大型的，资本雄厚且发展状况良好的企业，若中小企业为突破原有的利润增长，寻找企业的增长空间，也会选择多元化战略，一体化战略，是指企业在现有业务的基础上，有目的地主动将互相联系密切的经营活动纳入生产经营体系当中，构建起一个统一经济实体的战略。一体化战略具体可分为横向一体化、前向一体化和后向一体化战略。防御型战略是企业意识到市场可能给企业带来威胁，采取一些措施企图保护和巩固现有市场的一种战略。

本章还介绍了四种公司战略选择的工具，包括：波士顿矩阵、通用矩阵、竞争态势矩阵与 SPACE 矩阵。

关键名词

稳定型战略；波士顿矩阵；多元化战略

思考题

1. 简述多元化战略的优劣。
2. 简述前向一体化实施的基本准则。
3. 简述 SPACE 矩阵的分析步骤。

案例分析 1

诺基亚的盛衰

诺基亚公司是一家世界著名的移动通信产品制造商，其成立于 1865 年，前身是生产木浆和纸板的小企业，经过 150 年的发展，诺基亚公司的品牌深入人心，它的经典手机铃声和开机动画几乎无人不知无人不晓。诺基亚公司从无名小企业发展到世界知名品牌，从工业转型为电子业，成为电信时代第一巨头，这与它的管理人对其的管理和决策是密不可分的。在智能手机时代，诺基亚公司借助 Symbian 系统，逐渐发展成为全球第一大手机厂商，但随着 2007 年苹果 iPhone 和谷歌 Android 操作系统的出现，诺基亚公司由辉煌走向衰落。诺基亚公司的盛衰表明，它是一个很经典的战略管理案例，很值得我们去研究和探讨。

2014 年 4 月，微软正式宣布完成对诺基亚公司设备与服务部门的收购，收购后实体公司更名为“微软移动”，但“诺基亚”品牌将会一直保留，这意味着诺基亚品牌的手机并不会随着微软的收购而消失。同年 10 月，微软正式在 Lumia 手机上用微软取代了诺基亚的品牌命名，推出了新 Lumia 手机的设计，该公司将在未来于 Lumia 设备的前部和后部使用微软字样代替从前的诺基亚。

讨论：

1. 企业在制定战略时需要考虑哪些因素？
2. 诺基亚公司应该如何选择战略类型并正确实施？
3. 请参考其他资料，比较华为公司与诺基亚公司的发展战略。

即测即评

请扫描右侧二维码，进行即测即评。

第六章 竞争战略

学习目标

1. 掌握各竞争战略的内涵；
2. 理解各竞争战略的优势和劣势；
3. 识别各竞争战略的适用情况；
4. 掌握组合战略的应用。

开篇案例

雅迪电动车成功摆脱价格战泥潭①

2018年俄罗斯世界杯于6月14日盛大开幕，有一家中国企业给我们带来了大大的惊喜，它就是中国电动车品牌——雅迪。

在2018年世界杯赛场上中国企业成了世界杯的最大“金主”，总计支出达8.35亿美元。一般来说，要提高品牌知名度，投入2 000万元才能提高1%，而借助大型体育活动，投入2 000万元却能提高10%。4年才有一次的世界杯，不仅是全世界球迷欢聚的欢乐海洋，更是众多品牌商争夺的主“战场”。

那么多企业都争相竞逐世界杯赞助商，国际足联自然对赞助商的选择也极为苛刻。想成为国际足联赞助商，必须在全球范围内有相当的知名度、美誉度。比如，国际足联合作伙伴：阿迪达斯、可口可乐、VISA等国际知名品牌。经过层层筛选，作为全球高端电动车领导品牌之一，雅迪成了FIFA世界杯历史上第一家两轮电动车行业官方区域赞助商。

此消息一出，让很多人感到惊讶：雅迪，一家电动车企业，为何能被国际足联相中？

1. 价格战泥潭

1998年，电动车在国内开始上市，当年产量5.8万辆。之后，企业一哄而上，电动自行车产量爆炸式增长：2005年突破1 200万辆；2000年以后，随着禁摩令在全国170多个大中型城市逐步推行，电动两轮车迎来了空前的发展机遇；2013年行业年产量已达到3 600多万辆，销售额达到数百亿元。然而行业井喷式增长必定导致企业间惨烈的竞争。

电动车行业很快进入了产能过剩的阶段，2014年电动两轮车行业首次出现下滑，行业竞争加剧。和很多行业一样，在激烈的同质化竞争中，为了争夺用户，国内企业最擅长使用的竞争“利器”莫过于降价促销：价格战。深陷价格血战，产业链中的每一家企业都深受其害，艰难求生，两年里1 000多个行业品牌倒下了800多个。2014年，因为经济增速放缓，市场逐渐饱和，消费乏力，当年电动自行车市场同比下降3.9%，第一次出现负增长，2015年再降8.28%。

覆巢之下安有完卵，价格战之下没有一家企业能独善其身。雅迪于2005年进入这个市场，凭借优质的产品质量很快坐上了行业第二的位置，但之后也没能逃脱价格战的桎梏。雅迪被迫奋起反击，但却将自己陷入被动。传播方面，2014年雅迪广告诉求“雅迪电动车，全球真正的领导者”，但是在注重销量的年代，由于雅迪的销量只有200多万辆，不及爱玛的400万辆，使得雅迪的诉求消费者产生怀疑，企业内部及经销商也觉得不可信，导购人员在终端面临顾客与爱玛比较的疑问时，无法解释。此外，雅迪的媒体投放也存在问题，以二线卫视及区域地面频道为主，收视率普遍不高；产品方面，雅迪和行业其他品牌一样，试图

---

① 资料来源：君智竞争战略咨询的实战案例整理。

满足所有消费者的需求。推出从1 000元到4 000元不同价位的全系列产品。光两轮电动车就有300多个车型，超过5 000个SKU。此外，企业还涉入三轮车、特种车等领域；研发方面，要么与市场脱节，导致同一价位不同车型相互打架的情况出现，要么过于满足某个市场提出的要求，车型小改动特别频繁，仅仅颜色、贴花的不同就会有多达几十种的车型，不仅给工厂的备货及生产管理带来极大麻烦，在终端上，也给消费者的选择带来混乱。考核方面，销售公司把销量作为主要考核指标，导致许多业务员习惯性把低价车大量压货给经销商，同时开拓了很多乡镇及农村的网点。市场方面，长期以来，以“打折、买赠、换购”的促销活动为主。竞争对手一旦发起价格战，企业马上跟进，特别是2014年年底，价格战升级到“白热化阶段”，主流车型全线大幅度降价，三四款热销车型出厂价直降200~300元，经销商每卖出一辆还送价值800元的净水器。大量车型出现严重亏损，但销量仍无起色。

2015年年初，雅迪作为行业排名第二的企业，与对手的价格战已打了6年，雅迪的增长几乎停滞，和行业老大的差距没缩小，反而拉大了。在这6年里，双方产品销量在增加，规模在扩大，而实际上成本在上升，利润率在下降。行业内品牌总数从1 000个左右锐减到200多个。

竞争对手很早就聘请当红一线明星作为形象代言人，率先进行大面积传播，品牌知名度和市场占有率都远高于雅迪，而雅迪由于没有明确的方向，只能跟进模仿对手，在竞争中失去先机，突围乏力。雅迪的前身是一家做摩托车的企业，因进入行业早，注重产品品质，积累了较好的口碑，在行业内处于领先阵营，但价格战让雅迪压力巨大，一直纠结在追求品质和控制成本之间。

2. 雅迪重生

2015年，雅迪痛定思痛，确立了新的竞争战略：“更高端的电动车”。

产品方面，雅迪做出战略取舍，放弃三轮车及特种车业务，聚焦电动两轮车的中高端车型，同时提前布局高端智能产品、拓展全新消费人群，雅迪Z3智能电动车应运而生。

传播方面，提炼出“雅迪出口美国、德国等66个国家”作为品牌“信任状”，聘请李敏镐、胡歌出任品牌形象大使，完美演绎雅迪新的高端国际化品牌形象；广告聚焦主流频道高频次投放。2016年，举办雅迪Z3新品发布会与全球发售会，并在全国32个城市高频次投放电梯媒体，积极开拓城市主流人群市场；2017年，雅迪再次进行传播推广创新，面向全球发起首届“717电动车骑行节”。

大刀阔斧变革，迎来了脱胎换骨后的雅迪。当年，全行业下滑近20%，雅迪是唯一一家逆势增长的企业，中高端车型同比增长80%，成为行业领导者。2016年，雅迪在港股上市，成为中国首家上市的电动车企业。2017年，销量超过400万辆，出口美国、德国等66个国家。

3. 对手无法跟进的竞争力

高明的战略，不仅仅要在顾客心中找准自己的位置，在一开始就已把对手的所有反击都考虑在内，并形成了对手无法跟进的竞争力。

果不其然，在雅迪实施“更高端”的战略定位之后，竞品开始做出动作。2015年7月，在雅迪“更高端”定位的初期，竞品依然祭出价格战的老招数，结果，此次价格战并没有像以前一样成功，而是导致前所未有的失败。两个品牌一个提价，一个降价，更拉开了两者在顾客认知中的位置。顾客更多地认为雅迪是个高端品牌，竞品是个低价的品牌。市场也开始出现分化的情况，对价格敏感的消费者选择竞品，而更多追求品质的消费者选择雅迪。而7—9月份雅迪量价齐升，同比增长近40%，成为全年销量增长最多的季度。

2015年12月，当竞品看到高端是行业的未来方向时，开始模仿雅迪，宣称自己也是高端品牌，而这一切，已不足以形成威胁。

配套商发现，企业一旦有创新的产品，去到竞品那会遭遇冷处理(他们需要的是如何降低原材料的成本)，但是到了雅迪会得到重视。日积月累，整个行业形成了以雅迪为核心的创新生态体系。所以雅迪获得了配套创新的能力，就会更强。

竞争战略是从顾客需求出发，创建品牌的竞争优势，包含认知优势及运营优势两部分内容。认知优势是指在顾客心智中占据有利位置，而运营优势是指在运营环节做得比竞争对手更好，两者互相影响，合力赢得顾客选择。

“雅迪，更高端的电动车”战略定位为何如此成功，背后的原理又是什么，在激烈的竞争中企业应该如何制定并选择合适的战略？

第一节　竞争战略概述

竞争是企业成败的关键，它决定对企业经营业绩有所贡献的各种活动是否恰当。随着企业所面临的外部环境的不确定性增强和现实竞争的残酷性增大，竞争战略的选择成为企业参与市场竞争的重要一环，选择正确的竞争战略能够使企业在市场竞争中胜出，获得竞争优势；反之，则可能会成为市场竞争的牺牲品。

一、竞争战略的内涵

企业竞争战略，主要是指企业产品和服务参与市场竞争的方向、目标、方针及其策略。竞争战略的选择是参与竞争的基础，也是参与竞争成败与否的关键。实施竞争战略的目的，是通过比竞争对手更好地提供顾客所需的产品与服务，以使企业能够赢得某种竞争优势，从而将竞争对手击败。

竞争战略的选择是由两个重要的因素所构成：一是所要进入的行业的吸引力大小。行业吸引力是指由长期获利能力和影响获利能力的各种因素所决定的行业对企业吸引的强弱程度，反映的是行业长期发展中的行业竞争的激烈程度。各个行业并非都提供同等的持续盈利机会，所以，一个企业所在行业的盈利能力将是直接影响这个企业的最终盈利的一个基本要素。二是企业的竞争优势。竞争优势是指企业获得比行业平均利润更高收益的能力，反映的是企业间竞争地位的变化关系。企业要想在一个行业中获利更多，就必须具备竞争优势，并能充分发挥这一优势。

这两个重要因素都不是静止不变的。行业吸引力反映了一个企业的外部因素，但是一个企业可以通过对其竞争战略的选择获取自己的竞争优势。因此，竞争战略不仅是企业对环境做出的反应，而且可以通过战略选择改变自己的竞争地位。

竞争战略所涉及的内容主要通过权变、运筹、铸能和协调四个方面来体现:权变是指企业要对业务所在行业、宏观经济、政治形势以及其他相关领域中的变化作出积极反应,对外部环境作出响应和权衡变通;运筹是指企业应当制定恰当的竞争行动方案和市场经营战略,以获取持久的竞争优势;铸能是指企业应当建立、铸造有竞争价值的核心能力;协同是指协调和统一各职能部门的战略行动。

二、竞争战略的发展

(一) 规模经济时代的竞争战略

规模经济时代竞争战略是指流行于 20 世纪 70 年代之前的企业竞争战略。在这一时期,西方社会市场处于产品供不应求的卖方市场;消费者处于低层次的物质需求阶段,考虑购买的主要因素是产品的价格,对产品的质量等其他方面没有过高的要求。因此,早期的竞争战略关注的焦点是产品的价格和市场份额。主要包括经验曲线和大规模生产两种竞争战略。

1. 经验曲线

经验曲线的思想起源于第二次世界大战期间,美国军队对军用飞机的生产效应进行研究发现:随着飞机装配数量的增多,单位劳动成本下降。经验曲线这一概念由波士顿咨询公司首创,指在一种产品的生产过程中,产品的单位成本随着企业经验的不断累积而下降。该思想认为抢先进入市场的竞争者在经验曲线的作用下,能够比其他竞争者获取更大的竞争优势,占有更多的市场份额。经验性数据表明,陷阱如市场的企业所占的市场份额是紧随其后进入该市场企业市场份额的 1.5 倍。

2. 大规模生产

大规模生产战略是该时期另一普遍使用的竞争战略。在该战略思想的指导下,企业竞争取胜的关键是采取大规模生产模式。大规模生产战略的极大成功主要是适应了当时市场需求特点。大规模生产时代主要表现为如下特点:标准化的产品;统一的市场;较长的产品生命周期和开发周期;有规律可循,无意外发生。因此,美国企业凭借大规模生产战略,在 20 世纪中前期赢得了全球经济的统治地位。

(二) 范围经济时代的竞争战略

范围经济时代的竞争战略是指 20 世纪 70 年代到 20 世纪 80 年代后普遍流行的企业竞争战略。在该阶段,西方社会市场经济逐渐形成买方市场;消费者消费能力上升,需求开始出现差异,考虑购买的主要因素不仅仅是产品的价格,开始关注除价格以外的其他因素。因此,这一时期竞争战略关注的焦点更多的转向满足消费者的需求。主要包括全面质量管理、品牌战略以及波特的三大通用竞争战略。

1. 全面质量管理

全面质量管理战略就是从消费者完全满意角度出发,企业各部门综合进行开发,保持、改进质量的努力,以便最经济地进行生产和服务。它要求组织以满足顾客不断提高的要求为宗旨,以最高管理者为龙头,以全员参与为基础,以系统方法为主要手段,以定量方法为工具,以持续提升质量为目标,有效而高效的质量管理流动。全面质量管理战略的基本思想包括:顾客至上;预防为主;一切用数据说话;全员参与管理。全面质量管理战略包括五大实施原则:高度关注顾客;采用有效的度量手段;过程控制的目标是预防;充分授权;坚持不断地改进质量。

2. 品牌战略

品牌在国际经济舞台上的历史并不长,将其作为一种组织参与竞争的方式更是最近二十年的事。品牌实际上是质量的保证,是质量的代言人,这才使之具有强大的竞争力。它是典型的核心竞争力,是长期积累形成的,具有途径依赖的特征,模仿者无法迅速模仿。因此,该竞争战略得以长盛不衰。品牌消除了消费者对产品的信息不对称,为消费者带来了安全感,成为消费者的价值源泉;品牌通过可接受的高价格以及产品信誉和消费者对品牌的忠诚所带来的品牌利润成为企业的价值源泉。

3. 波特的三大通用竞争战略

20 世纪 80 年代,哈佛商学院教授迈克尔·波特出版了《竞争战略》一书,标志着对竞争战略的研究进入了一个全新的阶段。波特在书中提出的三大竞争战略有效地指导了实践,获得了极大的成功。这三种基本竞争战略是:成本领先战略、差异化战略、重点集中战略。根据组织参与竞争的范围以及组织的竞争优势,迈克尔·波特区分了三大竞争战略。成本领先是指一系列行为的整合,采用该系列行为可以降低成本,使低成本成为竞争优势。差异化是指将组织提供的产品或服务差别化,树立起全产业范围中具有独特性的品质。重点集中是指对一系列行动的整合,采用该系列行动能够生产满足某一特定细分市场需要的产品。

第二节　成本领先战略

从 20 世纪 70 年代开始,随着经验曲线效益逐渐被人们所认识,成本领先战略逐渐成为多数企业采用的战略。

一、成本领先战略的内涵

成本领先战略是指企业通过努力发掘现有的资源和能力优势,加强内部成本控制,大规模生产一种标准化的产品,在行业内保持整体成本领先地位,从而以行业较低价格为其产品定价的竞争战略,又称低成本战略。实施成本领先的企业通常是以较低单位价格产品为价格敏感客户提供标准化产品。企业的产品定价体现为相对于竞争对手的低价格,这并不是短期成本优势或削减成本,而是形成持续的成本优势,从而企业通过保持低成本地位来获得持久的竞争优势。

(一)成本领先战略

在讨论成本领先战略时应该注意:成本领先战略要使本企业的某项业务成本最低,而不仅仅是努力降低成本。这是因为任何一种战略中都应当包含成本控制的内容,它是管理的基本任务,但并不是每种战略都一定要追求在同行业中成为成本最低者。

(二) 采取成本领先战略的原因

从客户的角度来看，成本领先战略是努力通过降低客户成本以提高客户价值的战略，它可以使企业获得以下优势：

1. 形成进入障碍

企业的生产经营成本低，便为行业的潜在进入者设置了较高的进入障碍。那些生产技术不熟练、经营上缺乏经验的企业，或缺乏规模经济的企业都很难进入此行业。

2. 增强讨价还价能力

企业成本低，可以使自己应付投入费用的增长余地，提高企业与供应者的讨价还价能力，减弱投入因素变化的影响。同时，企业成本低，可以提高自己对购买者的讨价还价能力，对抗强有力的购买者。

3. 降低替代品的威胁

企业的成本低，在与替代品竞争时，仍旧可以凭借其低成本的产品和服务吸引大量的顾客，降低或缓解替代品的威胁，使自己处于有利的竞争地位。

4. 保持领先的竞争地位

当企业与行业内的竞争对手进行价格战时，由于企业的成本低，可以在对手毫无利润的低价格的水平上保持盈利，从而扩大市场份额，保持绝对的竞争优势。

总之，企业采用成本领先战略可以使企业有效地面对行业中的五种竞争力量，以其低成本的优势，获得高于行业平均水平的利润。

(三) 降低成本的方法

企业要想获得成本领先，降低其经营成本，就必须在经营成本链的各个环节上提高效率并有效地控制开支。企业可以通过以下路径获取成本优势：① 实行规模生产或分销，利用经验曲线增加产量，同时兼顾经验增加所涉及的成本；② 充分利用企业的生产能力，特别是资金密集型企业可以通过各种方式利用生产能力，增加生产线的适应范围，尽可能利用已有的销售渠道，通过开发设计降低研发费用；③ 采取先进的工艺技术，并对组织结构、管理制度、工作设计及雇员激励等作出相应的调整，使得工艺技术获得高效益；④ 与供应商和经销商建立良好的关系，降低原材料和销售费用；⑤ 通过各种途径降低输入成本，如与供应商和经销商建立合作关系获取价格较低的材料；⑥ 控制广告和促销等方面的费用。

在实施成本领先战略的过程中，企业必须注意以下问题：成本领先者提供应是标准化的产品或服务，而不是低档次的产品或服务；成本领先战略容易受到竞争对手的模仿；原材料和能源价格的变化可能使该战略遭受重大打击；成本领先战略在全球范围内实施时，可能受到其他国家低劳动成本和汇率变动等因素的影响。

二、成本领先战略的优劣

(一) 成本领先战略的优势

一旦企业在行业范围内取得成本领先地位，那么，它将拥有下述几个优势，或者说，成本领先战略将给企业带来相应的战略益处。

1. 能获得高于行业平均水平的利润

获得高利润后，才能强化其资源基础，在企业战略选择上拥有更大的主动权。

2. 能有效抵御竞争对手的进攻

特别是在发生价格战时，低成本的企业拥有更大的优势。当消费者购买力下降，竞争对手增多，尤其是发生价格战时，成本领先地位可以起到保护企业的作用。

3. 能有效对抗强有力的买方

由于买方的议价能力是以行业内存在许多提供同类产品或服务的企业为基础，能迫使价格下降到一个更有竞争力水平的价位上，但当价格下降到一个最具竞争力水平的价位时，买方就失去了与企业议价的能力。

4. 能提高行业的进入壁垒

防止潜在竞争者的大量涌入，保护企业竞争地位；能通过降价占领一部分对价格更加敏感的细分市场来有效应对替代品的威胁。

5. 具有成本领先地位的企业可以有效地应付来自替代品的竞争

因为替代品生产厂家在进入市场时或者强调替代产品的低价位，或者强调替代产品具有哪些现有产品所不具备的特性和用途，和后种情况下，具有成本领先地位的企业仍可占领一部分对价格更敏感的细分市场，而在第一种情况下则可以通过进一步降低来抵御替代品对市场的侵蚀。

正是由于成本领先战略具有上述明显的优势，因而历史上战略分析都将成本领先作为获得竞争优势的重要基础，对成本优势的这种强调，反映了人们将价格作为企业之间竞争的主要工具的倾向，这是因为价格竞争能力最终取决于成本效率，同时也反映了许多大公司在战略选择上的偏好。在大公司主要通过成批生产和大规模分销来实现规模经济，进而谋求成本领先地位，而到了 20 世纪 90 年代，一些大公司将其注意力转移到通过重构、削减规模等来取得成本效率上，在这一时期这些大公司试图获得动态而不是静态的成本优势。

（二）成本领先战略的风险

虽然成本领先战略能有助于企业形成竞争优势，但因为成本领先战略的采用不存在歧视性、即大部分企业都可以采用成本领先战略，而且，同一个市场上只可能存在一个成本领先企业，因此，一旦对手企业也采取了成本领先战略并取得了成本降低效果，同时利用这一效果进行价格竞争，就会引起残酷的价格战和市场平均利润率下降，形成两败俱伤的结果。因此，成本领先战略只有在对手存在成本缺陷时才有效。除了这种阶段性有效的局限条件外，过度执行的企业追求成本领先战略会产生以下的问题：

1. 存在忽视其他战略的风险

企业可能会将主要的注意力集中在成本上，因而容易忽视产品和市场营销的变化，忽视其他能形成竞争优势的战略。如果企业过分地追求低成本，降低了产品和服务质量，会影响顾客的需求，如果成本领先者的成本优势的获取方式和途径容易被竞争对手所模仿和学习，或者竞争者购买了更为先进的技术设备，那么其成本优势就难以保持，因此，成本领先战略只能作为一种基础战略，企业竞争的成功还需要采用其他竞争战略。

2. 存在大量投资和规模经济的潜在风险

为取得成本领先地位，需要进行大量投资，为产生规模经济，生产设施必须建造得足够大，为提高效率，有必要采用最新的技术，购买最新的设备，但这并不能保证企业一直取得成本优势。由于技术创新和技术进步，竞争对手有可能采用更新的技术，更好的设备，而使企业现有技术和设备变得过时，而成本领先企业已投入的巨资使得它们转向新技术的转换成本过高，从而陷入困境中。

3. 造成对企业协作关系的破坏

企业过度重视成本的一个可能结果是尽量地挤压供应商和破坏供应协定。当供应商利益被伤害到一定程度后、产业协作关系就会受到破坏，造成产业价值的整体下降。

三、成本领先战略的适用情况

成本领先战略可以是一种有效的战略选择，但并非在任何情况下都是适用的，企业实施成本领先战略要取得好的效果，一般应具备以下条件：① 行业中所有企业都生产标准化产品，大多数购买者以同样的方式使用该产品，企业的市场地位主要取决于价格竞争。② 企业产品的市场需求具有价格弹性。消费者对价格越敏感，就越倾向购买低价格企业提供的产品，成本领先战略就越有吸引力。③ 实现产品差异化的途径很少。很难进行特色经营以使自己的产品具有独特的优势。也就是说，不同品牌之间的差异化对消费者来说并不重要，从而使得消费者对价格的差异非常敏感。④ 实行成本领先战略的企业本身具有持续的资本投资和良好的融资能力、生产加工工艺技能、低成本的分销系统等资源和能力，且在组织上结构分明、责任明确，有良好的激励措施。

同时，企业在采取成本领先战略时应注意对以下误区的避让，如许多企业对内部成本控制得很严，而对外部采购成本却放任不管，或者仅关注主要原材料的采购，许多企业把成本控制甚至狭隘地等同于生产成本的控制，在成本分析中很少重视产生于市场营销、服务、技术开发和基础设施建设等过程中的成本和费用；许多企业往往等比例地给各部门下达成本降低指标，不考虑各部门的特殊性，缺少对价值活动的内在联系的协调和优化；再如许多企业往往把注意力放在对现有的价值链的改进上，而忽视了去探索重新配置价值链的途径，忽视了价值链的创新活动等。

第三节 差异化战略

波特提出，企业要获得竞争优势，一般只有两种途径：一是在行业中成为成本最低的生产者；二是在企业的产品和服务上形成与众不同的特色。企业可以在或宽或窄的经营目标内形成这种战略。本节介绍波特的差异化战略。

一、差异化战略的内涵

(一) 差异化战略概念

差异化战略是指企业向顾客提供的产品或服务在行业范围内独具特色，这种特色可以给产品或服务带来额外的价值,又称差别化战略。如果一个企业的产品或服务的溢出价格超过因其独特性所增加的成本,那么企业将获得竞争优势。差异化战略本质是通过提高顾客效用以增加顾客价值。为了保证差异化的有效性,企业必须了解自身的资源和能力能否提供独特的产品或服务。差异化赢得优势的前提和基础是企业提供的产品或服务能够与顾客需求、偏好相一致。因此,差异化必须以顾客需求为核心,深入了解其需求和偏好的变化。

(二) 差异化战略类型

顾客通过购买产品或服务获得效用,顾客、产品、价格等都是会存在差异的。在社会经济文化发展过程中,不同的顾客对产品和服务的认知及其满意期望值也各不相同。即使是同一顾客,在不同的时间、地点、环境对产品和服务的要求也可能不一样。差异化顾客的存在,就成为企业差异化战略选择的依据。因此,企业实施差异化战略有以下几种类型:

1. 产品差异化

影响顾客知觉最直接、最直观的方式是凸显或改变产品的客观特性。主要包括外观、性能、质量、可靠性和耐用性、安装、操作难度、产品复杂性、产品组合以及产品定制等。外观是产品给人的第一印象,最能吸引消费者眼球,特别能引发感性的消费者购买(如时装等)。性能是竞争的另一个重要方面,通常与技术领先联系在一起(如汽车、计算机等)。质量的重要性无须多言,如日本、德国等众多厂家都对品质精益求精。多数消费者都不是某一产品的专家,他们非常在乎购买的产品是否易于安装、调试和使用。例如,宜家的产品、全自动洗衣机、傻瓜相机等,消费者可以很轻易地掌握其安装或者使用。而结构复杂、功能繁多的产品则给人一种高档、先进的感觉,如手机的多种功能。有时,产品本身无过人之处,但产品组合起来却可以产生更大的顾客价值和产品差异,例如将微软的 Windows、IE 和 Office 捆绑在一起出售。

2. 服务差异化

在顾客的物质文化生活越来越丰富的今天,特别是服务性企业,企业应当注重针对不同的顾客提供针对性、特殊性、个性化、情感性等的各种特色服务。服务与技术支持水平是产品差异化的一个重要来源特别是当产品处于成熟期,产品改进的余地不大,或者产品在技术上特别复杂时,服务与技术支持的重要性特别突出。

服务水平体现在售前、售中、售后各个阶段。客户咨询,为客户介绍产品、技术、解答疑问等;对高水平客户的特训,协助客户进行二次应用开发,保证产品正常运行。

3. 品牌差异化

企业通过创立特色品牌,可以培养顾客认可和购买该产品的习惯,把企业的品牌根植于顾客的心中。品牌是产品差异化最有力的基础之一。品牌很难建立,但建立起来就能产生持续的顾客影响力。

4. 组织管理差异化

不同的组织管理方式可以为企业带来实际的差异化。现代管理制度强调企业内部各部门职责分工明确,各司其职,各职能部门之间常常产生冲突,很难协调配合。但许多时候,需要各个职能部门共同协作才能很好地满足顾客的需求。

一个企业与其他企业之间的联系，主要表现为各种形式的合作与联盟，也能使其产品或服务差异化。如麦当劳与迪斯尼的合作。

5. 渠道差异化

企业可以通过设计分销渠道的覆盖面、专长和绩效来获得竞争优势。戴尔、雅芳分别在计算机、化妆品产业内，率先采用直销模式而获得差异化，这种直销模式区别于以往通过中间商的层级分销，直接面对消费者，从而给消费者提供了最大的实惠，也为企业赢得了更多的利润。企业可根据自己的特点和优势加以选择，在渠道方面使自己区别于竞争对手。

二、差异化战略的优势和陷阱

（一）差异化战略的优势

如果差异化战略成功地实施了，那么它就成为在一个产业中赢得高水平收益的积极战略。这是因为它建立起对付五种竞争力量的防御阵地，尽管其防御形式与成本领先有所不同。产品差异化带来较高的收益，可以用来对付供应方压力，也可以缓解购买方压力。当客户缺乏选择余地，其价格敏感性也就不高了。采取差异化战略从而赢得顾客忠诚的公司，在面对替代品威胁时，其所处地位也比其他竞争对手更为有利，差异化战略的优势主要表现为以下几方面：

1. 降低现有竞争者之间的竞争

可以回避与竞争对手的正面竞争，用特色提高顾客的品牌忠诚度，降低客户对价格的敏感性，顾客甚至愿意付出更高的价格购买该产品，从而减少价格竞争的必要性，获取较高的利润。

2. 降低潜在进入者之间的竞争

差异化竞争有利于建立市场壁垒，形成进入障碍。由于产品的特色，顾客对产品或服务具有很高的忠实程度，从而该产品和服务具有强有力的进入障碍。潜在的进入者要与该企业竞争，则需要克服这种产品的独特性。

3. 降低替代品的威胁

具有品牌忠诚度的企业通常可以有效地抵御替代品的威胁。企业的产品或服务具有特色，能够赢得顾客的信任，便可以在与替代品的较量中比同类企业处于更有利的地位。

4. 降低供应商的讨价还价能力

产品差异化战略可以为企业带来较高的边际效益，降低企业的总成本，增强企业对供应者讨价还价的能力。同时，由于购买者无其他选择，对价格的敏感程度又降低，企业可以运用这一战略削弱购买者讨价还价的能力。

5. 降低顾客的价格敏感程度

差异化战略能减少购买者威胁。由于产品的独特性，降低了顾客从别处购买的可能性，使企业拥有在该市场细分中的垄断或准垄断地位，从而增加了差异化对于顾客的讨价还价能力。

差异化竞争具有许多优势，核心是可以建立客户忠诚度，这既可以紧密地维系客户，又是阻止潜在竞争者进入的屏障。

（二）差异化战略的风险

差异化是一种十分有效的竞争战略，但是并不能保证差异化就一定能够创造有意义的竞争优势，在某些条件下，追求差异化的企业也会遇到一定的风险。主要表现为以下几方面：

第一，特殊化容易提高成本，形成高价，实现差异化的成本很高，形成了较高的销售价格，如果这种价格超过消费者的承受能力，用户为了大量地节省费用，会放弃取得差异化的厂家所拥有的产品特征、服务或形象的诱惑，转而选择物美价廉的产品。这时，实行成本领先战略的企业会占据竞争优势。竞争对手的产品价格降得很低时，企业即使控制其成本水平，购买者也不再愿为具有差异化的产品支付较高的价格。

第二，竞争对手的模仿可以缩小顾客感觉到的产品差异，这是随着行业成熟而发生的一种普遍现象。故企业进行产品差异化时要有所侧重，注意突出最有价值的一方面。事实上，企业能否通过差异化取得竞争优势，在一定程度上取决于其技术和产品是否易于被模仿。企业的技术水平越高，形成产品差异化需要的资源和能力具有综合性，被竞争对手模仿的可能性越小。

第三，企业可能未能正确确定顾客真正需要的是什么。这些企业所假定的产品价值是从自身角度出发所虚构出来的，而非顾客真正认可和接受的价值，所提供的产品特色并不能引起顾客的兴趣，这样的差异化注定会失败。此外，如果消费者需求发生重大改变，在一个时期行之有效的差异化基础和方式在另一个时期则可能不再继续产生价值。

第四，企业差异化过度，超出了顾客的需求，从而使得产品相对于竞争对手的价格过高，或者自恃产品有特色，将产品价格定得过高，超出了顾客的承受能力或心理价位。这种过高的价格差异有可能促使顾客转向低价格的竞争产品，因而如果某个实行产品差异化的企业由于技术变化的原因或仅仅因为不在意而使成本升得太快，则低成本的企业就处于可以大规模侵占的优势地位。

三、差异化战略的适用情况

（一）顾客需求差异化

在顾客方面，存在大量的个性化需求，而且顾客对价格不太敏感，他们愿意并有能力为能满足他们需求的产品付出更高的价格。以电视机为例，也许有些顾客喜欢操作简单、价格便宜的电视机，而另一些顾客却喜欢操作复杂、价格贵、画质清晰的电视机。当顾客在喜好上存在差异时，企业就可以通过制定一种适合特定顾客群体需求偏好的产品，从而获得顾客。

（二）顾客认同差异化价值

在产品和竞争方面，有许多创造产品差异的机会，而且顾客能觉察到这些差异并认为这些差异对他们有价值，采用差异化战略才有效果；当大多数企业采用非差异化战略时，或者胜过对手特别是大公司成本优势的机会有限时，差异化可能是创造竞争优势的最佳途径。

（三）少有竞争对手采用类似差异化途径

在企业的目标细分市场上，少有或没有其他竞争厂商采用集中化战略，或没有其他竞争厂商在相同的目标细分市场上进行专业化经营。如果有很多竞争对手采用相似的差异化手段，那么这种“差异化”是不能很好地被消费者感知的，因此，也就无法为企业带来更多价值。

（四）行业技术变革快

一般来讲，当处于如下情况时，企业往往选择差异化战略，企业具有强大的生产营销能力，产品设计和加工能力、创新能力和研发能力，具有从其他业务中得到的独特技能组合，得到销售渠道的高度合作，在实行差异化战略时，还需要注意研究与产品开发部门和市场营销部门之间的密切协作，重视主观评价和人才激励而不是定量指标，创造良好的氛围以吸引高技能工人、科技专家和创造性人才。市场上的竞争主要集中在不断地推出新的产品特色。

第四节 集中化战略

与成本领先战略和差异化战略不同，集中战略不是为了达到全行业范围内的目标，而是围绕一个特定的目标开展经营和服务。本节介绍波特的集中化战略。

一、集中化战略的内涵

（一）集中化战略概念

集中化战略也称目标集中战略、目标聚集战略、集中战略等，它是指企业集中满足目标细分市场的战略，包括企业主攻某个特定的客户群、某产品系列的一个细分区段或某一个地区市场等。集中化战略本质是业务的聚焦化能促使企业以更高的效率和效果为某一狭窄的细分市场服务，避免大而弱的分散投资局面，从而超越在较广阔范围内竞争的对手们，形成企业的竞争优势。所以，其目的是围绕特定目标开展经营或服务，帮助企业在集中的市场范围内满足特定顾客的需求，获得竞争优势。

集中化战略使企业把优势资源集中于某一个特定的细分市场，比竞争对手更好地服务于该特定市场的顾客，在这一特定市场建立比较竞争优势，并以此获取高收益。一个企业如果长时间地把资源、能力和精力集中于一点上，就能取得意想不到的成功。尽管企业聚集的目标细分市场的范围和规模不大，但由于集中向特定的顾客提供优质高效的产品和服务，公司仍然可以获得高额收益，这就是战略集中的威力。一般而言，企业如果要保持其领先的地位，就要坚持不懈地贯彻集中战略。

（二）集中化战略特点

集中化战略遵循企业以某个特殊的顾客群、某产品线的一个细分区段或某一个地区市场为主攻目标的战略思想，这一战略思想决定了集中化战略的一个特点是整体是围绕着为某一特殊目标服务，通过满足特殊对象的需要而实现低成本或差异化。集中化战略常常是成本领先战略和差异化战略在具体特殊顾客群范围内的体现。或者说，集中化战略是以高效率、更好的效果为某一特殊对象服务，从而超过面对广泛市场的竞争对手，或实现差异化，或实现低成本，或两者兼得。

集中化战略的另一个特点是实施该战略的企业不做不熟悉的领域。集中化战略是将自身的资源集中于满足某一目标市场或目标顾客的需求，将企业所拥有的全部资源付诸在该目标聚集处，对其他的广泛的市场领域和顾客群体不做回应。由此可见，企业在选择集中化战略的时候，舍弃了一定的市场份额和原有客户。因此，企业必须选择熟悉的、竞争优势明显的市场领域和顾客，只有这样才能发挥出集中化战略的优势。

（三）集中化战略类型

按照不同的分类标准，可以将集中化战略分成不同的类型。

1. 成本集中化战略和差异集中化战略

按集中化战略构建竞争优势的来源，可以将其分为成本集中化战略和差异集中化战略。

（1）成本集中化战略。成本集中化战略即在细分市场中寻求低成本优势，是企业聚集自身掌控的有限资源和能力来降低产品或服务的研发成本、采购成本、制造成本、仓储成本、物流成本、代理成本或分销成本等，从而通过低价格同质量获得消费者的青睐，进而获得竞争优势。

（2）差异集中化战略。差异集中化战略即在细分市场中寻求差异化优势，是企业聚集自身掌控的有限资源和能力，通过技术创新来提供多样化、个性化、便捷化或快速化等差异化质量和功用，从而通过同等价格的差异化质量和功用来满足消费者多样化的需要，进而获得竞争优势。

2. 单纯集中化战略、成本集中化战略、差别集中化战略和业务集中化战略

按集中化战略的实施方法，可以将其分为单纯集中化、成本集中化、差别集中化和业务集中化等。

（1）单纯集中化战略。单纯集中化战略是企业在不过多考虑成本差异化的情况下，选择或创造一种产品、技术和服务为某一特定顾客群体创造价值，并使企业获得稳定可观的收入。

（2）成本集中化战略。成本集中化战略是企业采用低成本的方法为某一特定顾客群提供服务。通过低成本，集中化战略可以在细分市场上获得比领先者更强的竞争优势。实际上，绝大部分小企业都是从集中化战略开始起步，只是并不一定都能意识到它的战略意义，并采取更具有战略导向的行动。

（3）差别集中化战略。差别集中化战略是企业在集中化的基础上突出自己的产品、技术和服务的特色。企业如果选择差别集中化，那么差别集中化战略的主要措施都应该用到集中化战略中来。不同的是，集中化战略只服务狭窄的细分市场，而差别化战略要同时服务于较多的细分市场。

（4）业务集中化战略。业务集中化战略是按照某一特定客户群的要求，集中较好企业中的某一项业务。此时企业其他业务可能相对弱化。因此，为保证企业发展战略的顺利实施，企业可能会考虑业务外包。

二、集中化战略的优势和劣势

(一) 战略优势

1. 便于企业获得竞争优势

经济全球化虽然给企业带来了很多困难和挑战,但也将更多的机会摆在了企业面前。企业可以在更宽广的市场中拓展自己的业务范围,拥有更多的目标顾客,从而企业的经营业绩也会得到大幅提升。但是,企业毕竟只拥有有限的资源,特别是中小企业和新创企业,很难兼顾超过自身资源承受能力的目标市场和顾客。因此,采取集中化战略,将企业的主体资源集中于一个或少数几个目标上,才能为企业带来持久的利益,获得坚强的竞争优势。

2. 提高企业的资源利用率

一般而言,一个企业的资源、精力和能力总是有限的,如果过度分散使用,其资源的使用效率就会有所降低。但如果企业将有限的资源、精力和能力集中起来,专注于做好某一种产品,深入某一类市场领域,专心服务于某一类客户群体,就会提高产品和服务的质量,获得更高客户满意度。随着企业在某一市场的经验不断累积,企业将会更加高效地使用企业的资源和能力,在目标市场中形成规模经济优势。

3. 提高企业的竞争基础

实施集中化战略的企业对目标市场和客户有更高的敏感度,能够更加准确地把握市场变化、客户需求,从而防止其他竞争者进入特定市场。集中化战略集中使用企业的整体力量和资源,对市场、顾客、技术及竞争对手的情况都了如指掌,能够更好地控制企业的经营过程,更有针对性地实现经营目标。由集中企业的能力和资源所构筑的壁垒和障碍,可以有效地阻止潜在竞争者的进入。

(二) 战略劣势

集中化战略的劣势主要表现在以下三方面:

1. 降低企业应对风险的能力

企业由于原来集中力量发展特定的技术,满足特定的需求,当行业技术进步使得新的技术替代品出现时,或者目标市场上的顾客需求发生变化时,企业很有可能会扩大原来的目标市场。随着目标市场与总体市场之间在产品或服务方面的需求差别不断变小,企业原有的集中化战略存在的基础和优势就会丧失,从而影响企业的发展。

2. 缩小企业目标市场的总量

集中化战略常常意味着限制了可以获取的整体市场份额,因此,集中化战略必然地包含着利润率与销售额之间互以对方为代价的关系。产品销售量可能变小。

3. 过度集中发展细分市场

奉行集中化战略的企业可能一味地追求集中发展细分市场的利润,从而忽略了企业更长远的、更宏观的战略意图。由于集中化概念本身的缺陷,如果竞争者在细分的目标市场中找到更为细分的目标市场,并且采用了优于企业的更集中化的战略,企业就会丧失原有的竞争优势。

集中化战略的优势和劣势是相对的。首先,集中化战略通过缩小市场范围获得竞争优势，同时企业也会在集中化过程中减少顾客总量。其次，应用该战略的企业专门服务于某一细分市场，易于抵抗行业内的其他竞争者。但是，面对市场的深入挖掘和不断细分，企业如果不及时采取更加集中化的战略，很容易失去原有的竞争优势。最后，采取集中化战略有利于提高企业的资源利用率，有能力在某一领域内做到精益求精。但对于外来风险的抵抗能力，也会随着资源的过度集中，降低企业的灵活应对能力。所以，集中化战略的利弊十分明显，企业需要根据自身的资源能力和发展情况，谨慎选择。

三、集中化战略的适用条件

企业选择集中化战略必须考虑它的适用条件，例如存在适合的细分市场，否则无法实行集中化战略；企业无力在大市场参与竞争，不得不屈居一隅，选择集中化战略；企业有独特的生产和服务能力，否则无法集中一点为特定的客户群服务。具体来说，在选择集中化战略时，需要综合考虑企业的外部市场环境和内部资源能力。

（一）外部环境条件

适合采用集中化战略的外部环境主要是对外部市场有一定的要求，具体包括：

一是选择的目标细分市场不是行业领导者的重点市场，甚至可能是他们忽视的或者对这一细分市场没有足够强大的市场控制能力和竞争优势；

二是整个行业中有许多细分市场，但是没有一家企业能够拥有足够的资源和能力进入整个行业的很多细分市场，行业中仍然存在着渗透的机会；

三是整个行业中的各个细分市场存在许多差异，如市场容量、竞争强度、获利能力、成长速度等，不同的细分市场对不同的企业具有不同的吸引力；

四是目标细分市场具有很好的发展前景、足够的市场容量以及较强的成长潜力，企业进入该市场后，能够保证企业持续获利。

除了需要对目标市场进行考察外，也要注意对市场中的目标消费群体进行分析。集中化战略的目标顾客有着独特的需求偏好，在消费需求上存在较大的差异。

（二）内部实力条件

集中化战略需要清醒认识企业本身的资源能力和竞争优势，一旦奉行集中化战略，就需要一以贯之。一般采用集中化战略的企业具有如下内部特点：

一是企业内部拥有的资源和能力是有限的，企业实力在市场中并不占据主导地位，企业无法在更广泛的市场中追求经济效益，而集中发展目标细分市场或客户能够给企业带来更加有利的市场地位和经营业绩；

二是对于企业选择进入的目标市场和提供产品或服务的目标顾客，企业能够有效运用自身的资源、能力和精力，满足他们的需求，获得经济收益；

三是采用集中化战略的企业已经拥有了比较优质的产品和服务，在目标细分市场中，企业拥有一定的品牌声誉，并且拥有较高的顾客满意度和忠诚度，能够在进入该细分市场后建立隔绝机制，控制竞争者进入细分市场；

四是企业为细分市场和顾客提供的产品，成本较低，相比竞争对手而言，存在成本优势，或者能够提供有别于竞争对手的差异化产品，可以提供更好的产品或服务，创造差异化的优势。

综上所述,集中化战略是集中一点去进攻对手的弱点,或是通过专有的业务活动方式以低成本形成对竞争对手的优势,要获得这方面的优势需要具备以下某些条件:如企业拥有特殊受欢迎产品、企业开发了专有技术、市场结构未完全渗透、企业的生产不易被模仿等。当然,上述构成集成化战略的条件需要企业去寻找和创造,已具备集成化战略优势的企业仍须不断改善自身的地位或巩固已有市场。根据企业在规模、资源方面的一些特点,以及集中化战略的特性,可以说集中化战略对中小企业来说可能是最适宜的战略。

第五节 竞争战略组合

组合战略是基于迈克尔·波特的三种基本竞争战略的基础上提出的。所谓战略组合,就是将相关的战略配合起来使用,使几种战略形成一个有机的整体。

一、成本领先差异化战略

波特认为,低成本与差异化是企业竞争优势的两个重要来源,这两种战略是不相容的,因此,在绝大多数情况下,企业只追求其中的一种战略,任何“脚踏两只船”的企业都会导致最终的无效率。但是,有些学者对此提出了质疑,而且,随着环境的日益动荡和竞争的更加激烈,同时实施这两种战略变得越来越有可能。在此基础上,学者们提出了组合战略,即在降低成本的同时突出差别化经营的战略。实施该战略的企业能够同时在产品成本、质量和服务等方面赢得优势。因此,采用成本领先差异化战略比单独采用成本领先战略或差别化战略更有竞争力。成本领先差异化战略综合了两种战略的优点,但由于提高产品质量、服务特色和降低产品成本之间存在着矛盾,因此,实施该战略难度较大。

(一) 实施成本领先差异化战略的途径

成本领先差异化战略主要通过技术进步来实现。柔性和制造技术的应用,既能执行差别化战略又可以节约成本;零件标准化、通用化的发展和成组技术的应用,使多品种的生产能做到低成本、高质量;准时生产制等先进的组织形式,可以减少生产线上加工的零部件品种数目和大幅度地压缩存货;价值过程和价值分析等现代管理方法的广泛使用,既可以保证改善产品质量,又可以直接降低成本。

(二) 成本领先差异化战略的适用条件

成本领先差异化战略一般作为已存在竞争者市场的策略,它的成功既取决于理解和满足顾客需求的能力,又取决于企业是否拥有保持低价格的成本基础,并且难以被模仿。这就要求企业必须拥有很强的实力,能够在低成本和差别化之间寻找一种平衡,拥有能够消除成本领先与差别化之间矛盾的新的科技和管理手段。

(三) 实施成本领先差异化应注意的问题

采取成本领先差异化战略进入市场时,应考虑设计一个十分周密的计划并分步实施,降低总成本的同时维持一定的收入水平。

关于成本领先差异化基本战略的利益,主流媒体和学术研究中有大量的例子。对企业来讲,组合低成本战略与差异化战略的主要好处是:竞争对手很难模仿。这种战略能使企业为顾客提供两种价值:特色(如高质量、品牌身份、声誉)和更低价格(源于企业价值创造活动中的低成本)。因此,这种战略的目标就是:以适当的方式向顾客提供独特的价值。一些企业能同时取得这两种优势,如因为只需较少的返工生产、保修、较少客服人员处理客户投诉等等,所以卓越的质量也能促使成本降低。因此,成本领先差异化战略的两种利益是可以相加的,而不仅仅是权衡。接下来,我们思考组合低成本战略与差异化战略的三种方法。

1. 自动化与灵活制造系统

鉴于计算机辅助设计和计算机辅助生产等制造技术和信息技术的进步,很多企业已经能够在较小的规模上以较低的成本生产独特的产品——这是一种被称作“规模定制”的概念。

让我们思考一个例子。这是一个向建筑行业供应窗户的制造商,规模是 10 亿元。20 年前,这家企业还是一组组生产各种标准窗的制造商。为了满足不断变化的顾客需求,这家企业不断扩大产品范围。结果是,这家企业的产品种类越来越多,可选产品让家庭和承包商眼花缭乱。经过 6 年的时间,产品种类增加了两倍,报一次价需要几个小时的时间,出错率也上升了。这不仅损害了公司的声誉,也增加了生产成本。

为了实现彻底转变,这家窗户制造企业将提供给经销商和零售商的印刷目录开发成了互动的计算机化目录。销售人员可以按照顾客需求定制每一个窗户,查询科学的结构设计并给出报价。这个系统基本上是不出错的,顾客所找到的就是他们想要的,报价和设计开发产品的时间减少了 75%。展示产品的计算机都与工厂相连,客户可以用一个号码来跟踪订单。新开发的制造系统允许使用一些标准部件,但最终产品仍可以有各种样式。尽管公司为此系统投入了巨资,但确实降低了成本、提高了质量并增加了产品款式,也缩短了向顾客反馈的时间。

2. 充分利用利润池概念获取竞争优势

利润池可以理解为:在一个行业内,行业价值链各节点上利润的总和。虽然这个概念比较简单,但是利润池的结构可能会非常复杂。价值链上某些部分的潜在利润池比其他部分的要深,其深度在不同的部门可能也会不同。根据顾客群、产品类别、地理市场或者销售渠道的不同,部门利润水平会差别很大。另外,在一个行业内,利润的集中方式和收入的创造方式一般情况下也会不同。

3. 利用信息技术协调“扩展”价值链

很多企业利用信息技术将自己的价值链与其他顾客和供应商的价值链联系了起来,这样就协调了整个“扩展”价值链上的活动,也因此获得了成功。这种方法使企业不仅可以通过自己的价值创造活动增值,还可以通过顾客和供应商的价值创造活动增加价值。

实施这种战略常常需要重新定义行业的价值链。数年前,沃尔玛仔细分析了其行业价值链并决定重新组织竞争性挑战。竞争者主要聚焦于零售——推广和促销——而沃尔玛决定更多地聚焦于运输物流和通信而不是零售。在这里,扩展价值链之间的联系就成了中心问题。这个问题也成了沃尔玛选择战略的战斗背景。通过重新定义获取优势的竞争规则,沃尔玛获得了竞争优势并主导了该行业。

二、集中差异化战略

在某些情况下，企业可以采取高质高价战略在行业中竞争，即以特别高的价格为顾客提供更高的使用价值，即集中差异化战略。但是，如果采用这样的战略，就意味着企业在特定的细分市场内参与经营和竞争。事实上，这也许是一种真正的优势。在大轿车市场中，Ford、Rover、Peugeot、Renault、Volkswagen和许多日本竞争者都在同一市场中进行竞争。在这种情况下，一个公司想说服顾客，让顾客相信该公司的产品与其他竞争对手的产品不同，这是很困难的。BMW也是一个轿车生产商，但它并不直接与其他生产商竞争，而是以特别高的价格向顾客提供带有很高的、可感知的附加值的产品。值得指出的是，我国很多企业并不清楚如何维持自己所特有的竞争优势，或者轻易放弃自己的特色或差异性，或者盲目地扩大市场范围，殊不知一些特殊产品或高价产品的市场容量总是有限的。当然，采用集中差异化时还会遇到以下问题：

首先，企业必须在跨市场的广泛差异化和集中差异化两类战略之间做出选择。事实上，全球的企业管理人员都必须在不断涉足全球化市场和集中经营这两个战略之间进行选择和决策。采用前一种战略旨在取得全行业范围内的竞争优势，但易于受到竞争对手的关注和模仿，同时对企业的实力和规模有更高的要求；后一种战略旨在在特定的目标市场内取得差异化优势，虽然对企业的技术实力有很高的要求，但因市场容量有限，所以也许是那些技术水平高但规模和资金并不十分雄厚的企业首选的战略。

其次，明确企业是在哪个特定时间的细分市场内，通过满足顾客的哪些需要进行竞争是至关重要的。如果一个企业想在一个不同的细分市场内满足不同的需求，那么，它就很难实现实施集中差异化战略。例如，如果一个装修豪华、购物环境十分舒适的大型百货商场，试图出售各种档次的商品，则其很难实现上述目标。它也许想通过上述经营方式吸引不同的顾客，但其商品的设备和装置、环境和员工却没有根据不同细分市场的需要进行差异化，这样往往会使其产品和服务既没有价格优势，也没有差异化优势。这是我国很多大型百货商场和宾馆饭店经营绩效低下的一个重要原因。

再次，集中战略有时可能与利益相关者的期望相矛盾，在公共服务领域尤其如此。例如，如果一个公立医院撤出需求低、价格也低的医疗服务业务，而将资源更多地投放到为高薪阶层服务的业务中去，那么，它也许会以更低的成本高效运营，虽然效益会更好，但会遭到很多人的反对。同样，电力和通信、邮电部门也会遇到类似的问题。实际上，很多企业经营不是简单地回答如何实现利润最大化的问题，有时候也会涉及伦理和道德。

最后，所谓集中和差异化都是相对的概念，因此，必须随时注意顾客需求和市场范围的变化，今天仅有2 000人的市场，明天也许会增加到4 000人。此外，随着经济环境和社会价值观的变化，细分市场之间的差别可能会消失。在这种情况下，企业将要面临更多的竞争对手。另外，企业还必须注意保持适度的市场规模，同时要防止目标市场被竞争对手进一步细分和蚕食。

本章小结

本章主要讨论了竞争战略的内涵，即企业产品和服务参与市场竞争的方向、目标、方针及其策略。其主要由两个重要因素构成，一是行业的吸引力大小，二是企业的竞争优势，在此基础上，介绍了三种基本竞争战略，分别是成本领先战略、差异化战略和集中化战略。

成本领先战略是企业通过努力发掘现有的资源和能力优势，加强内部成本控制，大规模生产一种标准化的产品，在行业内保持整体成本领先地位，从而以行业较低价格为其产品定价的竞争战略。

差异化战略是企业向顾客提供的产品和服务在行业范围内独具特色，可以给产品或服务带来额外价值的战略，包括产品差异化、服务差异化、品牌差异化、组织管理差异化和渠道差异化。

集中差异化是企业集中满足目标细分市场的战略，通过业务的聚焦化促使企业以更好的效率和效果为某一狭窄的细分市场服务，以避免分散的经济局面，形成竞争优势。

在上述三种基本竞争战略的基础上，本章进一步介绍了将相关竞争战略配合使用，使竞争战略形成有机整体的战略组合。

关键名词

成本领先战略；集中差异化战略

思考题

1. 实行成本领先战略的外部适用条件有哪些？
2. 简述差异化战略有哪几种类型。

案例分析 1

小米公司的成本领先战略①

一、小米公司发展简介

小米公司正式成立于 2010 年 4 月，是一家专注于高端智能手机、互联网电视自主研

① 段莹莹．小米公司成本领先战略分析 [J]. 经济研究导刊，2015(08)：16−17.

发的创新型科技企业。

小米手机、MIUI、米聊、小米网、小米盒子、小米电视和小米路由器是小米公司旗下七大核心业务。“为发烧而生”是小米的产品理念。小米公司首创了用互联网模式开发手机操作系统的模式，将小米手机打造成全球首个互联网手机品牌。并通过互联网开发、营销和销售小米的产品。小米公司在机顶盒、互联网电视和路由器等领域也颠覆了传统市场。同时，小米公司也在积极打造小米生态链体系，力争全行业、全产业链都能达到共赢。

2011 年 12 月 18 日，小米手机第一次正式网络售卖。5 分钟内 30 万台售完。2013 年 8 月 23 日，小米已完成新一轮融资，估值达 100 亿美元。这意味着小米已成中国第四大互联网公司，仅次于阿里、腾讯、百度。2014 年 12 月 14 日晚，美的集团发出公告称，已与小米公司签署战略合作协议，小米以 12.7 亿元入股美的集团。2015 年 1 月 19 日消息，金山软件发布公告称，小米公司将通过其全资附属公司，以 5.27 亿港元（约合人民币 4.23 亿元）的价格从腾讯手中收购了金山软件共 3 529 万股，占金山总股本的 2.98%。

二、小米公司成本领先战略的 SWOT 分析

小米公司之所以能够短时间增值，本研究认为成本领先战略选择是小米公司成功的重要因素。

（一）优势分析

1. 小米公司生产外包实现低成本的优势

由于是新创企业，公司资金有限，不能够建立制造工厂，因此，小米公司将硬件研发外包给了英达华，这样降低了公司产品研发和制造的成本。在英达华为小米代工的同时，自身也实现了规模效益，并且还提升了小米产品的质量，提供更加优质的服务。对于小米公司来说，生产外包是小米公司实现快速增长的优势。

2. 小米公司具有运营成本低的优势

小米公司营销模式特殊化创造了运营成本低的巨大优势。小米公司主要通过饥饿营销、微博营销、网络社区营销及口碑营销等模式，以较低宣传成本实现了最大的收益，建立了较好的品牌效应。小米手机的销售与传统观手机销售不同，规避了各级经销商的加价，这样使手机的营销成本降低。小米公司的饥饿营销模式创造了其低价格优势，具有较大的市场优势。

3. 小米公司具有供应链溢价的优势

小米产品是通过网络订购销售的，这种销售模式使小米公司提前拿到了预付款，持有大额的预付款不仅可以与供应链上游企业谈判，降低产品生产的价格，而且不会出现产品压货的现象。这种营销模式在获取可观利润的同时，随着时间的推移，小米产品的生产原料价格会下降，这再一次降低了小米产品的成本。

（二）劣势分析

1. 成本控制压力较大

小米产品价格低的优势带动了公司的发展，同时也为公司带来了阻力。一方面，其他竞争企业进入性价比较高的营销模式，竞争者的加入给小米公司带来了巨大的阻力，主要表现为小米产品的替代产品越来越多；另一方面，从小米产品的销售量来看，较小的出货量

并不能实现规模效应，这会导致在与供应商议价方面变得劣势，同时单位产品的利润较低这无疑又是小米公司的忧虑。

2. 小米手机品牌定位狭窄

小米手机宣传口号是为“发烧友而生”，这种较小的市场定位已经不符合目前的发展需求。智能手机发展非常迅速，市场目标范围需要扩大，对于目前小米手机来说，消费者会认为其不适合大众，不购买小米手机；同时，小米4的1 999元的价格也没有满足发烧友的需求，小米手机的高端化发展受到阻碍。

（三）机会分析

1. 小米手机的MIUI可持续发展

MIUI是小米公司旗下三大核心产品之一，也是小米手机吸引消费者的方面。随着移动互联网业务日趋丰富，MIUI仍大有可为。就目前来看，中国安卓系统用户超过了75%，遥遥领先于iOS系统用户数量，基于安卓系统的MIUI日趋完善，小米手机可以随意刷机，这种机会给小米手机带来了大量的客户，这一点说明小米手机在中国智能机行业将拥有更为广泛的市场，小米MIUI作为深度定制的安卓系统，具有更大的发展空间。

2. 智能手机市场巨大

由于3G、4G网络和无线网络的发展，使移动互联网日益普及。2013年，在中国新增网民中，使用手机上网的比例高达73.3%，远高于通过其他设备上网的网民比例，说明手机网民是中国网民增长的主要来源。由此可见，移动互联网是大势所趋，用户对智能手机的需求不断增大，因此智能手机市场前景广阔。

（四）威胁分析

1. 供应链不完善，产能不足

2014年小米手机销售状况较好，总体来看，一直处于供不应求的状态。小米公司与合作伙伴一起努力，促使小米手机的销售量越来越大，从一开始的10 000多台，提升到300多万台。由于供应商的原材料有限，小米手机的销量突然增多，使供应商企业不能满足其要求，这样就不能按时交货，影响了小米手机的销售。

2. 产品同质化，小米产品优势不再明显

小米手机性价比优势逐渐受到威胁。随着智能手机市场的发展，竞争越来越激烈，HTC、中兴、华为、酷派、联想和魅族等国内外品牌感受到了小米手机经营模式带来的竞争压力，纷纷模仿小米公司，推出高配置低价位的智能手机。这样就致使小米产品失去了原有的优势，在没有产品差异化和创新的基础上，品牌效应逐渐丧失，小米公司的发展就会停滞。

三、小米公司成本领先战略的实施

（一）产品研发成本方面的措施

强化MIUI系统开发，加快与相关制造商合作。MIUI系统的优势与厂商合作创造了巨大的优势，研发MIUI系统的核心装置不仅为企业之间合作创造奠定了基础，更降低了小米公司的研发成本，实现了研发的差异化。一方面，深入研究MIUI系统的广度和深度。MIUI之所以受欢迎，源于其可以随意刷机，这种安卓深入模式给小米公司带来了大量的客户资源。深度定制的安卓系统更加符合消费者的需求,能够占据更广泛的市场,为小米产品打下品牌效应的基础。另一方面,促进相关企业合作,促进MIUI盈利能力。通过独立开发、合作研发创造MIUI系统与一个游戏平台发展,类似于苹果的iOS应用商店。随着移动互联网的发展,未来用户需求付费软件,支付服务将越来越多。通过MIUI系统游戏平台,建立一个应用程序商店是重要手段,以促进MIUI盈利能力。

（二）营销成本战略方面的措施

积极与第三方进行营销合作,提高小米产品的可信度。通过微博营销、口碑营销、网站营销等方式降低销售成本,这种自身优势的营销方式应该传承。而目前小米产品的饥饿营销和售后不周到给小米公司带来一些负面影响。消除这些负面影响,需要加快与第三方企业合作,改善消费者对小米产品的态度。同时,运用大数据分析小米产品的营销效果,通过第三方进行数据披露,这会给小米产品的销售带来最大的帮助,促使网络消费者增加。

（三）服务成本战略方面的措施

这里的服务成本主要是指物流配送以及售后服务。小米产品物流配送是通过小米自身联系的物流,在保障产品质量的基础上应该设法降低物流成本,打造较低的物流运输,小米手机目前完全是采用凡客诚品的物流配送网络,雷军系企业间的合作共同增加了如风达的业务量,降低了物流成本,实现成本领先。

小米产品的售后服务是通过小米之家以及邮寄原厂返修两种形式构成。小米公司主要通过在线客户服务电话进行咨询,可以实现精确、快速、高效的服务,但由于销售增加,问题层出不穷,客户服务也被忽视,这种情况严重影响了小米手机的品牌形象。小米公司除了要投入更多的资源,分类相关问题和技术指导视频,还要在网络平台上建立视频服务区域,上传解决问题和技术指导信息。由于实际条件和个人喜好,不同客户对通信通道的选择都是不同的,只有通过多种沟通渠道方式才可以满足多元化的需求,实现快速、高效的解决方法。因此,小米公司需要通过各种渠道增加对客户的服务和支持,客户服务和支持有效结合营销,提升客户满意度,实现企业可持续发展。

讨论:

1. 小米公司是如何通过成本领先战略实现竞争优势的?
2. 与其他竞争对手相比,其成本领先战略是否有被模仿超越的可能?

案例分析2

美团外卖、饿了么、百度外卖和滴滴外卖:激烈竞争的外卖市场

作为新经济代表的互联网,在过去的一二十年里,创造了产业发展和财富神话。2017年,外卖市场处于风口浪尖,百度外卖、饿了么、美团外卖相继被卷入漩涡当中。

根据艾媒咨询发布的《2016—2017 中国在线餐饮外卖市场研究报告》,美团外卖、饿了么、百度外卖 3 家主要在线餐饮外卖平台共占据市场份额的 94.1%,其中美团外卖市场份额为 40.7%,位于第一,饿了么以 35% 位居第二,百度外卖以 18.4% 位居第三。而易观智库《2016 年第二季度中国互联网餐饮外卖市场报告》数据显示,饿了么以 35.5% 的市场份额位居第一,美团外卖以 34.2% 位居第二,百度外卖以 21.1% 位居第三。

外卖市场三强格局的形成看似偶然,其实是必然。站在 BAT 三大巨头的肩上,外卖市场形成鲜明的红黄蓝三强格局。

2009 年 4 月,饿了么在上海创立,公司起源于上海交通大学闵行校区。创始人张旭豪为人低调内敛,不喜欢接触媒体。2015 年 12 月,饿了么获得阿里巴巴 12.5 亿美元的投资,饿了么被外界看作是阿里系成员。

做团购出身的美团在 2013 年 11 月正式上线了美团外卖。经过 3 年的发展,美团外卖已经成为美团团购、电影、酒店之外的第四大业务。2016 年 11 月,合并后的美团点评接受了腾讯 10 亿美元的投资,站队腾讯系。

2014 年 5 月百度外卖正式上线。由于是 3 家外卖企业中成立时间最晚的一家,百度外卖采取差异化的战略,定位白领外卖,确实也在白领外卖市场上占据了一定的优势。作为百度 O2O 战略的一枚重要棋子,当年百度公司创始人、董事长兼首席执行官李彦宏对外宣布将投入 200 亿元用于生活服务类的业务,百度外卖和百度糯米就是其中两大重要板块。

但到了 2016 年,情况发生了变化。2016 年是百度外卖艰难的一年,即便是它的竞争对手们也没有料想到,百度外卖的市场份额会在这年遭遇断崖式下跌。最终以掉队和边缘化收场。

1. 百度外卖的成功开局

2014 年 5 月,巩振兵在 LBS 事业部内,牵头成立了创新业务发展部(百度外卖前身),他从之前做百度凤巢和百度糯米的团队中选出来一些人充实外卖团队。包括后来百度外卖渠道负责人陈锦晖、直营负责人陈青、产品负责人王莆中(已离职),还拉来原拉手网副总裁、百度 LBS 副总经理宋黎明(已离职)等。这些人或有着过硬的业绩表现,或是为百度长年征战打拼出来的老人,重新聚在一起,有一个未曾宣之于外的共同目标——做到行业第一,未来和爱奇艺一样独立上市。

这一预期为团队提供了初始阶段动力。在开始的一年里团队做了两件事:一是,攻占白领市场;二是,与第三方劳务公司合作,为百度外卖建立专门的配送队伍,针对这种配送方式后来有个名词叫"专送"。

当时,饿了么和美团在高校竞争得不可开交,根本没有精力顾及白领市场,百度就从这个空白切入。但当时的一个情况是,外卖订单靠商家自己配送,所以平台上的餐厅主要就两类:一类是如肯德基、麦当劳自有成熟配送体系;另一类是苍蝇小馆,50% 的订单都依赖外卖平台。为了吸引高品质商家,百度自己做配送,三家里面百度是第一家这么做的。

相对于学生,白领人群消费能力强。根据艾瑞、易观等第三方数据机构的数据显示,白领的市场份额能占到整个外卖市场中的六成,远高于校园的三成。由于切入点正确,再加上集团资金和流量的支持,百度外卖的订单量飞速提升:2015 年三季度,百度外卖在北京的专送订单数是美团外卖的10倍，美团外卖总裁王慧文在接受36氪记者采访时说，这个时候将百度外卖当作美团最大的竞争对手。

百度外卖一时风光无二。对内的一次会议上，李彦宏当着诸多高管的面直接夸赞巩振兵，百度现在之所以落后腾讯、阿里这么多就是因为缺乏像巩振兵这样的领导。百度外卖在2015年下半年正式拆分独立。

这时的百度外卖就像一辆加足了油的战车，所有人都相信，外卖会成为百度新的增长引擎。在欢呼和喧嚣声中，百度外卖迎来了辉煌的顶点。

2. 百度外卖的惨淡收场

百度外卖在白领市场具备先发优势，最高时白领的市场份额能到33%，略超另外两家。2015年三季度，百度高层还认为它很有可能会冲到40%。但在2016年，这一数字只在7%左右。

巩振兵在可见的成功面前，做出两个错误的战略判断，这直接打乱了百度外卖的良好开局。

2015年年底到2016年年初，外卖行业接连出现巨额融资。2015年8月，饿了么宣布完成F轮系列融资，总计6.3亿美元；三个月后又和阿里巴巴集团签署投资框架性协议，阿里巴巴集团投资饿了么12.5亿美元。2016年1月，合并后的美团－大众点评宣布完成33亿美元的融资，背后出现腾讯的身影，估值一举超过150亿美元。

拿到钱后的两家发动了冬日“战役”，一方面他们密集地招募地推人员，抢夺独家店铺；另一方面在用户端发起新一轮的补贴。两家期望依靠资本的加持快速取胜，饿了么CEO张旭豪甚至喊出“一个月定战局”。

百度外卖没有紧跟这场战役，它的市场份额依靠惯性仍呈现上升态势，于是巩振兵放松警惕把很大一部分人力、财力放在搭建外卖生态链上。

2015年10月，百度外卖投资成立了甄选食品公司来做中央厨房，注册了包括巩大夜宵、17饭、有家下午茶、顶味源等在内的多个餐饮商标。除了中央厨房外，百度外卖又陆续上马了生鲜、食材供给、商超、众包、电商平台质选生活等项目。当时开了N多条线，能想到的都要做。

当竞争对手调集兵力集中猛攻时，百度外卖却把精力分散出去。

业务线扩张之外，接下来巩振兵还做了另一个决定——春节给骑手放假，帮助他们买票回家。

春节时期是外卖行业的巨大低谷，用户返乡，餐厅停业，外卖需求骤减。到底要不要在春节留住骑手成了一个问题，毕竟想要在春节期间保持原来的运力，就必须给骑手节假日期间的高额工资补贴，这是一笔不太划算的买卖。

美团外卖采用了相反的做法，他们保留了一部分骑手在平台上继续配送，并且在节后加速和加大了对骑手的招聘：只要骑手在此期间入职，就会有一些奖金，如果能够介绍认识的人一起过来，还会再给一笔奖金。这使得美团在正月十五前恢复运力，而过完年回来的百度外卖在很长时间都招不到骑手。

2016年3月，巩振兵开始为他的这两次战略失误付出代价。春节后，此前高歌猛进的百度外卖第一次出现了增长停滞的局面，甚至略有下降，僵持数月，未见好转。最终被饿了么收购。

3. 滴滴进军外卖市场

2018年7月，在互联网市场最火热的话题莫过于美团和滴滴大战。本来，两家井水不犯河水，美团外卖拿下市场半壁江山，滴滴在网约车市场的占有率高达90%以上。滴滴触到了网约车市场的天花板。而美团将视野扩展到相近的领域。

但他们之所以选择打车和外卖领域，是因为网约车行业和外卖行业的技术壁垒并不高。打车软件的开发成本、技术含量并不高，外卖行业基本适用，而且两者的算法具有同质性，可以互相迁移，并不存在天然的技术壁垒。

美团在上海推出网约车服务，上线前3天，就分别拿到15万、20万和30万单，一周内乘客达220万人次，分掉滴滴打车1/3的市场份额。

滴滴把反攻战场选在了无锡。经过小范围测试，4月9日正式上线头一天，订单量就达33.4万单，把美团拉下马，“立地”成为无锡外卖市场“老大”。

滴滴在无锡也喊出了“1分钱吃炸鸡，1元钱喝奶茶”的口号。

互联网企业在竞争中，面对白热化的同质竞争时，由于“边际效应递减”规律，企业付出的努力，也许只能涉及0.1%的用户体验，然而，更为不幸的是，就这0.1%，用户还常常感受不到。

所以，产品、技术、价格战、资本、规模、团队、管理、渠道……企业根本无法凭借这些构筑起真正的竞争防线。但一个差异化就能形成明显的竞争优势，而这种差异化正是品牌在消费者心中的差异。因为人的心中存在喜好第一、难以改变、厌恶复杂等规律。但美团打车及滴滴外卖的上线却会不断打碎他们原本在消费者心中好不容易建立起来的差异化认知。

讨论：

1. 美团、饿了么和滴滴各自的核心竞争优势是什么？
2. 你认为百度外卖惨淡收场的主要原因是什么？

案例分析3

汕头市金茂电光源实业有限公司集中化战略

汕头市金茂电光源实业有限公司成立于1997年，至今已发展成为集设计、制造和销售为一体的汽车、摩托车全系列灯泡的骨干企业。金茂公司生产的品种主要集中在汽车、摩托车的全系列灯泡这一领域，目前，公司每年能生产8 000万个汽车、摩托车的全系列灯泡。其产品除国内市场外，大部分远销欧洲、中东、中南亚及南美各国，并得到了广大用户的一致赞誉和业内同行的广泛认同。

近年来，随着整车产销量快速增长，零部件市场发展迅速，新技术的应用，整个宏观经济环境的变化，车灯行业呈现出了一些新的特点。首先，体现在车灯市场配套体系基本稳定。整车产销稳步上升，带动车灯产品产销量不断提高。其次，当今车灯市场竞争主要表现形式是品牌和质量的竞争。最后，新技术的广泛运用，导致以往在高端车型中才应用的技术慢慢地普及开来。如何在控制成本的同时，保证产品质量一致性，是车灯企业在新形势下面临的难题。面对这样的行业环境，汕头市金茂电光源实业有限公司秉承着诚信、敬业、持续改善的经营理念，努力地追求卓越，与整车厂建立起紧密的合作伙伴关系，把生产经营集中在车灯这个领域。该公司在运营过程中运用了集中化的战略，追求制造一流的产品，追求一流的效益，在车灯行业中站住脚跟。

金茂电光源实业公司采用集中化战略的原因主要有以下几方面：具有完全不同的用户群，为多个品牌的汽车及摩托车提供系列灯泡，而且这些用户或有不同的需求，或以不同的方式使用产品；在相同的目标细分市场，及汕头地区的汽车摩托车零配件市场中，其他竞争对手不打算实行重点集中战略；公司还处在成长阶段，资源上不允许其追求广泛的细分市场；行业中各细分部门在规模、成长率、获利能力方面存在很大差异，而车灯制造部门比其他部门更有吸引力。

公司采用集中化战略后带来的优势主要有以下几方面：集中化战略便于集中使用整个公司的力量和资源，更好地服务于车灯市场；将目标集中于车灯市场，公司可以更好地调查研究与车灯有关的技术、市场、顾客以及竞争对手等各方面的情况，做到“知己知彼”；战略目标集中明确，经济效果易于评价，战略管理过程也容易控制，从而带来管理上的简便。

同时公司采用集中化战略也带来了以下几方面的劣势：由于公司全部力量和资源都投入了车灯市场，如果顾客偏好发生变化，技术出现创新或有新的替代品出现时，就会发现这部分市场；对产品或服务需求下降，公司就会受到很大的冲击；如果有竞争者打入了汕头地区的车灯市场，并且采取了优于公司的更集中化的战略，将会严重影响公司的销量；随着节能减排的观点越来越被人们接受，汽车、摩托车的产量销量可能会渐渐减少，车灯销量也可能随之变小，要求不断更新，造成生产费用的增加，将会使得公司的成本优势得以削弱。

讨论：

1. 汕头市金茂电光源实业有限公司是如何实现集中化战略的？
2. 请结合该案例具体分析在怎样的市场环境下，企业应该运用集中化战略。

案例分析 4

杭州联合银行的集中差异化战略

作为一家立志成为全国农村金融机构领先者的杭州联合银行，自挂牌开业以来，经过五年的运营，存款余额增长 227.59%、贷款余额增长 243.16%、资产总额增长 249.30%、所有者权益增长 244.97%。

为了实现集中差异化战略，在杭州联合银行创立大会上，提出了服务大三农的概念，就是“以农户、个人、中小企业为主要目标客户，细分市场，打造全国最好农村合作银行”的目标。为了实现这一目标，挂牌以后，按照“以客户为中心、以市场为导向”的要求，转变经营机制，推进流程再造，逐步建立交叉覆盖前、中、后台的市场营销体系、风险管理体系和支持保障体系，并迅速推动了组织架构调整、人事用工改革、绩效薪酬改革、产品研发机制建设、支行功能转型等一系列配套措施，有效提升了杭州联合银行市场竞争力，为可持续发展奠定了坚实的基础。

从战略分析的角度审视其改革实践，既不是单纯的集中战略，也不是单纯的差异化战略，而更像是融合了两种战略的特点，又有所创新的集中差异化战略。

就“集中差异化”战略而言，“集中”有两层含义：一是在市场定位上集中于“三农”，以农户、个人和中小企业为目标客户，真正沉下去，集中资源在这一领域精耕细作，在目标市场中打造核心竞争力。二是在空间定位上集中于县域经济，积极稳妥地对外扩展，真正走出去。因为相对于县域的其他中小金融机构，杭州联合银行的资本实力较雄厚，市场化程度更高，经营机制更活，产品开发能力更强。只有通过县域，才能实现走出去，打造在县域金融服务领域的核心竞争力。

“差异化”同样有两层含义：一是“个性化”，即走具有杭州联合银行的特色的发展道路。例如，他们专注于“做小、做散”，并不是没有能力去争夺大客户、大项目，而是本着这种差异化的发展战略去主动营销小额贷款。目前，企业贷款户均只有1 000万元左右，即便在县域市场上也是属于比较“低”的水平；二是子战略、战术带有明显的差异化、多样化色彩。如在推行模拟利润考核时，通过大幅提高小额贷款考核权重，降低大额贷款绩效收益，来鼓励市场人员做小、做散。

因此，杭州联合银行的“集中差异化”战略，可以表述为：以服务“大三农”为使命，以县域经济为重点，为农户、个人、中小企业提供差异化的金融服务，走具有我行特色的可持续发展道路，努力建设成为现代化的农村中小金融企业。这一战略思想在不断完善后最终成为了指导该行发展的基本思想。

讨论：

1. 请说明杭州联合银行是如何实现集中差异化战略的。
2. 请结合案例说明集中差异化的适用条件是什么。

案例分析5

宜家的低成本差异化战略

宜家家居独特的生产、仓储和供销方式，大大降低了成本，却未降低品质，带给了顾客一个全新的选择，所以我们说宜家家居的战略类型属于低成本、差异化，战略本质属于价值说。

在低成本方面:宜家家居可以降低成本的原因有下列几点:

(1) 宜家家居以合理的方式设计、开发、制造自己的产品,如此就可降低物料的浪费,同时降低售价。

(2) 宜家家居的零售据点遍布全球接近三十个国家,全球的供应商有 2 300 余家,如此众多的宜家家居门市,可使产品大量生产,以降低产品制造的成本。

(3) 宜家家居销售采用自助方式,顾客可在自助仓储区内选择大部分的家具,故大部分的产品采用平整包装,可以节省仓储及运输费用,却不会影响品质。

(4) 宜家家居的店面设计让顾客可以简单且方便地购物,顾客可轻松自在地在店里四处浏览,只要一走进大门,顾客会拿到卷尺和纸笔,让顾客可不必找店员就能自行判断,而店员只在需要时提供协助,如此便可减少店员的雇佣费用。

(5) 宜家家具提供一种前所未有的分工方式,如果顾客愿意分摊一部分传统上应该由制造商与零售商来负责的工作——产品的安装与运送,由顾客自行提领及运送采购的物品,自行组装家具,那么宜家家居便可以较低廉的价格,提供精良的产品。

宜家有系统地更新家具业的角色、关系与组织实务,获得了整合的经营系统,并且借着参与者之间不同能力的配合,比往昔更有效地创造出价值。

在差异化方面:尝试从每一个价值活动中寻找差异化,也是重要的课题,宜家在这方面也有所努力:

(1) 有效掌握需求缺口:位于瑞典南部的宜家担任驱动及协调的角色,负责收集全球最新的概念:可能是生活形态变化的趋势,可能是生产技术的更新,也可能是资讯技术的革命。之后该公司会据此预测两年后的整体趋势,将之和现有产品比对并宜家化,并具体地分成数个样式组及具体地产品设计以为后续业务的基础。形成样式群及产品设计的同时,该公司必须一方面向全球负责销售的成员确认上述概念的市场性,并印发产品目录。同时必须和全球各地的供货商、生产者沟通技术及产量细节。另一方面又要时时监控过去所决定的样式群及产品其消长的情形。以如此严谨的程序,来确保能够捉住需求缺口,获得顾客的认同。

(2) 寻求独特差异:① 宜家在台成立的分店,商品内容包括家具、家用、家饰品,在店内提供了 6 000 多种商品,标榜让消费者可以单站一次购足。② 全球实施不二价,使顾客可以放心购买,不必等至所谓的折扣期间,才去采购。③ 目录价格一年内保证不变,这样的稳定价格可让顾客从容地拟好购物清单,也不会有因发现价格调整的不愉快经验。④ 宜家的退货服务由 14 天延长至 30 天,新的退货制度为:消费者如果对商品不满意,可以在购买商品 30 天之内,把未组装的货品放回原包装中,连同发票,便可以更换其他的式样,或是退回全额的货款(不包括搬运费用)。⑤ 家具成套展示,提供了家居设计,在商品展示方面,模拟家庭、房间的布置,并仿照样品屋方式,规划出三维居家实景及家具摆设,销售方式则完全自助。而每件产品都附有简单的标示,注明货名、价格、规格、材质、可选颜色、维护须知以及店中的订货和取货地点。

(3) 尝试寻求新的关系信息、通信科技可使交易成本大量降低,使产品流网络成员关系调整与重组:跨国企业从事跨越区域、跨越文化的大量交易,其有许多成员的功能在于克服这些不熟悉的因素，而具有类似中介的地位，宜家家居散布于各地的贸易公司。但当资讯、通信科技的进步将交易的不确定因素及交易的成本降至最低时，关系就会有所改变，宜家散布各地的贸易公司20世纪80年代主要的任务为采购代表，其事实上代表宜家采购所需的商品，而由宜家转卖给各零售成员。自20世纪80年代后期以来，资讯及通信科技突飞猛进，因此由宜家各贸易公司和零售成员的直接交易比例便逐渐提高。资讯、通信科技的进步对于宜家、宜家贸易公司、物流中心、零售成员等的关系和互动产生了调整及重组的作用。简单地说，资讯、通信科技使交易成本降低许多，多国籍企业地方分公司成为地位独立之营运单位的机会得以提高。经由降低交易成本，相对提高了顾客的价值，当然使厂商具有更高的竞争优势。

(4) 形成价值网：在现代社会里，消费者所得到的价值并非单一厂商制造的，而是由厂商和消费者的互动关系，加上其他合伙人与结盟者的参与而共同创造出来的。而宜家就在卖场内设置儿童游戏区及顾客休息区，儿童有婴儿车、托婴服务和游乐场；老年残障者有轮椅设备；肚子饿了，也有咖啡店和餐厅可以充饥。它的目标，就是要把宜家变成消费者全家出游的目的地，不单单只是个家具店而已，这种由许多成员集结而成的星系价值网络，正是宜家家居努力的目标。

讨论：

1. 请对宜家公司环境进行SWOT分析。

2. 宜家公司是如何实现低成本差异化战略的？

即测即评

请扫描右侧二维码，进行即测即评。

第七章　战略实施

学习目标

1. 掌握战略实施的任务与模式；
2. 认识资源配置与战略的关系；
3. 掌握资源配置的原则与方法；
4. 明确战略实施的过程，了解企业与不同战略的匹配关系。

开篇案例

飞鹤奶粉：更适合中国宝宝体质

飞鹤乳业始建于1962年，从美丽的"鹤城"齐齐哈尔起飞，迄今已有50余年专业乳品制造历史，是中国最早的奶粉生产企业之一。飞鹤专注于婴幼儿奶粉的研发和生产制造，旗下拥有星飞帆、超级飞帆、飞帆等系列产品，被誉为最安全的婴幼儿奶粉品牌，是拥有最完整全产业链的婴幼儿奶粉企业，并创造了50余年的安全生产纪录。飞鹤乳业董事长冷友斌用非常有诗意的文字向记者描述了飞鹤完整的产业链：北纬47度，这里没有任何污染，连刮过的风都飘着清新的味道。飞鹤的牧场、加工厂就坐落在这里。无污染的环境确保了飞鹤奶粉从源头上就是健康的。

但即便如此，在2008年奶粉行业出现的"三聚氰胺事件"中，让原本不在"黑名单"上的飞鹤奶粉，亦出现增长乏力。

1. 飞鹤品质卓越却受累信任危机，突围乏力

外资奶粉占据中国顾客心中"安全"的认知，在一二线主流及高端市场，强势压制国产奶粉，国产奶粉被普遍认为"不安全"，在中低端市场拼杀，甚至退居三线、四线以及农村市场。并且国产奶粉多为延伸品牌，少有聚焦婴幼儿奶粉的专业品牌。顾客心中已形成强大的"外资奶粉＝安全的奶粉"的认知力量，国产奶粉突围障碍重重。

飞鹤作为中国最早的奶粉生产企业之一；打造了中国婴幼儿奶粉行业第一条全产业链；完成"2小时生态圈"；采用湿法工艺和母乳化配方等。飞鹤团队也拥有强执行力、高凝聚力及忠诚度、使命感。

作为一家品质卓越的国产奶粉企业，飞鹤一直在尝试摆脱"不安全"认知。飞鹤曾宣传"50余年安全无事故""一贯好奶粉""高适应"等特质，无一奏效。

2. "飞鹤奶粉 更适合中国宝宝体质"战略定位

事实上，与其说顾客不选飞鹤奶粉，不如说顾客不选国产奶粉。顾客对国产奶粉的不信任是核心瓶颈。飞鹤要站在国产奶粉阵营里来代言国产奶粉与外资的洋奶粉进行对抗。飞鹤的主要竞争来自外资品牌，如能化解外资压制，飞鹤就能凭借国产领先的地位获得最大市场空间。

飞鹤若想打开成长空间，进而成就行业第一，战略核心就应该是为整个国产奶粉重建认知优势，突破外资的竞争封锁。突围的关键在于挖掘行业核心价值，发现外资奶粉强势中的弱势。

在北方9省，飞鹤有一个共同点：飞鹤婴幼儿奶粉品牌在这9省里的整体市场份额第一，超越了所有"洋奶粉"品牌。飞鹤把整个的配方体系命名为"高适应配方"奶粉。由此看到了曙光，提出了让飞鹤代表国产奶粉来竞争整个外资奶粉的构想。

首先,外资奶粉是全球统一配方,不可能到了中国市场就专门给中国宝宝设计配方;其次,很多在国内销售的外资奶粉都是利用大包粉进行二次加工,而不是直接在中国用鲜奶做原料;最后,外资奶粉运输进入我国要经历长途运输和各种气温环境,很容易导致奶粉质量变化。

由此确定了飞鹤婴幼儿奶粉竞争战略价值点,最终将飞鹤的战略定位界定为“更适合中国宝宝体质”,这也是整个国产阵营相对整个进口阵营的竞争优势。

3.“飞鹤奶粉 更适合中国宝宝体质”战略定位实施

2015年3月,飞鹤开启了“让祖国的下一代喝上放心、安全又有营养的好奶粉”这份神圣的、责任重大的事业,展开飞鹤奶粉的战略研究梳理。10月,飞鹤竞争战略开始系统地落地实施。于同年12月正式启动“更适合”战略。

“更适合”战略符合了竞争战略的四大原则:借助了常识与消费者产生共鸣;符合行业趋势;符合企业长处;能够防御竞争。

第一,产品聚焦,提升品牌形象。包括迎合消费升级趋势布局产品线,聚焦高端,在行业内率先布局超高端产品“星飞帆”系列;砍掉最低端“飞慧”系列;统一价格,打击窜货等。

第二,在服务终端,优化视觉呈现,突出“飞鹤更适合”品牌信息;深化服务体系,推出亲子嘉年华、营养教育、MINI秀、妈妈班等行业特色服务。

第三,在传播方面,率先出动,抢占“更适合”,选择了央视、收视率高的地方卫视以及年轻消费群体所喜闻乐见的网络媒体等。

这一系列战略落地活动形成一致性的竞争性指向,集结企业内部运营各个环节力出一孔,这个孔就是“更适合中国宝宝体质”。围绕着这一孔形成的系列战略造就了飞鹤的核心竞争力,使得竞争对手无法跟进。而飞鹤团队的勤奋、执行力以及对于战略的理解能力等也都促进了“更适合”竞争战略高效落地。

为最大程度保留营养,即使成本高出60%,飞鹤仍坚持鲜奶工艺,原料乳从挤奶到成粉只需2小时,最快只需28天到达消费者手中。不添加香精、蔗糖的做法,避免了宝宝挑食厌食的问题。

飞鹤还建立了中国母乳数据库,对氨基酸、蛋白质结构进行升级优化,使奶粉更接近母乳,经临床试验显示,食用飞鹤奶粉的宝宝在消化、哭闹、湿疹发生率等方面均优于普通奶粉。此外,飞鹤与哈佛医学院BIDMC合作,搭建美国波士顿、中国北京、中国甘南“两国三地”联合科研平台。随着麻省州立大学、佛蒙特大学的加入,飞鹤的研发版图已升级为“两国五地”。

凭借对品质的坚持,飞鹤连续三年斩获食品界诺贝尔奖的“世界食品品质评鉴大会”金奖。

飞鹤乳业凭借专注打造“适合中国宝宝体质的奶粉”,实现了2017年高端奶粉200%的销售增长,并在激烈的市场竞争中进入行业前三名,初步完成了国产婴幼儿奶粉对外资品牌的逆袭。

第一节 战略实施的任务与模式

著名战略家安索夫将“战略实施(strategy implementation)”定义为“管理层为贯彻战略计划所采取的行动”,这一定义简明扼要地指出了战略实施的核心。战略实施与控制是密不可分、相互交叉的两个方面,实施过程中需要控制手段的配合,控制的目的是保障实施的顺利进行。因此,战略实施可以广义地解释为:通过战略性变革,辅以严密的控制手段将战略计划转化为具体行动,达到战略计划所要求的各项目标,最终达到全局制胜的动态过程。

一、战略实施的原则

企业战略在执行过程中常常会遇到许多在战略制定时没估计到的问题,为了保证战略的有效执行,以下三个基本原则可以作为企业战略的基本依据。

1. 适度原则

由于企业经营目标和经营战略在制定过程,受到信息、决策时限以及认识能力等因素的限制,对未来的预测不可能完全正确,所制定的企业经营战略也不是原有的,而且在战略执行过程中由于企业外部环境及内部环境的变化巨大,情况比较复杂,因此只要在主要的战略目标上基本达到了战略预定的目标,就应当认为这一战略的制定及执行是成功的,“过犹不及”。在客观上不可能完全按照事先制定的战略计划行事,因此战略的执行过程不是一个简单机械的执行过程,而是需要执行人员的大胆创造、大胆革新的过程,因为新战略本身就是对原有战略以及原有战略相关的文化、价值观念的否定,没有创新精神,新战略就得不到很好的执行。因此,战略执行过程也是对战略的创新过程。在战略执行中,战略的某些内容或特征有可能改变,但只要不妨碍总体目标及战略的实现就是合理的。

另外,企业的经营目标和战略总是要通过一定的组织机构分工执行,也就是要把庞大而复杂的总体战略分解为具体的、较为简单的、便于管理和控制的操作,由企业内部各部门以至各基层组织按照分工去贯彻和执行。组织机构是适应企业经营战略的需要而建立的,但一个组织机构一旦建立就避免不了地要形成自己所关注问题的本位利益,这种本位利益在各组织部门之间以及和企业整体利益之间会发生一些矛盾和冲突,为此,企业的高层管理者要做的工作是对这些矛盾冲突进行协调、折中、妥协,以寻求各方面都能接受的解决办法,而不可能离开客观条件去寻求所谓绝对的合理性。

2. 统一原则

对企业经营战略了解最深刻的应当是企业的高层领导人员,一般来讲,他们要比企业中下层管理人员以及一般员工掌握的信息要多,对企业战略的各个方面的要求以及相互关联的关系了解得更全面,对战略意图体会最深,因此战略的执行应当在高层领导人员的统一领导下进行,只有这样其资源的分配、组织机构的调整、企业文化的建设、信息的沟通和控制、激励制度的建立等各方面才能相互协调、平衡,才能使企业为实现战略目标而卓有成效地运行。

同时，要实现统一指挥的原则，要求企业的每个部门只能接受一个上级的命令。但在战略执行中所发生的问题，能在小范围、低层次解决问题，不要放到更大范围，更高层次去解决，这样做所付出的代价最小。因为越是在高层次的环节上去解决问题，其涉及面也就越大，交叉关系也就越复杂，当然其代价也就越大。

统一指挥的原则看似简单，但在实际工作中，由于企业缺少自我控制和自我调节机制或这种机制不健全，因为在实际工作中经常违背统一指挥原则。

3. 权变原则

企业经营战略的制定是基于预期环境的研究即前提条件假设进行的，在战略执行过程中，事情的发展与原先的假设有所偏离是不可避免的，战略执行过程本身就是解决问题的过程，但如果企业内外环境发生重大的变化，以致原定的战略不可能实现，显然这时需要对原定的战略进行重大的调整，这就是战略执行的权变问题。其关键就是在于如何掌握环境变化的程度，如果在环境变化程度不大时就修改了原定的战略，这样容易造成人心浮动，带来消极后果，缺少坚强的毅力，最终只会一事无成。但如果环境确实已经发生了很大的变化，仍然坚持执行既定的战略，将最终导致企业破产，因此关键在于如何衡量企业环境的变化。

权变的观念应当贯穿战略执行的全过程，从战略的制定到执行，权变的观念要求识别战略执行中的关键变量，并对它做出灵敏度分析，这些关键变量的变化超过一定的范围时，原定的战略就应当调整，并准备相应的替代方案，都要有足够的了解和充分的准备，以使企业有充分的应变能力。当然，在实际工作中，对关键变量的识别和机动机制的运行都是很不容易的。

二、战略实施的任务

战略实施几乎涉及组织运作和管理的所有方面。每一项战略的实施对于组织结构、资源、文化、控制手段等方面都可能有不同的要求，因而组织应适时调整，满足战略实施的条件。战略实施要完成的任务包括以下几个方面：

（一）建立适当的组织结构

为了保证战略计划的顺利实施，首先就要建立适应战略要求的组织结构，或调整原有组织结构。实施战略所需的活动、方案和项目的职权及责任应该在组织单位和相应的人员之间进行分配，同时使这些活动和职责在协调的基础上得到适当的控制，从而形成有机的整体。这就是新的组织结构应该具有的功能。

（二）优化内部运营系统

内部运营系统是战略实施的支持系统，它的效率高低直接关系到战略实施的有效性和效率，必须对其进行优化。优化内部运营系统可以从预算、业务流程再造、激励机制、信息系统、持续改进系统、政策与程序等方面着手，以保证内部运营系统的协调性和先进性。

（三）营造有利于战略实施的文化氛围

组织文化是组织成员对所属组织的认同，它对组织成员的行为具有无形而强烈的影响。恰当的组织文化能够使组织成员统一认识，有助于促进和支持战略的实施。学者们认为,文化也可以作为组织实施控制的一种手段。每个公司都应该通过调整文化或重塑文化来寻求战略与文化的协调一致。

(四) 适当激励以发挥战略领导的作用

在任何管理活动中,中高层管理者作为决策者都发挥着极其重要的作用。在战略实施过程中,组织的管理者就变成了战略领导者,他们的观念、品德和能力是决定战略能否成功的重要因素。为此,在战略实施时,有必要对管理者进行动员和激励,使他们能够准确地向下属传达组织的战略意图,并且以身作则、不遗余力地推行战略计划。

(五) 控制

战略控制是战略实施的重要环节。为了防止战略实施效果偏离预期战略目标,必须利用控制机制来评估战略活动的实施进度和效果。企业不仅要关注组织内部的资源变化,还要考虑外部环境的变化,并据此及时调整战略实施方案,使企业朝着预定目标前进。

战略实施中,除了要做好以上五个方面的工作外,还需要注意学习其他组织设施实施的经验和教训,取长补短,灵活机动地处理实施过程中的各种问题。在后面的章节中,我们将就战略实施中的几个重要内容:组织结构、资源配置、职能战略、战略控制等展开具体细致的讨论。

三、战略实施的主要模式

战略实施模式是指企业管理人员在战略实施过程中所采用的手段。一般有以下五种模式。

(一) 指挥型战略实施模式

这种模式的特点是企业总经理考虑的是如何制定一个最佳战略的问题。在实践中,计划人员要向总经理提交企业经营战略的报告,总经理看后做出结论,确定了战略之后,向高层管理人员宣布企业战略,然后强制下层管理人员执行。

这种模式的运用有以下约束条件:

第一,总经理要有较高的权威,靠其权威通过发布各种指令来推动战略实施。

第二,本模式只能在战略比较容易实施的条件下运用。这就要求战略制定者与战略执行者的目标比较一致,战略对企业现行运作系统不会构成威胁;企业组织结构一般都是高度集权制的体制,企业环境稳定,能够集中大量的信息,多种经营程度较低,企业处于强有力的竞争地位,资源较为宽松。

第三,本模式要求企业能够准确、有效地收集信息并能及时汇总到总经理的手中。因此,它对信息条件要求较高。这种模式不适应高速变化的环境。

第四,本模式要有较为客观的规划人员。因为在权力分散的企业中,各事业部常常因为强调自身的利益而影响了企业总体战略的合理性。因此,企业需要配备一定数量的有全局的眼光的规划人员来协调各事业部的计划,使其更加符合企业的总体要求。

这种模式的缺点是把战略制定者与执行者分开,即高层管理者制订战略,强制下层管理者执行战略,因此,下层管理者缺少了执行战略的动力和创造精神,甚至会拒绝执行战略。

（二）变革型战略实施模式

这种模式的特点是企业经理考虑的是如何实施企业战略。在战略实施中，总经理需要对企业进行一系列的变革，如建立新的组织机构，新的信息系统，变更人事，甚至是兼并或合并经营范围，采用激励手段和控制系统以促进战略的实施，为进一步增强战略成功的机会，企业战略领导者往往采用以下三种方法。

第一，利用新的组织机构和参谋人员向全体员工传递新战略优先考虑的战略重点是什么，把企业的注意力集中于战略重点所需的领域中。

第二，建立战略规划系统、效益评价系统，采用各项激励政策以便支持战略的实施。

第三，充分调动企业内部人员的积极性，争取各部门对战略的支持，以此来保证企业战略的实施。

这种模式在许多企业中比指挥型模式更加有效，但这种模式并没有解决指挥型模式存在的如何获得准确信息的问题，各事业单位及个人利益对战略计划的影响问题以及战略实施的动力问题，而且还产生了新的问题，即企业通过建立新的组织机构及控制系统来支持战略实施的同时，也失去了战略的灵活性，在外界环境变化时使战略的变化更为困难，从长远观点来看，在环境不确定性的企业，应该避免采用不利于战略灵活性的措施。

（三）合作型战略实施模式

这种模式的特点使企业的总经理考虑的是如何让其他高层管理人员从战略实施一开始就承担有关的战略责任。为发挥集体的智慧，企业总经理要和企业其他该层管理人员一起对企业战略问题进行充分的讨论，形成较为一致的意见，制订出战略，再进一步落实和贯彻战略，使每个高层管理者都能够在战略制订及实施的过程中做出贡献。

协调高层管理人员的形式多种多样，如有的企业成立有各职能部门领导参加的“战略研究小组”，专门收集在战略问题上的不同观点，并进行研究分析，在统一认识的基础上制定出战略实施的具体措施等。总经理的任务是要组织好一支合格胜任的制订及实施战略管理人员队伍，并使他们能够很好地合作。

合作型的模式克服了指挥型模式和变革型模式存在的两大局限性，使总经理接近一线管理人员，获得比较准确的信息。同时，由于战略的制订是建立在集体考虑的基础上的，从而提高了战略实施成功的可能性。

该模式的缺点是由于战略是不同观点、不同目的的参与者相互协商折中的产物，有可能会使战略的经济合理性有所降低，同时仍然存在着谋略者与执行者的区别，仍未能充分调动全体管理人员的智慧和积极性。

（四）文化型战略实施模式

这种模式的特点是企业总经理考虑的是如何动员全体员工都参与战略实施活动，即企业总经理运用企业文化的手段，不断向企业全体成员灌输战略思想，建立共同的价值观和行为准则，使所有成员在共同的文化基础上参与战略的实施活动。由于这种模式打破了战略制定者与执行者的界限，力图使每一个员工都参与制订实施企业战略，因此使企业各部分人员都在共同的战略目标下工作，使企业战略实施迅速，风险小，企业发展迅速。

文化型模式也有局限性，表现为：

第一，这种模式是建立在企业职工都是有学识的假设基础上的，在实践中职工很难达到这种学识程度，受文化程度及素质的限制，一般职工（尤其在劳动密集型企业中的职工）对企业战略制订的参与程度受到限制。

第二，极为强烈的企业文化，可能会掩饰企业中存在的某些问题，企业也要为此付出代价。

第三，采用这种模式要耗费较多的人力和时间，而且还可能因为企业的高层不愿意让出其控制权，从而使职工参与战略制订及实施流于形式。

（五）增长型战略实施模式

这种模式的特点使企业总经理考虑的是如何激励下层管理人员制订实施战略的积极性主动性，为企业效益的增长而奋斗。即总经理要认真对待下层管理人员提出的一切有利于企业发展的方案，只要方案基本可行，符合企业战略发展方向，在与管理人员探讨了解决方案中的具体问题的措施以后，应及时批准这些方案，以鼓励员工的首创精神。采用这种模式，企业战略不是自上而下的推行，而是自下而上的产生，因此，总经理应该具有以下的认识：

第一，总经理不可能控制所有的重大机会和威胁，有必要给下层管理人员以宽松的环境，激励他们把主要精力从事有利于企业发展的经营决策。

第二，总经理的权力是有限的，不可能在任何方面都可以把自己的愿望强加于组织成员。

第三，总经理只有在充分调动及发挥下层管理者的积极性的情况下，才能正确地制定和实施战略，一个稍微逊色的但能够得到人们广泛支持的战略，要比那种“最佳”的却根本得不到人们的热心支持的战略有价值得多。

第四，企业战略是集体智慧的结晶，靠一个人很难做出正确的战略。因此，总经理应该坚持发挥集体智慧的作用，并努力减少集体决策的各种不利因素。

在 20 世纪 60 年代以前，企业界认为管理需要绝对的权威，这种情况下，指挥型模式是必要的。60 年代，钱德勒的研究结果指出，为了有效地实施战略，需要调整企业组织结构，这样就出现了变革型模式。合作型、文化型及增长型三种模式出现较晚，但从这三种模式中可以看出，战略的实施充满了矛盾和问题，在战略实施过程中只有调动各种积极因素，才能使战略获得成功。上述五种战略实施模式在制定和实施战略上的侧重点不同，指挥型和合作型更侧重于战略的制定，而把战略实施作为事后行为，而文化型及增长型则更多考虑战略实施问题。实际上，在企业中上述五种模式往往是交叉或交错使用的。

在实践中，美国学者提出了 7S 模型，这个模型强调在战略实施的过程中，要考虑企业整个系统的状况，既要考虑企业的战略、结构和体制三个硬因素，又要考虑作风、人员、技能和共同的价值观四个软因素，只有这 7 个因素相互很好地沟通和协调的情况下，企业战略才能够获得成功。

第二节　战略实施与资源配置

经济学的一个基本假设是:资源是有限的,而人类的欲求则是无限的。如何用有限的资源来满足人类的无限欲求,始终是人类社会面临的一大难题。解决这一难题通常有两种方法,一种方法是采用平均主义的方式分配资源,另外一种方法是按效率优先原则分配资源。前者主要通过行政手段加以实现,后者主要通过市场手段加以实现。两种不同的资源配置方法最终产生的结果是截然不同的。

企业相互之间的竞争,说到底就是资源利用效率的竞争。谁能用最少的资源投入向社会提供最大的产出,谁就可以获得资源的占有权和使用权。因此,无论企业选择什么样的战略,最终都要落实到资源的配置和利用效率上。合理配置和利用资源是战略实施中最核心的一项工作。

一、资源配置与战略的关系

资源配置与战略两者之间有着密切的内在联系:一方面,战略决定了资源配置的方向和重点,对资源的利用效率起放大或缩小作用;另一方面,资源配置对战略的实施起保障作用,为战略的实施提供物质基础。

1. 战略决定资源流向和利用效率

企业战略主要解决企业经营领域、经营重点、成长路径的选择以及如何对资源进行整合的问题。因此,不同的战略决定了不同的资源配置方向和重点,决定了资源的组合方式和流向。从这个意义上讲,战略为资源配置提供了依据,同时也为评判资源配置优劣提供了标准。

战略不仅决定了资源配置的方向和重点,还对资源利用效率起着放大或缩小的作用。优秀的战略可以使企业资源发挥最大能量,甚至突破资源的局限,弥合资源与战略目标之间的鸿沟,使企业在资源有限、甚至缺乏某些关键性战略资源的情况下,赶上和超过实力强大的竞争对手,实现超常规发展。第二次世界大战后,许多日本企业在资源极度匮乏、可以说是不堪一击的条件下,实现了腾飞,赶上和超过了实力大大强于自己的欧美竞争对手,就是一个最好的例证。

2. 战略可加速资源的积蓄

优秀的战略可促进企业无形资源不断增值并得到充分利用,可使企业员工的智力资源得到充分挖掘,可使资源得到重复利用,可保护资源不被竞争对手所侵占,避免资源的浪费和流失。

此外,优秀的战略还可使企业通过资本运营、联合、租赁和并购等方式,从外部获得某些重要资源,以弥补自身资源的不足,或借用别人的资源来发展自己的事业。在这方面,最典型的例子当数麦当劳。它通过特许加盟的方式,在世界各国吸引了大批加盟者,利用这些加盟者的资本来发展自己的事业。

3. 资源配置对战略起促进和保证作用

企业战略的核心问题是如何对企业的各种资源进行整合,使资源转化成企业的核心能力和持久的竞争优势。资源配置的方式和流向以及资源的利用效率直接影响着战略的实施,影响着企业核心能力的形成,进而影响着企业持久竞争优势的形成。

近年来,中国企业逐渐有了战略意识,不少企业也制定了企业发展战略。但是,相当一部分企业的领导人由于对企业战略与资源配置之间的关系缺乏认识,对资源的积累、配置和利用重视不够,致使制定的战略成了空中楼阁。

二、资源配置的原则与方法

企业拥有的经营资源按其性质和表现形态,可分为有形资产和无形资产两大类。前者是具有物质形态的、可用货币度量的资源,如人员、资金、设备、场地和原材料等;后者则是非物质性、其价值难以用货币精确计算的资源,如商誉、商标知名度、企业形象、专有技术和诀窍、营销网络、员工士气、信息、时间和经营方式等。无形资产由于具有看不见、价值难以准确计量的特性,因而常常被人们忽视。实际上,企业竞争优势的形成更多地取决于无形资产。海尔集团首席执行官张瑞敏曾经意味深长地说过:海尔十多年来最大的成就,不是有形的物质的东西,而是无形的东西,亦即是人们思想观念的变化。无形胜于有形。因此,我们在讨论资源配置时,理应将无形资产包括在内。

1. 资源配置的原则

为确保合理、有效地配置资源,应遵循以下基本原则:

(1) 与战略方向相一致的原则。也就是说,资源配置必须与战略的基本要求相吻合,根据战略确定的方向和经营领域配置资源,使资源流向与战略方向保持一致。

(2) 确保重点的原则。即按战略确定的重点配置资源,“集中优势兵力打歼灭战”,通过形成一个又一个局部的优势来最终形成整体优势。

(3) 确保关键少数的原则。即根据成功的关键因素和构建核心能力的要求,将资源主要配置于形成价值链的关键因素、关键环节和关键活动上,切忌平均而又广泛地分配资源。

上述三条原则归结为一点就是:资源的配置应集中于能给企业带来持续高额利润的经营活动领域。美国学者斯莱沃斯基等人在其所著的《发现利润区》一书中,将企业的利润区分为22种类型,并据此归纳出了22种赢利模式,对企业在配置资源时颇有参考价值。

2. 资源配置的方法

在战略实施过程中,企业各部门为了完成企业战略赋予它们的任务,增强其实力,纷纷向企业高层领导人争夺资源,要求增加人员编制,希望得到更多的资金和设备。面对这种状况,企业领导人如果缺乏科学的资源配置方法,凭经验、感觉或感情办事,将会与战略的要求背道而驰,使本来就很紧缺的资源流向不能给企业带来利润的非利润区,造成资源的巨大浪费。

什么是配置资源的科学方法?大量的实践表明,预算是企业配置资源的一种行之有效的方法。所谓预算,就是一种用数字表示的计划,它将企业战略实施过程中各种项目所需的资源加以细化和量化,并按实施阶段、步骤、先后顺序和日程编制成表格,使人一目了然。

现代预算方法主要有以下几种:

(1) 规划预算法。即以规划的项目为对象来安排预算,而不是按职能部门和单位安排预算。每个规划项目都有明确的目标,其费用是按与目标相联系的产出来预算的。如果项目要跨年度,则其预算也要跨年度编制,以表明其全部资源需要量和可能的后果。项目预算编制以后,一方面作为资源分配的依据,另一方面也作为对项目进行考核、评估的准绳。

(2) 零基预算法。即为了防止"预算无效",预算的编制不是根据上年度的预算,而是采用成本 – 效益分析方法对所有的项目进行重新排序,优选效益好的项目,通过预算优先保证这些项目所需的资源。如果项目的效益不佳,即便已投入大量资源,也可能被筛选掉。

(3) 灵活预算法。即在编制预算时,根据不同的产量或销量水平,对所需原材料、人工和费用制定不同限额,允许费用随产出指标而变动。这种方法有助于增加预算的灵活性,同时防止下属搞"预算游戏"。

(4) 产品生命周期预算法。任何产品都有其生命周期,在生命周期的不同阶段,对资金有着不同的需求,所发生的费用项目也不尽相同。产品生命周期预算法就是根据产品在其生命周期的不同阶段的特征来编制各项资金支出计划的,并据此加以考评。

3. 积蓄和有效利用资源

企业在制定战略时,一方面要使战略目标与资源相匹配,另一方面要使目标具有挑战性,以便充分挖掘企业的潜在能力,将企业员工的聪明才智充分发挥出来。因此,优秀战略的一个重要特点就是其设定的战略目标大大超过企业现有资源所能达到的水平,在企业目标与资源之间存在着巨大的鸿沟,有意使目标与资源两者之间保持适度的不平衡状态,以便产生一种压力和驱动力,促使企业员工想方设法缩短两者之间的差距,弥合二者间的鸿沟。日本许多企业的成功秘密即在于此。

由此可见,企业在配置资源时,不仅仅是对现有资源进行分配,还需要考虑如何聚集资源、储备资源和有效利用资源。

(1) 资源的积蓄。资源的积蓄包括有形资产的积蓄和无形资产的积蓄。如前所述,企业的无形资产具有可共同使用、可重复使用、在使用过程中不断增值甚至产生相乘效果等特点,无形资产的积蓄可以带动有形资产的积蓄,甚至还能在一定范围内弥补有形资产的不足。因此,企业在为战略实施积蓄资源时,应特别注重无形资产的积蓄。

资源积蓄的途径不外乎两种:一种是内部积蓄,另一种是外部积蓄。在市场经济条件下,虽然企业所需的许多资源都可通过市场交换从外部积蓄,但从战略的角度来看,一些事关竞争优势的关键性战略资源必须在企业内部加以积蓄。道理很简单,外部因素一般不具有独占性,它们可以给任何企业带来相同的利益和机会,先期得到的企业可能会抢占先机,但它无力阻止其他企业的效仿。要想把这种"时间差"的优势维持下去,唯一的办法是在企业内部积蓄和创造资源。

企业内部资源积蓄的方法主要有人才储备、技术储备、资本积累、资源保护、学习与创造。随着知识经济时代的到来,知识、技能、品牌和商誉等无形资产在企业生产经营过程所起的作用越来越大,加之它们具有可共同使用、可同时使用、在使用中不断增值等特点,因而通过学习和创造加速无形资产的积累,是企业在积蓄内部资源时应着重考虑的一个问题。

学习包括个人学习和组织学习。个人学习应突破传统的学习观,传统的学习观认为:学习主要是知识的接受,并且只是学生时代的事情,不注重智能的培养和终生学习。应注重员工的继续教育和职业技能培训,为员工的终身学习创造各种条件。

仅有个人学习还不能适应当今竞争的形势,企业在注重员工个人学习的同时,还应注重团队学习,使企业成为学习型组织。西方发达国家的许多优秀企业现在都在向学习型组织转变,一些企业变得越来越像学校,其目的不外乎是营造一种有利于学习和创造的氛围,提高群体和组织的智商,加速知识、智力、技能和文化等无形资产的积蓄,进而带动有形资产的积蓄。

在构建学习型组织方面,国内一些有前瞻意识的企业家已走在了前面。例如,四川铁骑力士公司总经理雷文勇先生在几年前就提出了要把公司办成一所学校的构想。通过几年持续不懈的努力,这一构想已基本变为现实。凡到过该公司的人,无不为其浓厚的学习氛围所感染。由于该公司注重组织学习,公司的无形资产快速增长,在很大程度上弥补了公司创业初期有形资产不足的局限。

通过外部途径积蓄资源主要有结盟、委托加工和委托服务、许可经营以及负债经营等形式。结盟不仅包括获得合作伙伴的技术和资源,而且包括对所获技术的消化吸收。消化吸收往往是一条比兼并整个公司更为有效的技术获取途径。因为在兼并过程中,兼并方不仅要付出巨额代价购买关键的技术,而且也要全盘接收那些它自身已拥有的或者在战略上价值不太大的技术。在巧用结盟借用外部资源方面,日本企业堪称高手。一位日本高级经理人曾经说过:“西方企业伐木,而我们建房”,言下之意就是让合作伙伴去干资源密集和科学探索的艰巨工作,而自己则利用对方的发现和发明去开拓新的市场。

委托加工和委托服务更是一种被普遍采用的从外部积蓄资源的方法。企业产品价值链的每一个环节几乎都可以采用委托的方式来扩大自身资源。企业将零部件或一部分任务委托给别的企业加工,等于借用了这些企业的资金、人才、技术和设备资源;将一些高度专业化的工作,如市场研究、广告策划、企业诊断和工业设计等委托给专业机构和咨询公司,等于借用了这些机构的智力资源。

许可经营也是一种简便易行的借用外部资源的方法。企业通过许可协议,获得使用其他企业的专利、商标、专有技术或某项特殊的营销技能的权利,从而克服自身无形资产不足的缺陷。

负债经营是指企业以借债方式向金融机构和社会募集资金,是加速企业资金积聚的一种途径。

通过外部途径积蓄资源还有其他很多种形式,例如协议合作(其特点是合作各方不需要向对方支付费用,但可利益共享)、与供应商建立紧密联系以便利用其最新成果、与主要客户共担开发风险和加入国际研究团体等。

通过外部积蓄资源虽然是一条见效较快的途径,但背后也潜藏着一些不易察觉的风险。例如,过度依赖外部资源会削弱企业自身的核心能力;对合作方产品的质量、成本和交货期等可控度低,可能影响企业的竞争优势。因此,从长远来看,企业的资源积蓄,应以内部积蓄为主，外部积蓄为辅，适当地借用外部资源。

(2) 资源的有效利用。企业无论实力大小，其发展都始终受到资源的约束。因此，除了多渠道积蓄资源外，还应认真研究如何有效利用资源，将积蓄的资源用好、用活，发挥最大的能量。

有效利用资源的基本途径有：将资源集中在关键的战略目标上，用一种类型的资源补充另一种类型的资源，保存资源，加速资源的回收，等等。

将资源集中在关键的战略目标上，要求企业在使用资源时注意以下几点：

第一，目标要统一。即企业的目标要明确，各种目标彼此之间应协调一致，企业各部门和全体员工对选定的目标及其优先顺序能达成共识。

第二，目标要集中。即在特定时间内追求的目标尽可能专一，资源尽可能集中在少数目标上。如果目标过多，有限的资源分散在多个目标上，则可能使所有方面都处于平庸状态。

第三，目标要聚焦。即将资源集中用于对客户产生最大价值的高附加值领域和项目。目标聚集的关键是找出客户认为最有价值的领域。例如，微软公司将其资源主要集中在操作系统和用户界面等能极大提高个人计算机使用价值的领域，因而获得了高额的回报。

资源互补可通过融合和平衡两种方式加以实现。融合是通过技术联合、功能联合以及新产品想象力等方式将个别、零散甚至功能不同的技术创造性地整合在一起，生产出独特的产品。就有效利用资源而言，技术融合与协调能力的重要性不亚于创新能力，而且也是追求一流产品的最有效途径。然而，要做好技术融合并非易事，它需要技术通才、系统思维和从复杂技术中追求最佳效果的能力。

平衡是不同于融合的另外一种实现资源互补的方式。它要求企业资源在技术、生产和营销等价值链的关键环节上保持均衡，避免畸形、片面发展。所谓平衡，实际上就是通过补短的方式，使企业资源发挥最大整体效应。

有效利用资源的第三个途径是保存资源。保存资源可通过资源的共享和重复利用以及保护资源免遭竞争对手侵犯等方式加以实现。企业的许多资源，尤其是技术、专长和品牌等无形资源，不仅可以重复利用，而且可以由企业所有部门、所有事业单位和所有产品共享。例如，日本佳能公司将其在光学技术方面的专长应用于照相机、复印机、眼科检测仪器、半导体生产设备和便携式摄像机等多种产品上；索尼公司所有的产品都选择使用一个共同的品牌，品牌的共享给它带来了巨额的收益。

采用通用设备增强生产制造能力的弹性和灵活性，也是重复利用资源的一种行之有效的方式。此外，将一种好的销售构想传给企业所有销售户分支机构共享，将某种改进生产作业的措施普遍加以推广，不同的产品重复使用相同的辅助系统，都是实现资源重复利用的可行办法。

除了资源的重复利用以外，保存资源还可通过迂回竞争将资源聚集在竞争对手疏忽的领域来加以实现。避免正面对抗、避实击虚，寻找市场空白地带，对实力弱小的中小型企业尤为重要。

第三节 战略实施与组织匹配

关于战略、组织结构与行为三者之间关系的研究，一直是战略管理学乃至整个管理科学领域关注的重点问题。一个企业与组织的组织结构形态，也直接决定了其成员的行为与战略能否顺利实施。组织战略的顺利实施需要更好地整合资源，必须发挥资源的最大效用，而资源的高效配置需要通过企业内部各职能部门来实现。因此为了组织战略的成功实施，需要组织中各职能部门的战略与之匹配，主要包括人力资源战略、市场营销战略、财务战略、生产战略，以及研究与开发战略等。

一、人力资源战略

企业管理确定了企业的发展目标以及实现战略目标所要采取的企业结构、人力及营销等方案。对人力资源进行的战略性思考，确定了企业在发展过程中对于与组织结构匹配人力资源在数量和质量上的具体要求，包括岗位设置、人员结构匹配、薪酬体系、绩效考评以及企业文化建设等。

人力资源战略是企业的职能战略之一，是使人力资源战略与企业战略相互配合和支持的重要手段，关系到企业最根本、长远的竞争能力。在企业外部环境日益复杂多变、内部员工需要也日趋多样化的背景下，人力资源战略对企业生存和发展的作用越来越大。制定和实施有效的人力资源战略，能够使人力资源战略的各项活动之间互相配合，形成一个有机体系，同时成为实现企业战略目标的有效保障。

（一）人力资源战略的内涵

狭义的人力资源战略仅仅是根据企业战略的需要进行人才的吸引、维系、开发、激励等。而广义的人力资源战略还包括对企业文化的调整变革和对组织结构的再造，以更好地进行人力管理，从而支持企业战略的实施，是为管理变化而制定的一种方向性的行动计划。或者说，人力资源战略就是说明与人有关的企业问题的方向性规划。广义的定义强调了人力资源的战略性，对于企业而言，企业所拥有的人力资源就是企业获得竞争优势的来源，它们是由管理人员以与其他战略相同的方式制定和推行的职能管理战略。

（二）人力资源战略的特征

一般而言，我们认为的人力资源战略都是从广义的角度来说的，因而，从上述广义的概念中可以看出人力资源战略的主要特征有下述三种。

1. 目标的战略性

人力资源必须有战略性的思考，将人力资源目标与总体战略目标联系到一起。建立人力资源战略应该与企业特质、行业特征、竞争环境、管理风格和组织文化等情况相符合。根据企业总体战略确定人力资源管理中的战略决策制定的框架；确保公司层、业务层和人力资源战略之间的联系。人力资源战略必须是全面的，必须说明所有与公司长期发展相关的不同时期的人事和人力资源活动。

2. 人力资源战略必须和企业战略相匹配

企业战略是指导人力资源战略的前提和基础，而人力资源战略是为实施企业战略而制定的职能战略。企业战略是企业在预测和把握环境变化的基础上,为了求得长期生存与发展所做的整体性、全局性、长远性的谋划及相应的对策。而人力资源战略是企业战略的一项重要职能战略,它本身以企业战略为依据,同时又影响着企业战略的制定和实施。因而,两者的匹配性也决定了人力资源战略能否在同企业战略保持一致性的同时获得与企业特点相适应的制定空间。

3. 持久的人力资源战略竞争优势

许多企业通过各种创新活动来建立自己的竞争优势,例如,在生产作业系统、财务管理、质量控制和销售服务等方面的创新都容易被竞争对手模仿,最后竞争优势逐渐消失。然而,在人力资源管理方面的一些创新是很难模仿的。一方面,竞争者很少能深入接触了解对方企业的人力资源战略及其实践活动;另一方面,即使企业的人力资源战略是清楚可见的,在使用时也未必适合竞争者的战略,很难取得同样的效果。因此,通过人力资源战略的实施所获得的竞争优势比通过其他手段所获得竞争优势更为持久。

(三) 人力资源战略的目标

从人力资源的战略性可以看出,人力资源战略是企业战略的重要组成部分。它需要把握外部环境和内部管理现状的变化,并根据企业战略及环境变化趋势作出决策,从而能够使人力资源管理更好地促进企业战略实施,增强企业的环境适应性。因而,企业必须以总体战略的要求来确定人力资源战略的目标。这些目标有:

第一,根据企业中长期发展的要求,合理预测人力资源的需求,规划控制各业务板块人力资源发展规模,保证其对人力资源总量的需要。

第二,优化人力资源结构,形成合理的人才结构,满足企业各层次、各专业对人才的需要。深入分析企业人力资源面临的内外部环境,发现问题和潜在风险,提出应对措施。

第三,提高每个劳动者的素质,使之与其岗位工作的要求相适应,提高职工队伍的整体素质,发挥人力资源的整体效能。规划核心、重点专业、技术领域员工队伍发展,提高员工综合素质。

第四,规划核心人才职业生涯发展,努力把人力转化为人才,使每个劳动者都能成才,发挥他们的积极性、进取性和创造性,为企业发展和进步做出应有的贡献,打造企业核心人才竞争优势。

(四) 人力资源战略的基本内容

人力资源战略是科学地分析预测组织在未来环境变化中人力资源的供给与需求状况,制定必要的人力资源获取、利用、保持和开发策略,确保组织在需要的时间和需要的岗位上,对人力资源在数量上和质量上的需求,使组织和个人获得不断的发展与利益,是企业发展战略的重要组成部分。

1. 人力资源开发战略

人力资源开发战略,就是指有效地发掘企业和社会上的人力资源,积极地提高员工的智慧和能力,所进行的长远性的谋划和方略。可供选择的人力资源开发战略方案有:① 引进人才战略;② 借用人才战略;③ 招聘人才战略;④ 自主培养人才战略;⑤ 定向培养人才战略;⑥ 鼓励自学成才战略。

战略性人力资源开发的核心任务是对公司现有人力资源进行系统的开发和培养,为企业引进、借用、招聘以及培养企业战略所缺乏人才,为企业增加智力成本,从素质和质量上保证满足公司战略的需要。根据公司战略需要组织相应培训,并通过制定领导者继任计划和员工职业发展规划来保证员工和公司保持同步成长。

2. 人才结构优化战略

人才结构优化战略是指从组织的战略发展目标与任务出发,使企业的各方面人才保持合理的比例结构而采取的措施和方法。根据企业战略对人才层次、技能、年龄等需求,匹配企业人才结构优化战略方案,如:人才层次结构优化战略、人才学科结构优化战略、人才职能结构优化战略、人才智能结构优化战略、人才年龄结构优化战略与企业战略相匹配。

3. 人才使用战略

人才使用战略是企业为发挥人才的最大潜力而采用的措施和方法。可供选择的企业人才使用战略方案有:① 任人唯贤战略;② 岗位轮换使用战略;③ 台阶提升使用战略;④ 职务、资格双轨使用战略;⑤ 权力委让使用战略 ;⑥ 破格提拔使用战略。

二、市场营销战略

市场营销战略是企业最重要的职能战略,有效的市场营销战略是企业成功的基础。市场营销部门要根据企业战略规划,在综合考虑外部市场机会及内部资源状况等基础上,制定详细规划,它的制定和有效实施可以使企业获利并能高效率地服务于顾客,是企业战略的集中体现。市场营销战略的制定与实施不仅仅是市场营销部门的工作,而应该在公司总部层面加以整体协调。

(一) 市场营销战略的内涵

市场营销战略是指企业在复杂的市场环境中,根据自身的战略定位,在市场调研分析和竞争分析的基础上,为了实现企业的经营目标,对企业在一定时期内市场营销发展的总体谋划。它涉及市场营销活动过程,包括市场调研和预测,分析市场需求,确定目标市场和产品定位,制定营销战略以及实施和控制具体营销战略等。市场营销的目标就是使企业的经营结构、资源特长和经营目标,在可以接受的风险限度内,与市场环境所提供的各种机会的动态平衡。有效的市场营销战略是企业成功的基础。

(二) 市场营销战略特点

从企业与其经营环境的关系可以看出来,市场营销战略有以下特点。

(1) 全局性。市场营销战略是指导企业营销活动的全局性的纲领,体现了企业全局的发展需要和利益,为了整体利益可以适当放弃局部利益。

(2) 长期性。战略着眼于未来,从长远的观点来考虑如何有效地战胜竞争,甚至为了长期利益可以暂时牺牲眼前利益。因此,立足当前,放眼未来,协调当前和未来发展的关系,是市场营销决策的关键。

(3) 风险性。任何营销决策都不可能是在信息绝对充分的条件下做出的,都是对未来所作的预计性决策。由于环境的多变性和复杂性以及企业自身的条件也在不断变化,使得任何营销战略都具有不确定性和瞬时性的特点。

(4) 系统性。企业营销活动是一个彼此紧密配合和有机联系的整体。它主要是把关系到企业命运的首要目标、关键决策、发展重点、重要实施步骤与方法,贯穿于一条主线,组成一个系统,形成一个方案。

(5) 适应性。市场营销战略是动态的,因环境不同而不断地制定、转变或舍弃。注重市场调研,收集并分析大量的信息,只有这样才能当外部环境发生变化(如市场需求或政治经济形势变化等)时,必须不失时机地做出战略调整。企业内部条件的变化也会对市场营销产生影响,市场营销战略应该适应内外环境变化而进行创造性的反应。

(三) 市场营销战略的主要内容

市场营销战略的制定必须基于企业的资源现状以及经营能力才能充分利用市场机会,发挥优势,从而实现预期的市场营销战略目标。一般意义上,市场营销战略包括市场细分、目标市场选择、市场营销竞争和市场营销组合。

1. 市场细分

所谓市场细分就是指营销者通过市场调研,依据消费者的需要和欲望、购买行为和购买习惯等方面的差异,把某一产品的市场整体划分为若干消费者群的市场分类过程。如何寻找合适的细分标准,对市场进行有效细分,在营销实践中并非易事。一般来说,有效的细分市场必须具备以下条件:可衡量性、可盈利性、可进入性、差异性。

2. 目标市场选择

目标市场就是企业企图要进入的市场,企业在对整体市场进行细分之后,要对各细分市场进行评估,然后根据细分市场的市场潜力、竞争状况以及企业资源条件等多种因素状况决定把哪一个或哪几个细分市场作为目标市场。企业在对不同细分市场进行评估后,就必须对进入哪个市场和为多少个细分市场服务做出决策。对于企业可考虑的目标市场模式,如表 7-1 所示。

表 7-1 企业的目标市场模式

目标市场模式	基本含义	优点	缺点
单一市场集中化	企业的目标市场集中于一个单一的市场	更加了解细分市场的需要有效地提高了企业的声誉巩固了企业在细分市场的地位	市场单一,风险较大 适应范围较为狭窄 市场潜力不大
选择性专业化	指的是企业有针对性地选择具有行业结构吸引力的市场	分散企业经营风险 提高企业的经营绩效水平 市场潜力较大	由于各个细分市场无联系或联系较少,影响了企业的市场决策需要企业大量资源的投入
产品专业化	指企业的生产集中于对一种产品的投入	可以在某产品领域建立很高的声誉 企业资源更容易集中	企业的远期投入不足,易导致战略被动 市场竞争压力大

续表

目标市场模式	基本含义	优点	缺点
市场专业化	指专门为满足某个顾客群体的各种需要而服务	易形成一定的顾客群体 可以获得较好的市场声誉 市场竞争压力大	容易满足顾客的需要 企业的经营风险较大，容易造成企业的危机
全面进入	指企业想用各种产品满足各种顾客群体的需求	加速品牌知名度的扩大，易在顾客心目中留下较好的印象，可以获得较好的市场声誉度	适用范围局限在大企业，资源容易造成浪费，竞争压力大

3. 市场营销组合

市场营销组合是企业可以控制的各种市场营销手段的综合运用。具体地说，是指企业对自己可控制的各种市场营销手段，即产品、定价、分销、促销进行最佳组合，使它们相互配合，综合地发挥作用，以便更好地实现营销目标。市场营销组合战略的目的就是以顾客为中心，围绕顾客建立一套营销战略系统，使产品、定价、分销、促销四种战略协调配合，形成协同力量，以更好地实现企业战略目标。

三、财务战略

财务战略以公司战略、竞争战略及其他职能战略为依据，进而对企业资金进行筹集、运用、分配以取得最大经济效率，它的根本任务是以最佳的资金利用效果来保证企业生产经营活动顺利进行，帮助企业实现既定的战略目标。随着社会主义市场经济的不断发展，特别是资本市场的建立与完善，财务战略在企业战略中的地位与作用变得越来越突出。

（一）财务战略内涵

1. 财务战略

在日益激烈的市场竞争中，企业的资源流动性逐渐得到加强，在企业的人、财、物、信息这四大资源中，资金资源已经成为引导其他资源流动的关键，企业经营活动所需要的劳动力、生产资料和信息资料都必须用资金去购买，资金的使用效果必然决定企业的经营效果。在这样的时代背景下，企业对财务战略的要求也是与日俱增。

财务战略是一项通过对资金筹措与使用的安排，以协调或平衡企业战略体系中的各项战略活动的职能战略。财务战略所处理的主要是以资金的形式表现出来的一种资源。资金是企业运行的第一推动力，企业经营的全过程的实质是资金活动的全过程。因此，企业的财务战略关系总体战略的实现与否。

实现财务战略的基本目标，就是最有效地利用企业各种资金，在企业内部、外部各种条件制约下，确保实现企业战略计划所规定的战略目标。

企业财务战略的主要任务有：以企业战略目标为基础，利用最佳方式筹集企业所需的资金，实现资金筹集的合理化；根据企业战略计划的要求，有效分配和调度资金，确定合理的资金结构，确保资金调度的合理化和财务结构的健全化；在企业战略经营过程中，采取各种必要措施，利用适当的财务计划与控制方法，配合各个职能部门，充分有效地利用各种资金，加速资金周转，促进企业的成长；制定和实施财务战略计划，确定长期和短期财务目标，在合理筹集、分配和运用资金的同时，力求实现资金收益的最大化。

2. 企业财务战略的分类

按照公司采用的经营方针，可以将企业的财务战略分为以下三种。

(1) 积极扩张型财务战略。这是以实现企业资产规模的快速扩张为目的的一种财务战略，企业实施这种战略的前提是，企业的经营风险相对较小。为了实施这种扩张的财务战略，企业往往需要在将绝大部分乃至全部利润留存的同时，大量地进行外部筹资，更多地利用外债，大量筹措外部资金是为了弥补内部积累相对于企业扩张需要的不足。企业实施这一战略更多的是利用负债而不是股权投资，这是因为负债投资既能为企业带来财务杠杆效应，又能防止净资产收益率和每股收益的稀释。一般这种战略的特征会表现为：高负债、高收益和少分配。

(2) 平稳扩张型财务战略。这种战略主要是以实现企业财务绩效的稳定增长和资产规模的平稳扩张为目的。企业在实施这种稳健性的财务战略时，一般将尽可能优化现有资源的配置和提高现有资源的使用效率及效益作为首要任务，将利润积累作为实现企业资产规模扩张的基本资金来源。稳健性的财务战略一般表现的特征为：适度负债、中收益、适度分配。

(3) 收缩型财务战略。这是企业以预防出现财务危机和求得生存及新的发展为目的的一种财务战略。这种战略的实施前提是，公司的经营风险相对较大。采取收缩型财务战略的公司，一般将尽可能减少现金流出和尽可能增加现金流入作为企业的首要要务，将有限的资源用于企业的主导业务，以增强企业主导业务的市场竞争力。这种战略的特征主要为：低负债、低收益、高分配。

(二) 财务战略的主要内容

企业财务战略的内容具体包括：筹资战略、负债经营战略、利润分配战略、资本投资战略以及资本结构优化战略。

1. 筹资战略

筹资战略是关于企业从什么渠道以及用什么方式获得企业所需资金，如何以较低代价、较低风险筹集更多资金，支持企业经济发展的战略。如果按照资金的时间特点，则可以把资金分为短期资金和长期资金。长期资金是指企业试用期在一年或一个经营周期以上的资金。从资本市场看，企业长期资金来源主要有普通股、优先股、公司债券三种。三种资金来源在收益、风险与控制方面各有利弊。短期资金是指企业短期（一般在一年以内）使用的资金。短期筹资来源较多，通常有以下三种方式：商业信用；银行信用；应付费用。

总体来说，筹资战略是企业财务战略乃至企业经营战略的一个重要组成部分，必要的资金是企业战略和投资战略实施的前提，且筹资成本的高低还会直接增加或降低企业的经营成本，进而波及企业的竞争实力。筹资战略不是具体的实施计划，而是适应未来市场环境以及企业战略的要求，其直接目的就是既要使企业达到资本成本最小化，也要确保资金来源的可靠性和灵活性。

2. 负债经营战略

在市场上，任何东西都可以出现过剩情况，但唯独资金和土地是相对短缺的。用“别人的钱”办自己的事，发展自己的事业，这是企业实施负债经营战略的基本出发点和落脚点。作为商品经济高度发达的产物，负债经营已成为当今世界经济高速增长国家企业经营理财的重要形式。而负债主要形式包括内部集资、社会筹资、银行贷款等。

当然，负债经营也有不利的一面，企业长期的负债容易丧失信誉。因此只有客观评价负债经营的利与弊，根据市场需求和经济环境的发展变化以及企业的财务状况，充分把握负债经营的适度性，卓有成效地实施企业的负债经营战略，才能保证企业持续稳定的发展。同时良好的偿付能力也是企业资本运作的基础。因此，企业要实施负债经营战略，还必须做到：一是要适度负债，即负债程度要依偿还能力而定，包括要重视投资效益；二是要创造条件，获得政策倾斜；三是提高企业的信誉，争取银行贷款或通过发行债券、股票等实现有效的融资。适度的负债经营，无疑有利于企业盘活资金，增加企业经营的活力。

3. 利润分配战略

利润分配是利用价值形式对社会剩余产品所进行的分配。企业的利润分配战略应遵循既有利于股东又有利于企业的原则。具体来说，有如下几点：要满足企业利润的再投资。以利润作为资本来源，使企业自强自富，解除企业长期负债的苦衷；稳定的股利战略。稳定股利战略有利于稳定现有股东队伍，稳定股价。在正常的股市，人们多从投资角度购买股票，而不把它视作一种投机，还可以吸引新股东入股；合理的股利基金。在利润多的年份，拿出部分利润作为股利基金，既不分给股东，也不做其他投资，以弥补未来股利的减少和企业的亏损，有利于塑造企业良好的信誉。

4. 资本投资战略

投资战略是企业财务战略的核心内容，在一定程度上影响了企业能否把有限的资金和资源进行有效配置及有效利用。资本投资战略主要包括：固定资产投资方向、企业规模和资本规模的确定；资金用于外延式投资还是内涵式投资；资金适用于新产品的开发上还是用于对老产品的改造；是采取自主经营方式还是引进外资进行联合投资；通货膨胀条件下的投资战略决策，等等。

5. 资本结构优化战略

资本结构是决定企业整体资本成本的主要因素以及反映企业财务风险程度的主要尺度。一般来讲，健康、合理的资本结构是企业生存和发展的有利条件，相反，脆弱、病态的资本结构则会给企业带来巨额的成本以及极大的财务风险。因而，优化资本结构，合理筹措资金，使企业中各种资金来源以及资本配比保持合理的比例，这是企业财务战略很重要的内容，也是财务战略管理的核心。

四、生产战略

生产战略作为一种职能战略，必须服从和服务于企业总体战略。换句话说，生产战略会受制于企业经营业务方向、企业经营目标和企业经营战略。生产消费产品、高技术产品或生产资料的企业，其经营业务方向不同，对生产战略的要求也不同。当企业把业务增长作为主要目标时，企业通常寻求价格—成本优势，从而进行大批量生产。当企业经营目标是开发新产品，实行差异化经营，则操作系统也会进行相应的调整。

（一）生产战略的含义

生产是企业最基本的活动，生产战略就是规定企业生产制造和采购部门的工作方向，在生产成本、质量、流程等方面建立和发展相对竞争优势基本途径的战略，是企业根据所选定的目标市场和产业特点构造其生产系统时所遵循的指导思想，以及在这种指导思想下进行的一系列决策、规划及计划。生产战略作为一个职能战略，其作用是在生产领域内取得某种竞争优势以支持企业的总体战略和竞争战略的成功实施，而不仅局限于处理和解决生产领域内部的矛盾和问题。

生产战略是企业取得总体战略成功的关键因素。生产战略在实施的过程中还需要协调好与其他职能战略之间的关系，制定可行的生产战略，它关系到其他职能战略的成效。

（二）生产战略的主要内容

企业的生产管理活动一般可以分为两大类：一是系统设计，二是作业计划及控制。因此，生产战略的基本内容主要包括以上两大方面的决策问题。

1. 系统设计

生产系统设计战略主要包括生产系统功能设计和生产系统结构设计。前者是指企业根据用户的需求特性和自身的竞争战略来定义产品的目标，再由产品将这些目标转换为对生产系统的功能要求；后者是指企业根据既定的系统功能和生产系统固有的结构功能特性，进行生产类型的“匹配”。

由此可见，与传统的生产系统设计过程相比，生产战略更强调对产品竞争优势的保证和系统各要素之间在生产类型结构框架下的协调性，而传统的生产系统设计过程仅以成本和效率为中心，强调提高生产系统的产出率、先进生产技术的应用。对上述因素的关注往往使企业忽视了内部各要素的协调，因此难以发挥出企业系统的最大潜力。

2. 作业计划与控制

生产作业计划与控制也称生产系统运行战略，即从战略的角度对生产系统的正常运行进行计划、组织和控制，以使企业按照技术文件和市场需求充分利用自身的资源条件，实现高效、优质、安全和低成本生产，最大限度地满足市场销售和企业盈利的要求。其主要包括以下内容。

第一，生产计划战略，规定了企业在一定时期（半年或一年）内产品生产的品种、质量、数量和进度等指标，将企业的生产任务同各类生产要素进行反复的综合平衡，从时间上和空间上对生产任务作出统筹安排，以保证计划任务的实现。

第二，生产组织战略，包括生产的地理组织和生产的技术组织，前者是要确定纳入内部生产的各环节是在地理上集中设置还是分散设置，后者是指根据工作地的专业化程度，选择相应的生产技术组织方式。

第三，生产控制战略，即指对生产过程实现全面的监控，是实现生产计划、提高产品质量，降低生产消耗和产品的重要手段。主要包括库存控制和质量控制，库存控制的总原则是减少库存成本，同时将库存维持在最理想的水平上，质量控制是企业未来保持某一产品生产过程或服务质量而采取的作业技术和有关活动。

五、研究与开发战略

研发战略的选择常常受企业总体战略和经营战略的影响。企业研发活动是由企业经营的基本目标决定的，企业长期经营战略决定和影响着企业研发战略。研发战略在企业战略中的地位与作用表现在：研发是企业科技进步的源动力，强化研发工作，对于促进企业科技进步，加快产品更新换代，增强市场竞争能力，提高经济效益都有重要的推动作用。加强研发战略，有利于保持企业竞争优势，有利于企业降低成本，提高经济效益。

（一）研究与开发战略内涵

所谓研究与开发战略，是指企业在研究与开发上的远景规划及方向。面对需求多变的竞争环境，很多企业都期望通过有效的产品研究与开发（R&D）持续地向市场提供满足客户个性化需求的产品，以获得综合的竞争优势，赢得最大化的增值回报。为此，企业一直在寻求清晰的战略来指导这样的产品开发。事实上，研究与开发已成为国内外企业技术创新潜力的重要指标。在市场经济条件下，企业作为技术创新的主体，也是决策的主体，开发的主体，如果企业想要在未来经济市场中有所作为，就必须建立以技术研究为核心的技术研发体系以及有效的运行机制。

一般意义上，研究是指用科学方法探求未知事物的本质和规律，而开发则是指充分利用现有科学技术成果，把生产、技术或经营方面的某种可能性变为现实的一系列活动。

随着现代新技术的大量涌现，企业研发工作对于企业战略创新具有越来越重要的意义，研发部门已经成为企业的核心部门，同时，研发需要企业给予长期的、大量的投入，研发战略对于企业发展的重要性不言而喻。

（二）研究与开发战略基本内容

企业的产品研发最重要的是对新产品的开发，而新产品的开发则在企业的总体战略中占有重要的地位。新产品是指产品的结构、物理性能、化学成分及功能用途与老产品有着本质的不同或显著的差异，它可分为全新产品、换代新产品、改进型新产品等。

1. 研发战略的选择方式

（1）从消费者需求的角度出发。企业的相关部门通过问题分析、缺口分析、细分市场、相关品牌归类等方法，以顾客为关注焦点，来分析、满足顾客的现实需求、潜在需求和未来需求。如企业市场补缺战略，就是满足特殊顾客的要求。

（2）从挖掘产品功能出发。所谓挖掘产品功能，就是通过功能分析、用途分析、品质扩展、系统分析、独特性能分析、等级设计、弱点分析等方法，来分析企业现有产品存在的问题，挖掘产品新的功能、新的用途。在现成的产品的基础上挖掘新的产品功能，无疑是一条风险较小且能迅速获得市场认同的途径。

（3）从提高新产品竞争力出发。新产品的竞争力除了取决于产品的质量、功能以及市场的客观需求外，也可以采取一些其他策略来提高新产品的竞争力，如抢先策略、紧跟策略、低成本策略等。

(4) 分析产品 / 市场矩阵。企业也可利用产品 / 市场发展矩阵来寻找、发现市场机会。

2. **研发战略的分类**

如果按产品开发的新颖程度进行分类，企业有三种战略可供选择：

(1) 改进型新产品开发战略。所开发的新产品与原产品相比，只发生了量的变化，即渐进的变化，同样能满足顾客新的需求。这是代价最小、收获最快的一种新产品开发战略，但容易被竞争者模仿。

(2) 换代型新产品开发战略。换代型新产品虽然其基本原理不变，却使原有产品发生了质的变化。选择和实施换代型新产品开发战略，只需投入较少的资金，费时不长，就能改造原有产品，使之成为换代新产品，具有新的功能，满足顾客新的需要。

(3) 创新型新产品开发战略。创新型新产品是指新颖程度最高的一类新产品，它是运用科学技术的新发明而开发和生产出来的，具有新原理、新技术、新材质等特征的产品。选择和实施此战略，需要企业投入大量资金，拥有雄厚的技术基础，开发实力强，同时花费时间长，并需要一定的需求潜力，故企业承担的市场风险比较大。

如果从竞争的角度看，企业的研发战略又可以划分为四种类型，如表 7-2 所示。

表 7-2 研发战略的类型

企业的研发战略	主要内容	特点
创新型战略	开发新产品、新服务或者新的生产技术	开发新产品、新服务或者新的生产技术 实施该战略的企业一般都会具有较强的实力
保护型战略	改进企业现有的产品和生产技术，重点是保持企业目前在市场中的技术地位和现状	表现为一定的保守性 企业的产品竞争力一般都不是很强
追赶型战略	主要就是研究竞争对手的产品或服务，并将这些产品或服务的优点吸收到自己所生产的产品之中	这种战略是以创新型企业为标杆的 这种企业以推出比创新型企业更具性价比产品为己任
混合型战略	企业混合应用上述三种研究与开发战略的策略	这种战略可以减少企业的经营风险 一般适用于大企业

从企业在整个新产品领域中的地位和作用以及企业的市场领域两个维度出发将企业的战略分为四种类型，即开拓型、分析型、防守型以及被动型。

(1) 开拓型。开拓型企业是行业创新者，不论对于新产品、市场还是技术方面，其战略目标通常是成为第一。即便存在危险，即使有些开发活动可能不会盈利，这类企业还是会首先采用新技术。但它们会对各种机会产生的信号作出快速的反应，其战略具有较强的竞争性。

对于开拓型战略的企业来说，企业的创新性是最强的，研发出的产品所面临的市场和技术的不确定性也最高,因此其在新产品开发和投放方面的熟练程度是最为重要的关键成功因素,而在项目组织与团队方面的关键成功因素中,团队沟通最重要。对开拓型企业来说,企业的关键成功因素是:既要注重企业高层的支持,同时还要致力于树立、培养和保护企业的新创文化以促进创新项目的成功。

(2) 分析型。

这类企业的新产品很少以“第一”的身份进入市场。但是这类企业会异常关注其主要竞争者的动作,并常常是一个快速的跟随者,非常迅速地为市场带来新产品。其竞争战略就是认真观察主要竞争对手的行动,然后作出快速反应。分析型企业常常能向市场推出比开拓型企业的产品更加优秀、更节约成本或具有更好性能的产品。

分析型企业的产品研发战略。可以推断,分析型企业在新产品开发过程方面投放的熟练程度是最为关键的成功因素,其次是整个过程的熟练程度,而在项目组织与团队方面的关键成功因素中,团队沟通尤其是与外界的沟通最为重要。分析型企业则通常在新产品领域和市场领域两个维度中采取平衡策略,在一个维度创新性较强时,另一个维度相对稳定,这类企业在实施产品研发项目的时候,应在获得高层支持的同时重点考虑新产品在这两个领域中的战略定位。

(3) 防守型。

防守型企业试图在一个相对稳定的产品或者市场领域中定位,保持在一个安全的位置或者细分市场中。这类企业的竞争战略就是通过提供更高质量的产品、更出色的服务或者更低的价格来保护自己的领域。

选择防守型战略的企业在新产品领域和市场领域两个维度中都相对稳定,而且涉及的领域面较窄,因此可以推断这类企业在新产品开发过程方面,重点是加强熟练程度,在项目组织与团队方面的关键成功因素中,项目经理的角色显得更为重要。这类企业在实施产品研发项目的时候,应重点考虑新产品在市场领域中的战略定位。

(4) 被动型。

被动型企业的竞争战略通常较为被动,在维护建立起来的产品或者市场活动方面不像其他竞争者那样积极进取,在产品和市场方面与对手的竞争通常处于被动的局面,而且只有在面临巨大的环境压力时才做出反应。

反应型企业的产品研发战略。被动型企业由于在市场中处于被动的地位,而且涉及的领域面最窄,因此可以推断这类企业在新产品开发过程方面,应该重点加强开发的熟练程度,尽可能地减少项目的开发风险。在项目组织与团队、企业高层及新产品战略方面和防守型战略相似。

第四节 战略实施与控制

战略控制是将规定的目标同反馈回来的结果进行比较,评价其是否符合原定目标和要求,发现问题并及时采取处理措施的整个过程。战略实施过程中难免会出现一些问题,使得企业战略的实施结果并不一定与预定的战略目标相一致,由于一些企业内外部环境的变化、战略计划较为笼统以及企业内部某些主观因素的变化等原因，企业活动与预定的战略目标可能会发生偏离。要使企业战略能够不断顺应变化着的内部环境，必须加强对战略实施的控制，包括事前事中事后的纵向控制以及各职能部门间的横向协同。

一、战略实施中的纵向控制

按照控制进程和时序，可将战略实施流程控制分为事前控制、事中控制和事后控制。事前控制的内容包括成本企划、标准制定、预算编制以及规章制度的制定与颁布。事中控制的内容包括偏差揭示、差异分析和措施的采取。事后控制则侧重于分析原因，考核评价，落实奖惩，并为管理者提供制定未来计划标准的依据。

1. 事前控制

在实施战略之前，要设计好科学有效的战略计划，该计划要得到企业高层领导人的批准后才能执行，其中重大的经营活动必须得到企业领导人的批准才能开始实施，所批准的内容往往也就成为考核经营活动绩效的控制标准，这种控制多用于对重大问题的控制，如任命重要人员、签订重要合同和购置重要设备等。

由于事前控制是在战略行动成果尚未实现之前进行的，通过预测可能会发现战略行动的结果偏离了既定的标准，因此，管理者必须对预测因素进行分析与研究。一般有三种类型的预测因素：

（1）投入因素。即战略实施投入因素的种类、数量和质量，这些将影响产出的结果。

（2）早期成果因素。依据早期的成果，可预见未来的结果。

（3）外部环境和内部条件的变化对战略实施的控制因素。

2. 事中控制

事中控制即过程控制。企业高层领导者要控制企业战略实施中的关键性过程或全过程，随时采取控制措施，纠正实施中产生的偏差，引导企业沿着正确的战略方向进行经营，这种控制方式主要是对关键性的战略措施进行随时控制。为了保证关键战略的顺利实施并能够发挥预期的关键作用，组织中的高层管理者往往会随时随地监测、控制关键性的战略活动或整个战略实施过程。因为高层管理者时间和精力有限，事中控制往往只能关注关键事项。因此，判断哪些是需要重点关注的关键事项，是事中控制的重点，除管理者直接领导外，还有执行者自我调节、共同愿景等操作方式。

3. 事后控制

这种控制方式是在企业经营活动之后，把战略活动的结果与控制标准相比较。这种控制方式的工作重点是明确战略控制的程序和标准，把日常的控制工作交由职能部门人员去做，即在战略计划部分实施之后，将实施结果与原计划标准相比较，由企业职能部门及各事业部定期地将战略实施结果向高层领导汇报，由领导者决定是否采取纠正措施。事后控制主要有联系行为和目标导向两种形式：

（1）联系行为，即将对员工战略行为的评价与控制直接同他们的工作行为挂钩。这种方法员工比较容易接受，并能明确战略行动的努力方向，使个人的行动导向和企业的经营战略导向接轨;同时,通过行动评价的反馈信息修正战略实施行动,使之更加符合战略的要求;通过行动评价,实行合理的分配,从而强化员工的战略意识。

(2) 目标导向,即让员工参与战略行动目标的制定和工作业绩的评价。采用这种形式,既可以看到个人行为对实现战略目标的作用和意义,又可以从工作业绩的评价中看到成绩与不足,从中得到肯定和鼓励,为战略推进增加动力。

二、战略实施中的横向协同

企业总体战略对企业的经营单位战略具有重要的影响,经营单位战略是企业总体战略的一个子战略,从属于企业的总体战略,它是根据企业总体战略的要求进行制定的。经营单位战略不仅影响企业总体战略的变化和发展,而且对企业总体战略的制定也起着制约的作用。但是,企业总体战略毕竟是整体发展的总纲领,因此,企业的组织结构和运行方式原则上应服从于总体战略,实现内部各组织结构的横向协同。

1. 企业的经营单位战略必须服从总体战略

企业机构最重要的功能就是为贯彻总体战略提供一个协调机制,并且它要随着总体战略的变化进行必要的调整。企业在发展过程中,由于竞争环境的变化、业务的多样化和部门的多样化,因此对企业机构必须作出相应调整。企业根据总体战略发展阶段的不同,可以采取相应的职能组织结构、事业部组织结构、区域组织结构、战略经营单元等组织形式。

企业组织结构的复杂性,说明企业处于多种战略混合并存、混合实施的状态。企业总体战略和组织结构两者的关系是变化的。在一般情况下,企业都会尽力避免过多地改变组织结构,因为那样会影响企业内部平衡、管理效率,浪费资源。无论从短期利益还是长期利益来看,组织过于频繁的变化都会造成一定的损失。所以,把握好条件和时机是非常关键的。

2. 经营单位战略制约企业总体战略

经营单位战略虽然要服从于企业总体战略,通常要在总体战略决策后才进行决策。但是,经营单位战略一旦确定,反过来会影响总体战略的实施。这一点反映了经营单位战略的最基本功能是保证总体战略的有效实施。当它不能与总体战略相匹配和协调时,就会产生破坏作用。

尽管从逻辑上说,组织结构只是实现战略的手段之一,但从组织结构与战略的关系来看,应该根据战略实施的要求对组织适时加以调整。组织结构在演变过程中,并不是可以任意改变的,它不可能因为战略决策者设计了一个好的企业战略,就随着战略决策者的意愿而改变。主要是因为,组织结构的挑战必然会涉及权力和利益的再分配,这会使得企业战略决策者不得不考虑采取增量调节、临时应急战略的做法,以充分考虑组织结构的影响因素与战略管理过程参与者的思想和可能的行为。

所以说,阻碍或影响总体战略和组织结构之间这种动态变化关系的最重要的因素是组织中关键职位上的管理人员,他们一旦过分考虑自己的利益或部门的利益,就会影响组织的变革,并引起部门间权力的冲突和形成组织变革的阻力。特别是当企业组织变革的成本较高、涉及的利益较广时,困难就更大,甚至属于纯粹的感情问题。由此看出组织结构对企业总体战略的制约和影响。

需要注意,经营单位战略与企业总体战略要形成一种匹配和平衡的关系,新的企业总体战略的产生会导致新的组织结构与管理方式的出现。当这些组织结构与管理方式不再适用企业内外环境发展的需要时,当经营单位战略与企业总体战略两者关系的变化破坏了这种平衡时,企业就会陷入混乱。如果两者之间平衡发展,就能够使企业的组织资源有效地支持企业的总体战略。企业总体战略也能够在一个富有弹性的、具有包容力的组织框架中,不断地寻求对环境制约的突破和自身的发展。

三、战略实施与评价

战略评价是战略管理的重要组成部分。战略评价的目标是通过检测战略实施进展,评价战略执行业绩,不断修正战略决策,以期达到企业战略制定的预期目标。战略评价对企业战略目标的实现至关重要。企业所在的内外部环境影响因素的不确定性,决定了要保证战略管理过程的顺利实现,必须通过战略评价对制定并实施的战略效果进行评估,以便采取相应的矫正措施,保证企业战略目标按质按量的实现。

关于如何评价战略的论述很多,下面我们介绍几种有代表性的战略评价方法。

1. 伊丹敬之的优秀战略评价标准

日本战略学家伊丹敬之认为,优秀的战略是一种适应战略,它既要适应外部环境因素,包括技术、竞争和客户等;同时,企业战略也要适应企业的内部资源,如企业的资产和人才等;另外,企业战略还要适应企业的组织结构。企业家在制定优秀的战略时应该权衡七个方面的战略思想:实行差别化;战略要集中;把握好时机;利用波及效果;企业战略要能够激发员工的士气;战略要有不平衡性;战略要巧妙组合。

2. 努梅特的战略评价四个标准

英国战略学家理查德·努梅特(Richard Rumelt)提出了可用于战略评价的四个标准:一致性、协调性、可行性和优越性。协调性和优越性主要用于对企业的外部评估,一致性与可行性则主要用于内部评估。具体如下:

(1) 一致性。一个战略方案中不应出现不一致的目标和政策。

(2) 协调性。协调是指在评价时既要考查单个趋势,又要考查组合趋势。

(3) 可行性。一个好的战略必须做到既不过度耗费可利用资源,也不会造成无法解决的派生问题。

(4) 优越性。战略必须能够在特定的业务领域使企业创造和保持竞争优势。

3. 斯坦纳·麦纳的战略评价六个要素

美国战略学家斯坦纳·麦纳认为,评价战略时应考虑六个要素:战略要有目标一致性;战略要有竞争优势性;战略要有预期的收益;战略要有环境适应性;战略要有资源配套性;战略要注意规避风险性。

企业战略评价的方法有很多种,除此之外还有定性评价法、定量战略规划矩阵(QSPM)法、平衡计分卡等。

4. 定性评价法

通过战略选择的方法可知，一个企业根据外部环境的机会、威胁和自身条件的优势、劣势，可能会有多种可供选择的战略方案。然而现实的复杂性使得企业在制定战略时要考虑众多因素，这其中有很大一部分是无法量化的，因此，战略评价主要是采用定性评价法。定性评价法的主要步骤为：根据检验标准，拟定若干具体问题；回答上述的这些问题以考察战略符合标准的程度；评价优劣并决定其取舍。

5. 定量战略规划矩阵法

定量战略规划矩阵（quantiative strategic planning matrix，QSPM）是对备选方案的战略行动的相对吸引力作出评价，从定量的角度来评判其战略备选方案的优劣程度。建立QSPM矩阵通常包括以下几个步骤：在QSPM的左栏列出公司的关键外部机会与威胁、内部优势与弱点；给每个外部及内部关键因素赋予权重；考察匹配阶段各矩阵并确认企业可考虑实施的备选战略；确定吸引力分数；计算吸引力总分；计算吸引力总分和。

6. 平衡计分卡

平衡计分卡是1992年由哈佛大学商学院教授罗伯特·卡普兰和复兴国际总裁大卫·诺顿设计的，是一种财务指标和非财务指标相结合的、全方位的战略评价方法，也是制定战略目标的方法之一。从财务、顾客、内部流程、创新与学习四个角度，将组织的战略落实为可操作的衡量指标和目标值。

平衡计分卡的实施流程为：① 以组织的共同愿景与战略为内核，运用综合与平衡的哲学思想，依据组织结构，将公司的愿景与战略转化为下属各责任部门（如各事业部）在财务、顾客、内部流程、创新与学习四个方面的系列具体目标（即成功的因素），并设置相应的四张计分卡；② 依据各责任部门分别在财务、顾客、内部流程、创新与学习四种计量可具体操作的目标，设置一一对应的绩效评价指标体系，这些指标不仅与公司战略目标高度相关，而且是以先行与滞后两种形式，同时兼顾和平衡公司长期和短期目标、内部与外部利益，综合反映战略管理绩效的财务与非财务信息；③ 由各主管部门与责任部门共同商定各项指标的具体评分规则。一般是将各项指标的预算值与实际值进行比较，对应不同范围的差异率，设定不同的评分值。以综合评分的形式，定期（通常是一个季度）考核各责任部门在财务、顾客、内部流程、创新与学习四个方面的目标执行情况，及时反馈，适时调整战略偏差，或修正原定目标和评价指标，确保公司战略得以顺利与正确地实行。

本章小结

本章主要讨论了企业战略实施与控制，这两个方面相互交叉、密不可分。首先，明确了战略实施的定义和战略实施的任务与模式，战略实施以适度、统一和权变三大原则为基本依据，主要通过指挥型战略实施模式、变革型战略实施模式、合作型战略实施模式、文化型战略实施模式和增长型战略实施模式来完成建立适当的组织结构、优化内部运营系统、营造有利于战略实施的文化氛围、适当激励以发挥战略领导作用以及控制五大任务；其次，认识了资源配置与战略的相互促进关系以及资源配置的原则与科学方法，学习了企业如何在有限的资源与既定战略的指导下积蓄内外部资源、合理配置资源和有效利用资源；然后，根据战略的需要设计组织结构，并基于战略、组织设计与行为三者之间关系，通过实际应用案例学习如何合理地选择人力资源战略、市场营销战略、财务战略、生产战略，以及研究与开发战略等职能战略与企业战略相匹配；最后，本章还专门讨论了战略实施过程中，为使企业战略能够不断顺应内部环境的变化，需要通过事前、事中、事后的纵向控制和各职能部门间的横向协同实施战略控制，并介绍了伊丹敬之的优秀战略评价标准、努梅特的战略评价四个标准、斯坦纳·麦纳的战略评价六个要素、定性评价法、定量战略规划矩阵法以及平衡计分卡等战略评价方法。

关键名词

战略实施；内部运营系统

思考题

1. 资源配置的原则有哪些？
2. 简单介绍一下几种现代预算方法。
3. 简述指挥型战略实施模式的特点、约束条件和缺点。

案例分析 1

恒隆地产的人力资源战略

恒隆地产有限公司是一家在我国香港地区上市的地产公司。主要业务是投资物业以供收租，发展物业以供出售，以及停车场管理与物业管理。公司在香港地区注册，董事长为陈启宗。恒隆地产的足迹现已遍及沈阳、济南、无锡、天津、大连、昆明和武汉，2016 年营业收入达到 130 亿港元，员工已经超过 4 500 人。2018 年，恒隆地产获人力资源杂志 *HR Asia* 颁发的“2018 年亚洲最佳企业雇主”殊荣，是对其人力资源管理策略及措施的赞许。

恒隆通过丰富的培训资源，为公司积极培育人才，鼓励员工持续学习。2017 年，公司的“恒隆学院”推出 Academy 66+ 活动，向员工派发设计精美的工作锦囊图像卡，传授工作小秘方，例如谈判技巧、报告演说注意事项、化解冲突方法、时间管理等。Academy 66+ 活动在美国 Mercomm Inc. 主办的 2018 年 Astrid Awards “员工刊物：杂志——员工（对内）”类别中，获得银奖。于 2016 年，恒隆推出网上学习平台，提供危机管理、网络安全、企业诚信等不同范畴的课程，让员工可随时随地上网自我增值。于 2017 年，恒隆的员工培训总时数超过86 000小时。

恒隆相信，认同和嘉许亦是提升工作效能及激励团队士气的有效措施。恒隆每年均会颁发长期服务奖，以表扬在公司服务达10年或10年以上的资深员工。过去两年，获奖的包括服务满35年的员工，足以证明公司有效挽留人才，员工亦与公司共同成长。

恒隆亦十分重视员工的整体体验，除了提供具有竞争力的薪酬和福利外，也推出多项关顾员工计划，希望为员工建立一个工作与生活平衡的环境。公司推出“为您喝彩”主题活动，高级管理人员亲自给香港及内地多个项目的一线人员送上小礼物，公司亦鼓励员工向并肩作战的同事送感谢卡，推动互相尊重、互相欣赏的和谐工作气氛；2011年，公司成立“恒隆康体会”，至今已组织多个运动队伍如龙舟队、足球队、长跑队等，并定期举办多元化活动，让员工与亲友一同参加；自2014年推出“雇员身心健康计划”，提供身体检查、健康讲座、中医问诊、脊柱检查、瑜伽课堂、辅导热线等服务，全面照顾员工的身心健康。

讨论：

恒隆地产的人力资源管理战略是如何实现的？

案例分析2

江小白：五年从零到十亿元的销量

江小白的一个表达瓶燃爆了整个营销领域，也使得江小白从一个名不见经传的小品牌，一下跃变为红遍全国的酒类黑马。江小白的异军突起，营销界绝大多数人把其成功归结为：江小白方案的成功、江小白表达瓶的成功、产品创新的成功、社会化媒体营销的成功等。

然而这都只是冰山的一角。传统行业中做创新的企业非常多，在新生代小酒领域也有很多的大酒业（上市公司）推出相似的产品，最终都不一而终。一样的产品定位、一样的消费群体：80后和90后，而且他们拥有强大的渠道和资本等先天优势，但还是没有成功。

这里的关键点是：战略规划。

绝大多数传统企业的创新是基于获取短期利益出发，属于渠道运营思维；而江小白是基于一个追求长期价值而出发，属于品牌运营思维！

酒类企业和快消品企业最大的不同：酒类企业基本都是单一品牌运营，而快消品却是多品牌运营，如农夫山泉旗下：农夫山泉、维生素水尖叫、茶π等。

江小白的崛起，不单单是因为一个文案、一个理念、一个产品创新、一个营销创新，而是一个系统运营的创新，它提升了渠道效率、传播效率、运营效率、沟通管理效率。

新媒体快速崛起，传播渠道也日渐碎片化。品牌要在区域市场快速引爆，精准吸引用户，内容营销是核心。

讨论:

1. 江小白的市场定位是怎样的?

2. 江小白的营销与其同类竞品相比,有哪些独特之处?

即测即评

请扫描右侧二维码,进行即测即评。

参考文献

1. 韩加泉. BMY新能源汽车公司发展战略研究[D]. 山东大学，2017.

2. 张冬冬. M公司新能源汽车市场营销战略研究[D]. 对外经济贸易大学，2016.

3. 张涛. TJOL公司新能源汽车发展战略研究[D]. 山东理工大学，2015.

4. 董长青. GN公司新能源汽车战略研究[D]. 天津大学，2015.

5. 吴迪. H公司新能源汽车营销策略[D]. 首都经济贸易大学，2015.

6. 赵霞. 新能源时代我国汽车自主品牌发展战略研究[D]. 对外经济贸易大学，2011.

7. 毛蓉蓉. 中国房地产企业标杆——万科的品牌建设战略[J]. 上海交通大学学报,2007(S1):152-155.

8. 仝岩. 房地产开发企业的核心竞争力[J]. 经济管理,2003(05):72-74.

9. 魏江,邬爱其. 战略管理[M]. 北京:机械工业出版社,2018.

10. 孟召将. 提升房地产企业核心竞争力的对策——万科模式及其启示[J]. 当代经理人,2006(05):91.

11. 黄旭. 战略管理 思维与要径[M]. 2版. 北京:机械工业出版社,2012.

12. 秦远建. 企业战略管理[M]. 北京:清华大学出版社,2013.

13. 陈忠卫. 战略管理——新常态与新思维[M]. 大连:东北财经大学出版社,2015.

14. 方欣. 企业战略管理[M]. 北京:科学出版社,2010.

15. 陈劲,郑刚. 创新管理 赢得持续竞争优势(第三版)[M]. 北京:北京大学出版社,2016.

16. 王方华,吕巍. 战略管理[M]. 2版. 北京:机械工业出版社,2011.

17. 宋宝莉,黄雷. 企业战略管理[M]. 成都:西南财经大学出版社,2016.

18. 徐飞. 战略管理 [M]. 北京:中国人民大学出版社,2016.

19. 廉志端. 公司战略管理[M]. 北京:经济科学出版社,2012.

20. 王铁男. 企业战略管理[M]. 2版. 北京:科学出版社,2010.

21. 波特著. 竞争战略[M]. 陈丽芳译. 北京:中信出版社,2014.

22. 揭筱纹. 战略管理 原理与方法[M]. 北京:电子工业出版社,2006.

23. 金占明,杨鑫. 战略管理[M]. 北京:高等教育出版社,2015.

24. 雷银生,沈翠珍,贾书章. 企业战略管理教程[M]. 2版. 北京:清华大学出版社,2010.

25. 揭筱纹,杨斌,宋宝莉. 战略管理——概论、案例与分析[M]. 北京:清华大学出版社,2009.

26. 赵春明. 企业战略管理——理论与实践[M]. 2版. 北京:人民出版社,2009.

27. 黄旭. 战略管理:思维与要径[M]. 3版. 北京：机械工业出版社,2015.

28. 郭焱. 战略管理案例——模块化撰写理论及应用[M]. 天津:天津大学出版社,2014.

29. 秦远建.企业战略管理[M].北京:清华大学出版社,2013.

30. 吴国华.战略管理[M].北京:经济科学出版社,2010.

31. 周三多,邹统钎.战略管理思想史[M].上海:复旦大学出版社,2002.

32. 凯琴,伊斯纳著.战略——基于全球化和企业道德的思考[M]. 孔令凯译. 北京:中国人民大学出版社,2009.

33. 袁泽沛,陈珉.企业战略管理——形成组织竞争力的科学[M].北京:科学出版社,2008.

34. 徐向艺.企业战略管理[M].北京:经济科学出版社,2010.

35. 王铁男.企业战略管理(第2版)[M].北京:科学出版社,2010.

36. 张国良.战略管理[M].杭州:浙江大学出版社,2009.

37. 吕巍,周颖,冯德雄.战略管理[M].武汉:武汉理工大学出版社,2010.

38. 李福海.战略管理学[M].成都:四川大学出版社,2004.

39. 赫连志巍,张敬伟,毛清华.企业战略管理[M].北京:机械工业出版社,2009.

40. 徐飞.战略管理[M].北京:中国人民大学出版社,2009.

41. 解培才.企业战略管理[M].上海:上海人民出版社,2002.

42. 顾桥,马麟.企业战略管理[M].北京:北京大学出版社,2014.

后记

美国著名的战略管理大师德鲁克曾经说过，对企业而言，未来至关重要，经营战略使企业为明天而战。如今，变化是唯一不变的事物，为了应对变化的环境，学习和应用战略管理思想、理论和方法对企业来说至关重要。

实践中，很多企业也已经认识到战略的重要性，也描绘了美好的战略蓝图，也在进行战略管理实践，但效果并不相同，原因是多方面的，可能是有些企业没有把握战略管理的本质，或者对战略管理的认识存在偏见，也可能是没有调动各个部门和环节的积极性，等等。总之，企业战略管理是一项系统工程，涉及企业内外的多个组织、部门和个人，具有较高的管理难度，需要企业管理者站在一定的高度去把握和控制，战略的实施过程中还需要调动各级员工的积极性和主动性。

随着时代的不断进步，企业更需要在战略思想的指导下不断探索，寻求新的增长点，新的发展方式，战略管理这门学科也将在理论和实践的碰撞中焕发出更加勃勃的生机。

揭筱纹

2020年9月19日于川大